CÔTÉ CRIMES 2

Jacques PRADEL

COTÉ CRIMES 2

40 affaires exceptionnelles de la saison 2 de Café Crimes

Avec la collaboration de Stanislas Grenapin

Éditions SW Télémaque

La plupart des récits qui retracent les circonstances factuelles de ces grands faits-divers constituent une synthèse des articles de presse et des souvenirs des différents acteurs retrouvés pour l'émission « Café Crimes »…

Jacques Pradel

7, rue Pérignon, 75015 Paris
www.editionstelemaque.com
ISBN : 978-2-7533-0106-1

SOMMAIRE

PRÉFACE

Bien sûr, il manque le timbre chaud et familier de l'animateur de « Café Crimes » qui, chaque jour en début d'après-midi, accroche des milliers d'auditeurs à leur poste de radio et les entraîne dans les plis de l'âme humaine. Mais il reste l'essentiel : l'art et le plaisir de raconter les histoires extraordinaires de gens ordinaires. Jacques Pradel a le goût du crime. C'est-à-dire le goût de la vie. Celle qui cogne, saigne, trébuche et un jour, bascule.

Les récits de ce volume mêlent les époques, les pays et les genres, de la fin du XIXe siècle à nos jours. Les tueurs en série y côtoient les braqueurs, le crime politique et les grandes énigmes criminelles. On y trouve aussi des histoires tragiquement simples comme celle d'Amélie Rabilloux, qui a inspiré à Marguerite Duras une pièce de théâtre et un roman, *L'Amante anglaise*, ou encore celle, vertigineuse, de ces hommes et ces femmes écrasés par le poids du meurtre qu'ils ont commis et qui des années plus tard, décident de passer aux aveux.

En lecteur assidu de Simenon, la préférence de l'auteur, on le sent, va à ces « criminels d'occasion », à ces personnages qui franchissent la ligne et se retrouvent, après avoir commis l'irréparable, de l'autre côté de la frontière tracée par la société. Ceux-là interrogent chacun d'entre nous parce qu'ils sont le reflet de nos propres failles. Le fait divers, le vrai, qui porte si bien son nom, est d'abord, comme l'écrivait Simenon, la fascinante aventure de « l'homme-de-la-rue qui va au bout de lui-même ».

Pascale Robert-Diard
Chroniqueur judiciaire du *Monde*

AVANT-PROPOS
VOICI LE TEMPS DES ASSASSINS

C'est pas seulement à Paris
Que le crime fleurit,
Nous, au village, aussi, l'on a
De beaux assassinats.

Georges Brassens

Depuis deux ans, au rendez-vous de « Café Crimes » sur Europe 1, je raconte, je décrypte, en compagnie des principaux acteurs du monde criminel et judiciaire, des histoires de vies broyées, de destins brisés, des faits divers, comme on dit. « Fusillade à Pigalle : deux morts », « Un policier froidement assassiné », « Mort d'un vigile », « Adolescente disparue ». Des histoires parfois horribles, dérangeantes de tueurs en série, des règlements de comptes de la pègre, des « casses du siècle », des évasions spectaculaires… Et puis, aussi, les instructions bâclées, les enquêtes en panne, les erreurs judiciaires…

Le temps passe, mais les passions humaines demeurent, avec leur cortège de colère, de jalousie ou de haine, qui font de gens ordinaires les héros involontaires de l'actualité. Parfois aussi, le hasard fait mal les choses, le mauvais jour, au mauvais moment…

Comme dans le chef-d'œuvre de Julien Duvivier, *Voici le temps des assassins*, avec Jean Gabin, Danièle Delorme et Gérard Blain, on découvre comment la vie d'un couple peut basculer à la suite d'une rencontre fortuite avec une ancienne connaissance. La vengeance est un puissant « pousse-au-crime » ! Mais les scénarios de la vie sont souvent plus surprenants que ceux qui sortent de l'imagination des romanciers ou des auteurs de films ! Les récits qui suivent en témoignent et nous montrent aussi que, même chez le pire des assassins, il y a une part d'humanité à saisir pour le ramener, comme le dit souvent Me Henri Leclerc, dans la communauté des hommes.

Bonne lecture !

AVEUX TARDIFS :
REMORDS ET PRESCRIPTION

En matière de meurtre, la prescription est de dix ans, un délai calculé à partir du dernier acte de l'enquête criminelle ou dès le lendemain de la clôture officielle de l'instruction. Pendant cette période, la justice se réserve le droit d'ouvrir une nouvelle information dans le cas où un fait nouveau, non connu à l'époque, se manifesterait. Un simple témoignage, même tardif, peut être considéré comme un fait nouveau et relancer l'enquête. Mais, si un assassin confesse publiquement son crime après cette période de dix ans, pour soulager sa conscience, il n'encourt plus rien juridiquement. Le temps qui passe peut-il absoudre un crime ? Il est bien difficile pour les familles ou les proches des victimes de l'admettre, mais la loi française est ainsi faite. Les trois histoires qui suivent montrent cependant que les assassins ont parfois des états d'âme.

« Je connais une vieille qu'a des sous. »

Trente-quatre ans ! Trente-quatre longues années pendant lesquelles Louis a vécu avec son crime et avec des souvenirs impossibles à effacer. Le crime, c'était aussi – et surtout – celui de son cousin. C'est lui qui avait donné la mort. Mais Louis, lui, y avait assisté et n'avait jamais parlé. Cela s'était passé à Annemasse. Un soir de printemps, au mois de mai 1975, ils avaient assassiné l'épicière des Hutins. Dans sa petite boutique, elle vendait aussi du lait frais et des journaux.

Depuis toutes ces années, Louis est hanté par son crime. Il fait des cauchemars presque toutes les nuits. Il se réveille en sursaut et n'arrive pas à se rendormir. Alors il prend des médicaments ou s'abrutit à force d'alcool. Depuis dix ans, Louis est au chômage. Il ne pense qu'à ce soir-là, dans l'épicerie d'Annemasse où ils ont roué de coups la vieille dame pour deux cents, peut-être trois cents francs, dont il n'a jamais vu la couleur. C'est son cousin qui les a gardés. Un jour, il a parlé de son secret à des Témoins de Jéhovah qui avaient frappé à sa porte. Ils lui ont dit que Dieu le pardonnerait s'il se repentait sincèrement, mais ses tourments ne se sont pas arrêtés pour autant. Alors il s'est confié au curé de sa paroisse près de Firminy et à son médecin, qui l'a envoyé voir un psychiatre. C'est ce psychiatre qui lui a expliqué qu'il n'existait aucun traitement, aucun médicament contre les souvenirs et que la seule façon efficace de se soulager vraiment était d'aller raconter son histoire à la police.

Il a longtemps réfléchi, pesé le pour et le contre, et puis, en mai de cette année 2009, il a poussé la porte d'un commissariat de Saint-Étienne et il a raconté qu'il avait participé, trente-quatre ans plus tôt, à l'assassinat d'une commerçante de Haute-Savoie…

Louis a aujourd'hui 53 ans. Il en avait tout juste 19 à l'époque, en 1975. Il avait vu le jour dans une famille nombreuse. Ils étaient six frères et sœurs. Une famille de gens du voyage, sillonnant les routes de Haute-Marne et du Puy-de-Dôme. Louis avait toujours vécu dans une caravane, jusqu'à l'âge de 16 ans, quand ses parents avaient décidé de se sédentariser et construit une maison de leurs mains. À cette époque, la vie est dure pour sa famille. Le père vit de la récupération de chiffons ou de ferraille l'hiver et tient un petit manège aux beaux jours. Du plus loin qu'il se souvienne, Louis a toujours connu la violence. À 18 ans, il a fini par quitter le domicile familial, espérant trouver mieux ailleurs. Il s'installe alors dans une famille de cousins éloignés, des manouches, à Bons-en-Chablais, à une quinzaine de kilomètres d'Annemasse. Avec son cousin André, il devient manutentionnaire dans une grande entreprise de transport. « En dehors du travail, on faisait pas mal de conneries, se souvient-il. Des vols, des escroqueries… des trucs malsains. »

Tout bascule le mercredi 15 mai 1975, en fin d'après-midi. André, son complice préféré, lui dit qu'ils vont aller à la ville. « Je connais une vieille qu'a des sous », lui dit-il. Comme toujours, Louis suit le mouvement. Ils se rendent avenue du Giffre dans le quartier de l'Étoile. Les tramways traversent le grand carrefour tout proche, non loin des grandes prairies où paissent les troupeaux de vaches. C'est là qu'André lui montre une grande maison entourée d'un vaste balcon en bois qui abrite deux magasins au rez-de-chaussée. Il y a la boutique de machines à coudre et juste à côté, l'épicerie de Marie-Angèle Contat. Une véritable institution dans ce quartier. Elle propose du lait frais et des journaux depuis une trentaine d'années et la petite boutique est devenue, au fil du temps, un commerce d'appoint pour tous ceux qui ne veulent pas s'approvisionner dans les magasins du centre-ville. L'épicerie de Marie-Angèle est ouverte six jours sur sept de 6 heures et demie du matin jusqu'à 21 heures.

Ce mercredi soir, elle s'apprête à fermer son magasin. Le rideau de fer est déjà à moitié baissé lorsque Louis et André entrent dans l'épicerie. « André l'a frappée tout de suite, dit Louis. Je ne savais pas où me mettre. » Les deux jeunes hommes veulent de l'argent et frappent la vieille dame qui refuse de leur remettre ses économies. Ils la bâillonnent et la traînent à l'arrière de la boutique où se trouve le petit logement dans lequel elle vit. Malgré les coups de matraque qui continuent de pleuvoir sur elle, Marie-Angèle ne dit toujours rien. Elle va mourir étranglée. André et Louis s'emparent des deux ou trois cents francs qui se trouvent dans la caisse et s'enfuient en courant à travers champs.

Le lendemain matin, les voisins sont étonnés de ne pas trouver leur épicerie ouverte. Le rideau de fer est étrangement à moitié remonté. À l'intérieur, la plupart des petits rayons ont été renversés. La police découvre Marie-Angèle Contat par terre, près de son lit, le visage tuméfié et sa blouse à fleurs ensanglantée. Une matraque a été jetée sur le lit. L'agression a été très violente, mais la vieille dame n'a pas révélé où se cachaient ses économies. Près de 15 000 francs, dissimulés dans le tiroir de la table à manger, sous la toile cirée. C'était pour sa retraite. Elle devait signer la vente de son épicerie le lendemain matin.

Les enquêteurs entendent le futur propriétaire qui est rapidement mis hors de cause. Un proche de la famille Contat, qui connaissait de graves problèmes d'argent, est soupçonné. Il est lui aussi interrogé, avant d'être blanchi faute de preuves. Au fil des semaines, l'enquête s'essouffle, puis s'enlise faute d'indices. Personne n'a rien vu ni rien entendu. L'affaire est classée sans suite. On ne saura jamais qui a tué Marie-Angèle…

Mai 2009. Louis avoue avoir participé au crime. « J'espère que le bon Dieu me pardonnera », répète-t-il sans cesse. Les policiers qui l'interrogent découvrent que Louis avait déjà avoué son crime en 1996. Il s'était rendu au même commissariat pour tout raconter, mais personne ne l'avait cru. À l'époque, le dossier de l'assassinat de la vieille épicière d'Annemasse avait disparu depuis bien longtemps au cours des nombreux déménagements des archives du parquet de Thonon-les-Bains. Personne n'a cru bon alors de chercher plus loin. En revanche, en mai 2009, les policiers écoutent les aveux de Louis et finissent par le croire. Mais l'affaire est prescrite depuis longtemps. Louis ne peut plus être condamné. Le procureur de Saint-Étienne, fait exceptionnel, confie cependant une enquête à la police judiciaire, par respect, explique-t-il, pour la famille de Marie-Angèle. Sa sœur Denise saura simplement ce qui s'est réellement passé le 15 mai 1975. Mais le dossier est définitivement refermé… Les meurtriers ne seront jamais punis.

« Vous avez tué Philippe, vous allez payer. »

Nous sommes en 2006. Les policiers de la brigade criminelle de la PJ de Versailles enquêtent sur une affaire de mœurs. Un capitaine des sapeurs-pompiers des Yvelines a été dénoncé. Ce capitaine organise des week-ends de formation pour les jeunes gens qui souhaitent devenir « cadets » chez les sapeurs-pompiers. Au cours de ces formations, il aurait drogué certains adolescents et se serait ensuite livré sur eux à des attouchements, qu'il aurait filmés. Ce pompier de 43 ans, Fabrice, est interpellé en septembre 2007. Il est alors entendu par les enquêteurs et reconnaît très rapidement les faits qui lui sont reprochés. Il ajoute même, alors qu'aucune plainte n'a été déposée, qu'il a abusé des deux fils de la femme avec qui il partage sa vie. Puis, il livre un effroyable secret : il avoue le meurtre du mari de cette femme, onze ans plus tôt, en décembre 1996. Il aurait commis le crime avec la complicité de sa compagne et de son frère. L'affaire remonte donc à plus de dix ans. De ce fait, elle est prescrite.

Malgré tout, les policiers veulent quand même en avoir le cœur net. Ils veulent savoir si les aveux du pompier correspondent bien à la réalité. Les aveux fantaisistes, tous les policiers le confirment, sont en effet beaucoup plus nombreux qu'on ne le pense généralement. Ils consultent les archives… et retrouvent un signalement d'« abandon de domicile conjugal » déposé à la gendarmerie de Magny-les-Hameaux près de Versailles en février 1997. Un signalement fait par Mme Yannick Pico. Son mari Philippe a disparu, dit-elle, depuis quelques semaines déjà et ne subvient plus aux besoins des enfants. Elle demande le divorce. Cette démarche classique, en cas d'abandon de famille par un des conjoints, n'avait pas inquiété les gendarmes. Mais le dossier de l'époque ne contient aucun document concernant la mort du disparu, Philippe Pico. Et pour cause, puisque les recherches n'étaient pas allées plus loin.

La nouvelle enquête va apporter un certain nombre de constatations troublantes… Depuis le début de l'année 1996, tous ceux qui connaissaient Philippe Pico avaient constaté qu'il n'était plus le même. Naturellement enjoué et rieur, toujours prêt à rendre service aux voisins, il s'était renfermé à la suite de la mort de son frère. Il ne s'était pas remis de son décès… Les amis et les voisins avaient aussi constaté que la femme de Philippe, Yannick, paraissait étrangère à son chagrin. D'ailleurs, après vingt-deux ans de vie commune, ils avaient décidé de se séparer. Philippe s'était installé à Châteaufort, à quelques kilomètres à peine de son ancien domicile, suffisamment près pour voir le plus souvent possible ses enfants, deux garçons et une fille. Il louait un petit logement à une congrégation religieuse et avait quitté son emploi de dépanneur à « Cash Auto ». Il avait, disait-il, besoin de se reconstruire après ses nombreuses épreuves. Son seul loisir était la chasse qu'il pratiquait avec des amis proches. Yannick, elle, n'avait pas tardé à se remettre en couple avec Fabrice, « responsable de la sécurité incendie » dans une entreprise de la région et aussi pompier volontaire…

À la mi-décembre 1996, un dimanche, Philippe Pico revient de la chasse. Avant de rentrer chez lui à Châteaufort, il fait un détour par Magny-les-Hameaux, chez son ex-épouse, pour embrasser ses enfants. La suite du récit a été révélée aux gendarmes par Fabrice, au cours de ses aveux tardifs, onze ans plus tard…

Lorsque Philippe Pico arrive chez son ex-compagne, seuls ses deux fils sont présents. Il les embrasse, puis les deux jeunes garçons retournent jouer dans leur chambre. Yannick, qui est avec son nouveau compagnon et le jeune frère de celui-ci, Lionel, invite Philippe à boire un verre avant de repartir. Elle ajoute à la boisson qu'elle lui sert une forte dose de somnifères. Philippe s'écroule. Les deux hommes, Fabrice et Lionel, empoignent le corps à demi conscient de la victime et le traînent vers la salle de bains. Là, à l'aide d'un couteau de cuisine et d'un couteau de plongée, ils lui tranchent la gorge et vident le cadavre de son sang. Ensuite, ils découpent le corps en morceaux qu'ils mettent dans des sacs- poubelle. Fabrice et son frère transportent les sacs dans le coffre de leur voiture. Ils ont décidé de jeter les restes de la victime dans la Seine. Ils roulent pendant plus de deux heures. Ils s'arrêtent près d'Heurteauville, en Seine-Maritime, à quelque 150 kilomètres de Magny-les-Hameaux. C'est là qu'ils jettent discrètement les sacs dans le fleuve. Dans les jours qui suivent, personne ne s'alarme de la disparition de Philippe Pico. Sa famille proche ne s'inquiète pas outre mesure. Philippe n'a jamais donné beaucoup de nouvelles et puis on le sait affecté depuis la mort de son frère. Les mois passent… Toujours pas de nouvelles, si ce n'est de vagues rumeurs. « Philippe aurait refait sa vie ailleurs, ça ne lui ressemble pas, mais les gens sont parfois bizarres », disent ses amis.

Il faudra attendre septembre 2007 et les révélations de Fabrice pour percer le mystère. Les trois complices ne peuvent plus être inquiétés par la justice, comme on l'a dit. Mais en janvier 2009, Yannick, elle, est venue porter plainte contre « X », en milieu de matinée, à la gendarmerie de Magny-les-Hameaux. Elle a trouvé, dit-elle, une bouteille dans son jardin : à l'intérieur il y avait une cartouche rouge contenant une lettre de menace : « Vous avez tué Philippe, vous allez payer. » On n'a jamais su qui était l'auteur de ce message.

« Comme à la télé dans *Les Experts*. »

Autre affaire d'aveux tardifs : le 13 novembre 2007, Olivier Benoît et sa compagne Maud Tellier se présentent à la gendarmerie de Senones, une petite ville des Vosges. Ils ont quelque chose de très important à dire et veulent être entendus par un responsable. Le capitaine de la brigade les reçoit. Leur récit est terrifiant. Ils viennent s'accuser d'un meurtre dont personne ne soupçonne l'existence. Ils disent avoir tué deux mois plus tôt un certain Robert Pichon. Aucune plainte ni aucune main courante n'ont été déposées pour signaler la disparition de ce Robert Pichon. Les gendarmes constatent cependant que l'homme en question a bien été un des voisins du couple à Moyenmoutier où ils vivent place Oberthal. Robert Pichon, ancien chauffeur routier de 61 ans à la retraite, vivait d'une modeste pension. Il avait contracté une petite assurance-vie il y a quelques années, mais cette assurance n'a pas été réalisée ni réclamée par un quelconque héritier. Les registres de la mairie n'ont pas enregistré de décès à ce nom. Seul élément concret, l'homme a bel et bien disparu. La maison est vide. Robert Pichon a très bien pu décider d'aller vivre ailleurs, ce qui n'est pas interdit ! Les gendarmes sont perplexes.

Pourquoi Olivier et Maud se dénoncent-ils comme auteurs d'un crime dont personne n'a eu connaissance ? Le couple persiste dans ses aveux et donne de nombreux détails qui renforcent l'étonnement des enquêteurs.

Le crime se serait déroulé, disent-ils, deux mois plus tôt, à la mi-septembre 2007, dans la petite maison de la tante d'Olivier, à Sainte-Hélène, près du village de Rambervilliers. Ils étaient venus passer quelques jours pour faire du bois. Robert Pichon les avait accompagnés. Le retraité étant célibataire, Olivier et Maud l'invitaient souvent. Ce matin-là, Olivier, qui est toxicomane, va à la pharmacie chercher du Subutex, un médicament de substitution à l'héroïne, et laisse seuls Maud et Robert. Quelques instants après son départ, Robert aurait violemment arraché la robe de Maud et tenté de l'agresser sexuellement. Prise de panique, Maud aurait saisi le manche d'une hache et frappé violemment son agresseur. Robert s'écroule, raconte Maud. Du sang s'échappe de sa bouche. Elle comprend qu'il est mort. Lorsque Olivier revient quelques minutes plus tard, il trouve sa compagne prostrée, agenouillée près du corps de Robert, la tête enfouie dans les bras.

Olivier, qui a un lourd passé judiciaire, n'envisage alors pas un instant de prévenir la gendarmerie. Il a passé douze ans en prison pour vol à main armée et trafic de stupéfiants. « Ils n'auraient jamais cru à notre histoire, dit-il. Alors on est partis dans un délire comme on voit à la télé dans *Les Experts*. » Olivier et Maud nettoient très minutieusement la scène du crime. Ils affirment aux gendarmes qu'ils ont nettoyé et repeint le sol. Quant au cadavre, ils disent l'avoir traîné à l'extérieur jusqu'à un champ où ils auraient tenté de l'incinérer. Mais la première tentative est un échec. Olivier est grièvement brûlé. Il est d'ailleurs évacué en hélicoptère aux urgences de l'hôpital de Metz. À son retour, ils tentent à nouveau de brûler le corps et, cette fois, disent-ils, ils y parviennent. Ils auraient ensuite méticuleusement récupéré les cendres dans un sac qu'ils auraient jeté dans la Moselle, à Épinal, à une soixantaine de kilomètres de là…

La suite de la déposition du couple est encore plus extraordinaire ! Olivier et Maud racontent aux gendarmes qu'ils se sont rendus à Cannes et à Paris, pour, disent-ils, continuer de « faire vivre » Robert. Lors de leurs déplacements, en effet, ils retirent de l'argent avec sa carte bleue et envoient de nombreux SMS à partir du téléphone de Robert Pichon. Ils précisent également avoir payé ses impôts locaux pour que personne ne signale la disparition de leur victime. Le couple diabolique avait décidé de fuir en Espagne sans laisser d'adresse, ni prévenir leurs proches, mais

Maud est alors prise de remords. Elle ne peut plus vivre avec ce trop lourd secret. Elle ne veut pas devenir une éternelle fugitive. Après en avoir longuement parlé ensemble, ils avaient donc décidé de soulager leur conscience. Ils avaient rebroussé chemin et venaient s'accuser du meurtre, sept semaines après l'avoir commis.

L'affaire est prise très au sérieux par les enquêteurs. Ils se rendent sur les lieux décrits par le couple, interrogent tous ceux qui connaissaient le retraité. Peine perdue. Ils ne trouvent pas de preuve de la mort de Robert Pichon, mais pas non plus de preuve de vie. Le scénario du couple, malgré son apparence extraordinaire, tient la route. Robert Pichon aurait pu tenter de violer Maud : en fouillant dans son passé, les enquêteurs ont découvert que celui-ci avait déjà été condamné à un an de prison avec sursis pour des agressions sexuelles commises sur ses propres filles entre 1994 et 1996.

Les gendarmes font appel aux spécialistes de police scientifique de l'IRCGN, l'Institut de recherche criminelle de la gendarmerie nationale. Ces experts passent au peigne fin la maison de la tante d'Olivier. Ils constatent qu'il y a bien eu un feu près de la maison, mais la chose est courante à la campagne. Ils découvrent un fragment du bracelet de la montre de Robert Pichon, ainsi que ses montures de lunettes calcinées, mais ils ne peuvent trouver aucune trace d'ADN ni le plus petit ossement qui accréditerait la thèse du meurtre. Seule une petite tache de sang – du sang de Robert Pichon – est retrouvée sur un pantalon de survêtement appartenant à Olivier. Ce n'est pas suffisant pour affirmer qu'il ait été tué. Ils se demandent aussi pourquoi le couple aurait jeté les cendres de la victime si loin, en pleine ville, en prenant le risque d'être vu. Quant aux retraits d'argent dans des distributeurs automatiques de billets à Cannes ou Paris, rien ne prouve que ce n'est pas Robert lui-même qui les a effectués. Olivier et Maud sont incapables de donner les dates exactes des retraits et il est donc impossible de vérifier leurs dires en visionnant les bandes des caméras de surveillance.

Les questions sans réponse se multiplient et l'affaire ressemble chaque jour davantage à un véritable casse-tête. Les aveux d'Olivier et Maud sont crédibles, certes, mais sans cadavre et sans preuve concrète, il est impossible de les mettre en examen pour meurtre. Les enquêteurs ne sont d'ailleurs pas encore au bout de leurs surprises. Alors qu'Olivier et Maud persistent à affirmer depuis plusieurs mois que Robert Pichon a été tué, les deux filles du retraité déposent plainte pour viol contre leur père en mars 2008. Une plainte contre un mort ! Du jamais-vu de mémoire de policier !

Olivier Benoît et Maud Tellier sont restés un an en détention provisoire avant d'être finalement libérés sous contrôle judiciaire. Sont-ils les auteurs d'un crime tellement parfait qu'il soit impossible à la justice de jamais les confondre ? L'affaire du meurtre de Robert Pichon n'a peut-être pas encore livré tous ses secrets.

SERIAL KILLERS

LE TUEUR DE BERGÈRES

L'une des plus grandes affaires criminelles de la fin du XIXe siècle raconte l'histoire du premier tueur en série français, l'un des pires : Joseph Vacher. La presse l'avait surnommé le « Jack l'éventreur français ». On pense qu'il a égorgé au moins vingt femmes et enfants des deux sexes avant de les mutiler et de les violer. Il a été guillotiné le 31 décembre 1898, à Bourg-en-Bresse.

Joseph Vacher était-il fou ? N'était-il qu'un monstre assoiffé de sang ? L'incarnation de la bestialité criminelle ? Mais la folie du crime prouve-t-elle la folie du criminel ? Cette question est toujours d'actualité un siècle plus tard, à propos des Dutroux, Fourniret, Émile Louis ou Francis Heaulme…

Nous sommes au milieu de l'année 1893 au 60e Régiment d'infanterie de Besançon. Le sergent Joseph Vacher est tombé fou amoureux d'une jeune bonne plutôt délurée, Louise. Âgée elle aussi de 23 ans, Louise en aime un autre, mais elle se régale d'avoir à sa botte un soupirant aussi naïf que Joseph avec son romantisme paysan qui tente de séduire sa douce en lui chantant maladroitement une complainte pleurnicharde sur son accordéon d'occasion. Loin d'être découragé par les multiples refus de sa belle, Joseph décide, ce jour-là, de se jeter à l'eau : « Louise, veux-tu m'épouser ? » Stupéfaite par cette déclaration grandiloquente, la petite bonne en reste muette quelques secondes puis elle éclate de rire : « T'épouser ? Toi ? Mais tu t'es vu ? Tu as une de ces allures, mon pauvre Joseph ! » C'est vrai qu'il a une drôle de dégaine, Joseph, avec son costume du dimanche qui tombait si bien à son arrivée au régiment, deux ans plus tôt. Mais depuis, il a grandi. Et le costume est devenu ridiculement court. Un grand gaillard à l'air simplet avec un costume trop petit… pour Louise ce n'est pas l'image de l'amant idéal.

Fou de rage, Joseph s'en va tristement. Mais le soir même il revient à la charge, et tente une nouvelle fois sa chance. Il a ramassé un pauvre bouquet de fleurs des champs qu'il tend à sa belle toujours méprisante. Nouvelle déclaration. Nouvel éclat de rire… Cette fois, il a compris : c'est encore l'échec. Alors, Joseph sort de sa poche un revolver et tire quatre balles sur son amoureuse avant de retourner le canon vers sa tête et de faire feu à deux reprises. L'histoire aurait pu finir là, si Joseph avait été bon tireur… Mais ce n'est pas le cas. Aucune des balles ne s'avère mortelle. Ils s'en sortent tous les deux.

L'une des balles est extraite sans problème du crâne du tireur. Pour la deuxième, l'opération serait trop dangereuse. Elle restera donc en place. À sa sortie de l'hôpital, le 16 juin 1893, Joseph Vacher est inculpé de tentative d'assassinat, mais il est interné tout de suite à l'asile de Dole, où le docteur Guillemin doit se prononcer sur son état mental et sa responsabilité pénale. Le 12 septembre 1893, le docteur Guillemin conclut : « Le sieur Vacher Joseph est atteint d'aliénation mentale, caractérisée par le délire de persécution. » Le juge d'instruction rend aussitôt une ordonnance de non-lieu. Le 21 septembre, Vacher est transféré à l'asile de Saint-Robert, dans l'Isère. Son état semble s'améliorer. Il devient doux et lucide. Plus de crise de paranoïa. Plus d'accès de fureur. Plus de tentative d'évasion comme pendant les six mois précédents. Le

1er avril 1894, le docteur Dufour le déclare guéri. Joseph Vacher salue poliment ses infirmiers et ses médecins. Les portes de l'asile se referment derrière lui.

La bête est en liberté.

Pendant les trois années qui suivent, le sergent Vacher, devenu vagabond, va errer dans la campagne française, au gré des petits boulots qu'il trouve de ferme en ferme. Mais, tout au long de son périple, il tue, viole et mutile, peut-être plus d'une cinquantaine de victimes, en majorité des femmes et de jeunes enfants, garçons et filles. Le 19 mai 1894, l'année de ses 25 ans, il commet son premier meurtre avoué, celui d'Eugénie Delomme, 21 ans, étranglée, mutilée et violée à Beaurepaire, dans l'Isère. Il se déplace toujours à pied. Fait des parcours de soixante kilomètres parfois dans une seule journée. Il semble infatigable. On retrouvera la trace de son passage dans la Drôme, dans le Rhône, l'Allier, la Nièvre, la Saône-et-Loire. Il sillonne la France de la Bretagne à la Provence, des Pyrénées à la frontière belge, semant ici et là des cadavres qu'il ne prend même pas la peine de dissimuler…

Joseph Vacher avait vu le jour le 16 novembre 1869 à Beaufort, en Isère, dans une famille de paysans. Avant-dernier enfant d'une fratrie de quinze, Joseph grandit dans un milieu familial particulier. Son père est très sévère. Il souffre régulièrement de crises délirantes, au point qu'on a dû le ligoter une fois sur son lit durant deux mois. Sa mère a des bouffées mystiques au cours desquelles elle voit des apparitions divines. L'une de ses sœurs est maniaco-dépressive. Une autre est morte folle dans un asile d'aliénés…

À l'âge de 5 ans, le jeune Joseph se fait lécher le visage par un chiot. Peu de temps après, l'animal est abattu car on pense qu'il a la rage. À l'époque, le vaccin de Pasteur n'existe pas encore, et ses parents le forcent à ingurgiter une mixture préparée par un sorcier du village. Selon Joseph, ce breuvage serait à l'origine de son comportement ultérieur de « bête enragée ». Il affirmera, au cours de son procès : « On m'a alors empoisonné le sang. C'est ma première irresponsabilité, la raison de tout. »

Peu de temps après cet épisode, le petit Joseph a contracté la fièvre typhoïde. Les médecins de l'époque pensaient que ceux qui survivent à cette maladie en gardent de graves séquelles physiques et mentales.

À la mort de sa mère en 1883, Joseph Vacher devient ouvrier agricole. Il a 14 ans. Ses sœurs lui trouvent une place de valet chez les frères maristes. Il y restera quatre ans avant d'être renvoyé après avoir été surpris alors qu'il initiait quelques-uns de ses camarades à la masturbation. Joseph est alors recueilli par une de ses sœurs qui se prostitue à Grenoble. Elle l'accueille dans le quartier « réservé » de la ville où le jeune homme goûte à loisir aux charmes des amies et des collègues de sa sœur. Mais il contracte une maladie vénérienne qu'on ne peut soigner qu'en lui ôtant une partie d'un testicule. Cette opération castratrice a certainement joué un rôle dans le rituel morbide qui a accompagné par la suite les meurtres du tueur en série…

La vie de Joseph bascule peu après son départ de Grenoble. L'homme est instable. Il n'a pas d'amis. Sa famille le craint et quand il lui arrive de trouver un boulot, ce n'est jamais pour longtemps. Ses patrons ne le gardent pas. Joseph les effraie avec son comportement agressif et ses divagations mystiques.

Le jour de son 21e anniversaire, Joseph est incorporé dans l'armée pour effectuer son service militaire. Mais la trêve ne va pas durer longtemps. Son comportement d'illuminé et son respect exagéré du règlement provoquent moqueries et bizutages de la part de ses camarades. Il veut devenir caporal au plus vite ! Ses instructeurs reconnaissent son bon niveau théorique mais ils considèrent qu'il est incapable de diriger des hommes. Il restera donc simple soldat. En apprenant la nouvelle, Joseph fait une première tentative de suicide. Le colonel du régiment vient le voir à l'infirmerie. Ils discutent longuement. Touché par la détresse du jeune homme, le colonel revient sur la décision et lui donne ses galons de caporal. Quelques mois plus tard, Joseph est nommé sergent. Il change alors de comportement, devient intransigeant voire violent avec les soldats qui sont sous ses ordres. Il se comporte comme une « peau de vache ». Lui qui aimait les femmes de petite vertu et les soirées arrosées, prône aujourd'hui l'abstinence et la sobriété. Et puis, un jour, comme on sait, il tombe éperdument amoureux de Louise qui ne veut pas de lui... D'où la tentative d'assassinat qui met fin à sa carrière militaire.

Louise a survécu. Joseph, avec sa balle nichée dans la tête, garde de cette deuxième tentative de suicide de graves séquelles physiques et psychologiques. Le côté droit de son visage est paralysé. Son œil droit, toujours injecté de sang, est plus gros que le gauche. Son oreille suppure et sa bouche se tord quand il parle... Il a, comme on dit, une tête « à faire peur ! ».

On connaît la suite, le premier internement à Dole, puis le séjour à l'asile Saint Robert dans son Isère natale et sa vie de vagabond. Pendant trois ans il sillonne ainsi toutes les provinces ! Il s'arrête quelques jours ou quelques semaines dans les fermes où on lui propose un peu de travail. Il fait aussi l'aumône. Avec son visage difforme et ses propos d'illuminé, il suscite à la fois la peur et la pitié. Personne n'imagine alors qu'il est l'auteur des meurtres horribles qui accompagnent son errance. C'est l'intuition d'un jeune juge d'instruction qui permettra de découvrir l'existence du premier tueur en série français. La presse le surnommera bientôt « l'Éventreur du Sud-Est ».

Nous sommes maintenant en avril 1897. Émile Fourquet vient tout juste d'être nommé juge d'instruction à Bellay dans l'Ain. Son prédécesseur lui laisse une pile de dossiers non élucidés. L'un d'eux, en particulier, le glace. Le meurtre s'est déroulé un an et demi plus tôt, le 1er septembre 1895 à Bénonces. Le corps de

Victor Portalier, un berger de 16 ans, est retrouvé éventré, égorgé, les parties génitales tranchées. Il a été violé après sa mort…

Le jeune magistrat se demande comment un être humain a pu commettre un meurtre aussi horrible. Seul un monstre a pu faire une telle chose, se dit-il. Le dossier rapporte que des témoins ont aperçu un vagabond à l'allure étrange. Brun, le visage difforme, la lèvre barrée de cicatrices, un œil presque exorbité, bref un vrai monstre, justement, tout droit sorti d'une foire. Un vagabond ? Oui, certainement. Mais le problème c'est que dans la France des années 1890, il y a des milliers de vagabonds sur les routes. Le jeune juge se rend à l'évidence, la mort du jeune berger restera impunie.

Deux mois plus tard cependant, le 19 juin 1897, le juge Fourquet apprend que la veille du meurtre du berger Victor, un adolescent de 13 ans, Pierre Laurent, a été retrouvé éventré, mutilé et violé à Courzieu dans le Rhône, soit à environ cent kilomètres de là. Le juge se procure le rapport d'autopsie. Stupeur du magistrat : les meurtres sont similaires. Des témoins rapportent également avoir aperçu un vagabond au visage déformé ce jour-là dans les parages. Et si c'était le même meurtrier ? se dit-il. Et s'il y avait eu ailleurs, d'autres meurtres semblables ? Il décide d'enquêter pour en avoir le cœur net.

Émile Fourquet contacte alors tous ses homologues magistrats instructeurs aux quatre coins de la France. Il veut vérifier, leur dit-il, s'ils n'ont pas dans leurs dossiers des affaires criminelles non résolues, similaires au meurtre de Victor Portalier. Après regroupement des informations, plus d'une vingtaine de cas lui sont révélés. Ils concernent principalement des assassinats d'adolescents des deux sexes, ainsi que deux meurtres de femmes veuves.

Six mois auparavant, un autre magistrat, le procureur Fonfrède, en poste à Dijon, avait entrepris la même démarche que le juge Fourquet. Il avait découvert des crimes similaires, commis en Côte-d'Or en 1895, et dans l'Allier et en Haute-Loire en 1896. Et il avait, lui aussi, envoyé des messages à tous les parquets du sud-est de la France. Résultat : une liste de sept crimes aux scénarios fort ressemblants, et cela depuis l'année 1890 – corps égorgés, éventrés, violés, sodomisés, traces de morsures sur certains. Le jeune magistrat de l'Ain est abasourdi. Comment un prédateur peut-il commettre autant de crimes en si peu de temps sans se faire attraper ? Il est vrai qu'à l'époque, ce sont les maires qui disposent du pouvoir d'officier de police judiciaire. Ils ont peu de moyens. Quant à la gendarmerie, les techniques de communication entre les villes et villages d'un même département sont déjà très limitées. On comprend facilement que, hors département, l'échange d'information est quasi inexistant. À cette époque, un vagabond meurtrier peut impunément tuer sans être inquiété, à condition de changer régulièrement de département...

Le juge Fourquet est un homme têtu. Il envoie le portrait type de « son » tueur de bergères aux quatre coins de la France. C'est grâce à ce premier « profilage » que « l'Éventreur du Sud-Est » va être enfin arrêté.

4 août 1897. Nous sommes à Champis, dans un petit village d'Ardèche, situé près de Valence. Malgré la chaleur écrasante, Séraphin Plantier et Marie-Eugénie, sa femme, vont ramasser des petites pommes de pin qu'ils utilisent pour allumer le feu l'hiver. Séraphin et son fils de 7 ans pénètrent dans un bois. Marie-Eugénie, elle, reste à la lisière pour veiller sur leur deuxième enfant, un nouveau-né de quelques semaines. Soudain Séraphin entend des hurlements. Il se précipite et aperçoit un homme en train de poursuivre sa femme. Le mari saute sur l'inconnu. D'autres paysans alertés par les cris arrivent au pas de course. L'homme est maîtrisé. Marie-Eugénie raconte que l'homme a tenté de la violer. Les gendarmes viennent chercher l'agresseur qui se présente comme étant le « sergent Vacher Joseph, de Beaufort ». Il est immédiatement présenté à un juge d'instruction

de Tournon. Devant le juge, le vagabond prend la situation à la légère : « Que d'histoires, dit-il, pour avoir juste voulu tirer un coup ! » Il est condamné à trois mois de prison pour tentative de viol. Mais le magistrat instructeur se souvient d'un message du juge Émile Fourquet, qu'il a reçu quelques jours plus tôt. La description du portrait type correspond. Et si ce Joseph Vacher était le « Jack l'éventreur du Sud-Est » ? Début octobre, Joseph Vacher est transféré à Bellay entre deux gendarmes pour être entendu par le juge Fourquet.

Durant l'interrogatoire, le juge écoute attentivement le vagabond, mais il n'est pas satisfait. Le sergent ne mentionne aucun meurtre. Le magistrat insiste. Vacher répond par la négative. Il nie tout en bloc. N'arrivant pas à le faire parler, on le remet en cellule. Tous les jours, le juge rend visite au prisonnier. Il veut des aveux… Beaucoup pensent, comme le médecin de la prison, que Joseph n'est pas responsable de ses actes, qu'il est fou à lier. Le magistrat pense le contraire. Pour lui, Vacher est un simulateur qui est parfaitement sain d'esprit. Le 8 octobre, les efforts du juge d'instruction s'avèrent enfin fructueux. L'Éventreur avoue ses crimes dans une lettre adressée à la France. À sa demande, le juge la fait publier dans de nombreux journaux. C'était la condition exigée par Vacher pour passer aux aveux ! Fourquet contacte l'un des plus éminents médecins légistes de l'époque, le docteur Lacassagne, qui se trouve à Lyon. Il lui transmet la lettre et les aveux de Vacher et il lui demande de procéder à une étude de la personnalité de son tueur. Dans son rapport, le professeur Lacassagne déclare – sans jamais avoir rencontré le suspect – que ce dernier est parfaitement sain d'esprit ! Le jeune magistrat s'appuie sur ce document de poids pour envoyer Vacher devant la cour d'assises.

26 octobre 1898, Bourg-en-Bresse. Le palais de justice est bondé. Tout le monde veut voir le célèbre tueur de bergères. Dans

le box des accusés, l'homme fait sensation. Il a sur la tête une toque en lapin blanc, et il porte sur la poitrine une pancarte où il est écrit : « J'ai deux balles dans la tête. » Puis il se met à chanter à tue-tête un psaume qui glorifie Jésus et Jeanne d'Arc. Entre deux délires, l'accusé a pourtant des moments de lucidité. Il raconte au président ses crises de démence : « À chaque fois, dit-il, je suis pris d'une espèce de fièvre, d'un tremblement nerveux, je ne veux pas tuer, ni violer, mais il faut que je le fasse. » Son avocat plaide l'irresponsabilité et la folie comme circonstances atténuantes. Mais le 28 octobre 1898, Joseph Vacher est reconnu coupable de onze meurtres avec préméditation. Il est condamné à mort. Deux mois plus tard, le président de la République, Félix Faure, lui refuse sa grâce. Le samedi 31 décembre, à quelques heures du réveillon de fin d'année, Joseph Vacher, âgé de 29 ans, est amené au pied de l'échafaud, sous les cris d'une foule haineuse qui hurle « À mort l'Éventreur ». Le condamné fait face et prononce ses dernières paroles : « La France n'a pas le courage de supporter ses fautes. Il lui faut une victime, c'est Vacher ! Ils seront frais quand ils auront ma tête. On devait me soigner dans les asiles... s'ils m'avaient soigné, jamais, jamais, je n'aurais commis tant de crimes. »

À signaler : le livre d'Olivier Chevrier, *Crime ou folie : un cas de tueur en série au XIXe siècle. L'affaire Joseph Vacher*, paru aux éditions L'Harmattan. Olivier Chevrier, éducateur à la protection judiciaire de la jeunesse et criminologue, a mené une longue enquête documentaire pour « faire parler » les crimes de Joseph Vacher et il a publié ce qui était au départ un travail universitaire. Il est le meilleur connaisseur du premier tueur en série français.

LA LONGUE TRAQUE DU TUEUR DU NORD

L'une des plus longues enquêtes sur la trace d'un tueur en série français a duré quatorze ans. Lorsque les policiers de la division criminelle de la police judiciaire de Lille ont fini par confondre Denis Waxin, auteur de trois assassinats d'enfants, d'une tentative avortée et de six viols, ce fut un immense soulagement dans toute la région. Sa dernière victime, une petite fille de 6 ans, a miraculeusement échappé à la mort. C'est grâce à elle qu'il a été finalement arrêté.

Fin novembre 1985, dans un quartier populaire de Lille Sud, une fillette vient d'être retrouvée morte dans un terrain vague à quelques dizaines de mètres de chez elle. Poignardée et violée. L'horreur de cet acte prend le pas, dans la région lilloise, sur un autre fait divers qui bouleverse la France depuis plus d'un an : la mort d'un petit garçon retrouvé ligoté dans les eaux de la Vologne, près de Lépanges. À cette époque, on se lève avec l'affaire Grégory à la radio et on apprend les nouveaux épisodes de la journée avec le journal télévisé du soir. Un climat d'abomination et de dégoût d'un autre temps qu'on aimerait oublier.

En cette fin d'après-midi de novembre, les mêmes sentiments, la même révolte, la même colère saisissent les habitants de la métropole lilloise. On espère que l'assassin de la petite Nathalie Hoarau, 6 ans, sera vite arrêté. Mais le tueur est introuvable. Il faudra attendre dix-sept longues années pour mettre fin au mystère…

On apprendra alors que l'auteur de ce premier meurtre s'appelle Denis Waxin. Il avait tout juste 17 ans en 1985.

Denis est l'aîné d'une famille ouvrière qui compte six enfants – trois garçons et trois filles, élevés modestement par une mère femme de service dans une école et un père absent et alcoolique. Denis se destine à devenir mécanicien et finit par décrocher un poste de pompiste dans une station-service de Villeneuve-d'Ascq.

À 23 ans, six ans après son premier meurtre, il se marie et mène une vie paisible avec Laurence, sa jeune épouse qui n'a jamais rien soupçonné. Les journées du pompiste sont ponctuées d'interminables parties de cartes avec les copains au bistrot, à la sortie du travail. C'est un garçon ordinaire, serviable et débrouillard. « Un type comme tout le monde », dira son meilleur ami, une douzaine d'années plus tard, après l'ultime procès de Denis Waxin condamné pour trois meurtres et six viols à la réclusion criminelle à perpétuité.

Revenons au vendredi 22 novembre 1985. Il fait gris et froid sur Lille. Les tours des Biscottes, dans les quartiers sud de la ville, sont noyées dans un crachin tenace. À 16 h 30, la petite Nathalie Hoarau rentre chez elle après l'école. Nathalie a 6 ans. Dès son arrivée à la maison, sa mère la renvoie aussitôt, juste en bas des tours, pour acheter du pain pour le dîner ainsi que des cigarettes. Trop contente de ressortir, la fillette prend l'argent que lui tend sa mère et redescend prestement. Il est 16 h 45. Mme Hoarau ne reverra jamais sa petite fille.

Nathalie passe d'abord acheter les cigarettes, puis elle file à la boulangerie pour prendre le pain. Elle en profite au passage pour s'offrir quelques bonbons, comme elle le fait toujours avec la monnaie des courses. Puis elle quitte la boulangerie rapidement et se dirige vers son immeuble. Les minutes passent, se font longues, Mme Hoarau est étonnée de ne pas voir revenir la petite. Inquiète, elle décide d'aller à sa rencontre, passe au tabac puis à la boulangerie. Elle doit se rendre à l'évidence : Nathalie a disparu ! Elle s'est littéralement volatilisée dans un tout petit triangle délimité par la rue Abélard, la rue Marcel-Hénault et la rue du Faubourg-d'Arras, une grande artère très passante. Mme Hoarau appelle la police qui entame aussitôt les premières recherches. Le buraliste, comme il l'a déjà dit à la mère de Nathalie, confirme avoir vu la gamine qui est repartie avec les cigarettes. Même témoignage du boulanger. La petite a bien pris le pain et les bonbons. Il l'a vue s'éloigner puis a servi d'autres clients. C'est tout ce qu'il peut dire…

Après plusieurs heures de recherche, le corps sans vie de la petite Nathalie est retrouvé sur un terrain vague tout proche. Il est même visible de la boulangerie. Le corps est à peine dissimulé dans un buisson. À ses côtés sur le sol, les cigarettes qu'elle était partie chercher et les bonbons éparpillés. Sur sa joue, la trace d'une larme séchée. La fillette a été violée. Son corps est lardé de coups de couteau.

L'émotion est considérable. Ici, tous les gamins, même les plus petits, passent leur temps dehors au pied des barres d'immeubles quand il fait beau, après l'école, pour jouer au foot ou à la marelle. Tout le monde les connaît. Tout le monde se connaît. Et pourtant, ici, dans le quartier, se cache un monstre. Un monstre qui ne va plus faire parler de lui pendant cinq ans…

Cinq ans quasiment jour pour jour après le meurtre de la petite Nathalie, le 9 octobre 1990, un homme promène son chien le long du boulevard Victor-Hugo comme il le fait chaque soir avant le dîner. Il prend toujours le même chemin, qui passe par un terrain vague où il lâche la laisse du chien pour le laisser courir un peu. Il est 18 h 45 lorsque le regard de l'homme s'arrête sur une petite masse sombre allongée sur le sol au milieu de branchages épars. Il se rapproche et découvre dans la lumière atténuée du soir qui tombe, le corps d'une petite fille dénudé et ensanglanté. Elle est morte. Elle s'appelle Cathy Monchaux. Elle a 9 ans.

Depuis la veille au soir, son père avait déclaré sa disparition à la police. La petite Cathy jouait dans la cour intérieure de son immeuble, un HLM du quartier de Wazemmes, près de la rue d'Iéna. La famille Monchaux occupe un appartement en duplex, dont l'étage inférieur est au rez-de-chaussée, ce qui permet de voir et de surveiller les enfants quand ils jouent dans la cour intérieure. La veille, vers 20 heures, Roger, le père de Cathy, lui a demandé de rentrer pour passer à table. La petite a répondu « j'arrive ! » et comme elle le fait souvent, au lieu de rentrer dans l'appartement par la porte-fenêtre, elle est passée par l'extérieur. Elle est sortie en courant de la petite cour, est passée sous le porche donnant sur la rue d'Iéna à quelques mètres seulement de la porte d'entrée. Elle n'y arrivera jamais… Elle a disparu en quelques secondes !

Le corps de Cathy est affreusement mutilé. La gamine a subi de nombreux sévices sexuels. À cette barbarie s'ajoute plus d'une dizaine de coups de couteau dont, selon l'autopsie, aucun n'a été mortel. « Cathy est morte lentement, dit le rapport du médecin légiste, des suites d'une hémorragie interne. »

Une vague d'angoisse submerge les quartiers de Lille Sud, de Moulins et de Wazemmes. Pourtant, les forces de l'ordre ne ménagent pas leurs efforts. Le quartier est passé au peigne fin, à la recherche du moindre indice. Les policiers font du porte-à-porte pour tenter de recueillir un témoignage, même infime, qui les mettrait sur une piste. Ils interpellent les passants, visitent les commerçants et posent des centaines de fois la même question : « Avez-vous vu quelque chose ? » Les enquêteurs passent ensuite dans les quelques cafés voisins du lieu de la disparition. Dans l'un d'eux, plusieurs consommateurs jouent aux cartes en buvant de la bière. Les policiers les interrogent. Ont-ils vu quelque chose d'inhabituel ? Ont-ils aperçu la petite Cathy, dont ils rappellent la description physique ? Tout le monde répond par la négative, y compris un jeune homme au crâne dégarni prématurément, un certain Denis Waxin, qui joue régulièrement aux cartes dans ce café. Il était là la veille. Il n'a rien vu. L'enquête piétine. Les enquêteurs n'ont pas pu recueillir le moindre témoignage qui aurait pu les mettre sur une piste. Denis Waxin, lui, pendant ce temps, prépare son prochain mariage avec sa fiancée Laurence ; la cérémonie aura lieu l'année suivante, en 1991.

Nous sommes maintenant à la fin du mois de juillet 1992. L'inquiétude s'abat à nouveau sur les quartiers sud de Lille... Depuis plusieurs jours, on est sans nouvelles d'une petite fille de 4 ans, Nadjia Tebib. Elle passait ses vacances chez sa grand-mère qui habite rue Georges-Mandel, non loin de l'hôpital Saint-Vincent. La police multiplie les battues, parcourt les rues en tous sens à la recherche de l'enfant. Celle-ci est finalement retrouvée morte le 29 juillet, six jours après sa disparition, dans un terrain vague de Ronchin, à moins de deux kilomètres et demi du domicile de sa grand-mère.

Nadjia a été violée, poignardée et étouffée dans un sac plastique. L'enquête s'annonce difficile. Si aucun lien n'est fait pour l'instant avec les meurtres précédents, la police relève toutefois un précieux indice. Une trace de sperme est prélevée sur les vêtements de la fillette et transmise au laboratoire interrégional de la police scientifique. Malheureusement, cet ADN est inconnu des fichiers et ne permet donc pas d'identifier un suspect. En revanche, des enfants ont bien vu un homme s'approcher de la petite Nadjia. Selon leurs témoignages, il s'agirait d'un homme plutôt blond, d'une trentaine d'années, grand et maigre. Une piste qui ne donne rien car le signalement est trop vague.

Pendant ce temps, Denis Waxin, jeune marié, continue de se rendre chaque jour à la station-service de Villeneuve-d'Ascq où il travaille toujours comme pompiste. Il ne fait l'objet d'aucun soupçon particulier... On ne soupçonne pas les gens ordinaires.

Sept ans plus tard, le 6 janvier 1999, un mercredi, la petite Wendy, âgée de 6 ans, collecte un peu d'argent pour l'opération « pièces jaunes », avec son frère et sa sœur, dans l'immeuble où ils habitent à Lille-Moulins. La famille de Nadjia habite la même résidence de la rue Jean-Jaurès. Dans la cour de l'immeuble, Wendy va au-devant d'un homme grand et maigre, plutôt blond, d'une trentaine d'années. Elle lui tend sa petite tirelire en carton et lui demande s'il veut bien lui donner une ou deux pièces. L'homme met machinalement la main dans sa poche et dit à la petite : « Je n'ai pas d'argent sur moi, mais viens les chercher avec moi, j'ai des tas de pièces jaunes chez moi. » Wendy refuse, on lui a toujours dit de ne jamais suivre quelqu'un qu'on ne connaît pas. L'homme jette un regard rapide à droite et à gauche... Il prend le bras de la fillette et l'emmène fermement avec lui. Wendy ne comprend pas ce que lui veut ce monsieur qu'elle n'a jamais vu. L'inconnu s'appelle Denis Waxin.

Après quelques minutes de marche, il s'arrête devant une ouverture dans un mur décrépi. « Vas-y, entre, dit-il à l'enfant, c'est un raccourci pour aller chez moi plus vite. » Wendy passe par le trou du mur, suivie par Waxin, et se retrouve dans une usine textile désaffectée, située juste derrière la salle de spectacle du Zénith... L'endroit est sinistre : des murs de béton sales, des poutrelles rouillées, une haute toiture de verre jaunie éventrée par endroits, où le vent s'engouffre. Il fait un froid glacial.

Denis Waxin attrape à nouveau vigoureusement la gamine. Elle remarque que sa montre indique 14 h 10. Puis, c'est l'horreur. L'homme se jette sur l'enfant. Il la déshabille. Wendy se met à pleurer, de plus en plus fort. Waxin la menace avec une matraque électrique : « Arrête de pleurer, lui dit-il, ou je te fais ce que j'ai fait aux autres filles... et tu ne reverras plus jamais tes parents. » Wendy, terrorisée, étouffe ses sanglots. Son calvaire reprend. D'interminables et atroces minutes, pendant lesquelles elle subit les assauts de son agresseur...

Vers la fin de l'après-midi, Denis Waxin et l'enfant ressortent ensemble de l'usine par le même trou dans le mur qu'ils avaient emprunté pour y entrer quelques heures plus tôt. La nuit est tombée. Ils marchent maintenant à nouveau dans la rue côte à côte. Waxin ne cesse de s'éponger le front avec des mouchoirs en papier qu'il jette nerveusement. Ils arrivent près du pont qui enjambe l'autoroute. Waxin jette par-dessus le parapet un nouveau mouchoir et s'arrête. Il se penche vers Wendy et lui dit : « Toi, tu ne parles pas de ce qu'on a fait à la police sinon je te tue. Maintenant tu peux t'en aller. » Wendy fait quelques pas, sans oser se retourner. Quand elle se risque quand même à regarder par-dessus son épaule, l'homme a disparu...

La petite fille, hébétée, sera recueillie par une passante qui la conduit directement au commissariat central de Lille. Les policiers présents prennent très au sérieux le peu que leur dit la fillette. Ils se lancent même dans une ébauche de portrait-robot de l'homme qui l'a « embêtée », comme dit Wendy.

Deux jours plus tard, par la fenêtre chez sa grand-mère, Wendy aperçoit son agresseur qui passe dans la rue. Affolée, elle se décide à tout raconter à ses parents, en détail, avec ses mots d'enfant. Ses parents l'emmènent aussitôt de nouveau au commissariat. Les policiers lui présentent une vingtaine de photos de délinquants sexuels mais aussi celles de personnes « connues de la police » ayant quelques traits de ressemblance avec le portrait-robot, qui sont fichées pour de menus larcins. Parmi ces photos, celle de Denis Waxin qui avait eu affaire à la police pour un vol dans un supermarché alors qu'il avait à peine 20 ans. Wendy est formelle : « C'est lui ! » dit-elle. Les policiers organisent le lendemain un tapissage : derrière une vitre sans tain sont alignées une dizaine de personnes. La petite fille, sans aucune hésitation, désigne l'homme qui porte la pancarte numéro 6. Le numéro 6, c'est Denis Waxin.

Les prélèvements ADN effectués sur Waxin sont comparés avec ceux relevés dans des affaires de mœurs non élucidées des années précédentes. La signature génétique prélevée sur la petite Nadjia Tebib tuée en 1992 appartient à Waxin. Le tueur est confondu. Il avoue avoir violé et tué Nadjia et Cathy. Pendant l'instruction, il confessera aussi deux autres viols de deux petits garçons de 7 et 10 ans à la fin de l'année 1993, à Moulins et à Lambersart. Il livre ses aveux en parlant de lui à la troisième personne, comme s'il était étranger à ses actes. Il ne reconnaîtra son tout premier meurtre, celui de la petite Nathalie Hoarau, qu'au cours de son procès.

Denis Waxin est un « homme ordinaire », disait son meilleur ami, un homme ordinaire qui se transformait en tueur en série impitoyable. Un monstre qui a tué trois fois et violé six enfants. Bien qu'il ait toujours plaidé le dédoublement de personnalité, les experts psychiatres ont décrit un prédateur sexuel et un calculateur pervers d'une extrême dangerosité. Le premier procès d'assises débouche, comme prévu, sur une condamnation à perpétuité assortie de la peine incompressible maximum de trente ans. Le condamné décide de faire appel.

Peu avant l'ouverture du second procès, la tante de la petite Nadjia confiait au journaliste d'Europe 1, Lionel Goujelot, la douleur que représentait pour les familles la perspective de revoir Waxin. « Les familles, disait-elle, ont déjà été condamnées à la souffrance perpétuelle. Il ne méritait pas d'être rejugé… »

Denis Waxin a été condamné en appel à la réclusion criminelle à perpétuité assortie d'une peine incompressible de vingt-neuf ans…

Dans un tout petit appartement de Lille Sud, une vieille femme a appris le verdict par la radio. Elle n'a pas pleuré… Il y a longtemps qu'elle n'a plus de larmes à verser. Marie-Jeanne Waxin a passé les 70 ans. Il y a sept ans, quelques jours avant sa mort, son mari lui a fait promettre de ne jamais rendre visite à Denis, son fils préféré, le seul serial killer lillois du XXe siècle. Elle réside maintenant à quelques centaines de mètres du terrain vague où la première victime, Nathalie Hoarau, a été retrouvée. Elle essaie d'oublier…

LE TUEUR DE VIEILLES DAMES

Tous les tueurs en série ne deviennent pas célèbres. C'est le cas de Claude Lastennet. La dérive sanglante de ce jeune homme de 22 ans, dont les crimes n'ont été évoqués par la presse qu'au moment des faits, n'a pourtant rien à envier, au chapitre de l'horreur, à celles de ses « confrères », Guy Georges ou Thierry Paulin : cinq vieilles femmes étranglées chez elles entre août 1993 et janvier 1994. Leur malchance aura été de croiser le chemin d'un tueur sans pitié, dans la banlieue sud de Paris.

Depuis sa condamnation à la réclusion à perpétuité avec une période de sûreté de dix-huit ans, ce meurtrier est retombé dans l'anonymat. Pourtant, son histoire peut conduire à se poser cette question qui revient dès qu'on évoque un tueur en série : comment un garçon ordinaire, dont l'enfance ressemble à celle de millions d'autres jeunes, franchit-il la ligne jaune du passage à l'acte ?

En 1993, Claude Lastennet est un jeune homme au visage d'ange, un gamin de 22 ans, un peu paumé, en rupture familiale. Il est monté à Paris après avoir été réformé du service militaire pour raisons psychiatriques. À 20 ans il a passé un BEP hôtellerie-restauration puis s'est fait embaucher dans des établissements renommés des beaux quartiers. Il travaille ainsi dans plusieurs restaurants, ne restant jamais très longtemps dans le même emploi. Pourtant, il est toujours considéré comme un bon élément, souriant et même charmeur auprès de la clientèle, surtout des femmes d'un certain âge. À tel point que plusieurs clientes, dont il pourrait être le petit-fils, lui proposent des rendez-vous plus intimes. Qu'il accepte. Il ne refuse pas non plus le petit cadeau qu'elles lui remettent ensuite pour prix de ses services... Mais Claude ressent depuis toujours un malaise diffus qui se transforme à plusieurs reprises en véritable dépression. Aux médicaments qu'on lui prescrit, il préfère le cannabis dont il fait une consommation très importante. Une dizaine de joints par jour, à certaines époques. À Paris, il vit chez son frère jumeau, Frédéric. C'est chez lui qu'il fait une tentative de suicide, un soir, en avalant toutes les pilules qu'il a pu trouver dans le petit appartement. Direction l'hôpital. Ce n'est pas sa première tentative. En sortant, il a pris de nombreuses bonnes résolutions. Celle en particulier de s'assumer, de construire sa vie. Il prend alors une chambre dans un foyer pour jeunes travailleurs à Chevilly-Larue, dans le Val-de-Marne, pour un loyer de 1 900 francs par mois. C'est un jeune homme « en galère », comme tous les locataires du foyer, mais lui va devenir l'un des plus terribles tueurs en série de la fin du XXe siècle en France.

Nous sommes le 23 août 1993, devant un petit pavillon modeste à Chevilly-Larue. Une maison qui passerait presque inaperçue, nichée entre les deux grandes bâtisses blanches qui l'encadrent. Au numéro 49, la petite grille verte donne sur une avenue peu fréquentée, bordée d'arbres. Le quartier est réputé calme. Pourtant, en ce matin du 23, de nombreux policiers et des pompiers s'affairent autour de la petite maison. Ils ont été prévenus par la belle-fille et la petite-fille de la propriétaire à qui elles rendaient visite. Ce qu'elles ont vu en entrant les a horrifiées.

Comme un ouragan qui se serait abattu dans l'intérieur de la maison… Chaque pièce a été mise à sac. Tout est sens dessus dessous. Et dans la chambre, sur son lit, au milieu d'un fatras de papiers, elles ont découvert Marcelle Cavillier, 87 ans. Morte.

La vieille dame est allongée sur le dos, les pieds pendant, touchant presque le sol. Sa blouse bleue est relevée jusqu'aux hanches. Son visage est tuméfié, le crâne ensanglanté. L'agression a dû être extrêmement violente. À tel point que sa petite-fille peine à l'identifier.

Les premières constatations de l'enquête menée par la brigade criminelle plaident pour un crime de rôdeur, un cambriolage qui aurait mal tourné. Le portail d'entrée donnant sur le devant du pavillon était bien fermé, mais, de l'autre côté de la maison, côté jardin, une vitre de la porte de derrière a été brisée. Faible indice, d'autant que les enquêteurs ne relèvent aucune empreinte. Une des voisines de Marcelle qui habite au 51, affirme pourtant qu'elle a vu un jeune homme au comportement étrange. Il était, dit-elle, immobile, juste en face de la maison, il avait l'air d'observer ou de guetter quelque chose. Au bout d'une heure ou deux, elle lui avait demandé ce qu'il faisait là. Et le jeune homme lui avait répondu sans se troubler : « Je dois livrer des courses au numéro 52. » Le numéro 52 n'existe pas dans cette rue. En face du 51, il y a un espace vert dans lequel jouent tous les gamins du quartier. Faute de piste plus crédible, la police demande à la voisine d'établir un portrait-robot de l'inconnu. Il s'agit d'un homme de type européen, âgé d'une trentaine d'années, qui mesure dans les 1,75 mètre et porte des lunettes type Ray Ban. « Je n'ai pas pu voir ses yeux », dit la voisine aux enquêteurs.

L'autopsie révèle que Marcelle Cavillier a été étranglée…

Un peu plus de deux mois plus tard, le 15 novembre 1993, dans la ville voisine de Thiais, François Bonin se rend chez sa mère Antoinette, comme chaque soir. Elle ne voit plus grand monde, et ne sort de chez elle que pour faire des courses. François habite la maison voisine de celle d'Antoinette. En entrant chez sa mère, il tombe nez à nez sur un jeune homme en train de fouiller dans un placard.

« Qu'est-ce que vous foutez là ? demande Bonin.

– La petite dame était très fatiguée, elle m'a demandé de ranger ses courses, répond calmement le jeune homme.

– Et elle est où ma mère ?

– Elle est dans le fond, là-bas. Elle a un peu de sang dans l'oreille. Elle est par terre. »

Là-bas, c'est la cuisine. François Bonin s'y rend sans se poser plus de questions, sans penser à mal. Juste étonné par la situation. Dans la cuisine, il découvre le corps inanimé de sa mère. Il l'appelle, elle ne répond pas. Il n'ose pas la toucher. Il regagne le hall d'entrée, téléphone aux pompiers, à la police et… se rend compte que le jeune homme a disparu. Il remarque aussi que le carreau de la cuisine a été cassé. Vu l'état de la maison, les armoires vidées, les étagères renversées, le matelas déplacé, « ce doit être un cambriolage », se dit François Bonin. À l'arrivée de la police, il parle à plusieurs reprises du jeune homme qu'il a croisé en entrant, mais personne ne l'écoute. C'est le témoignage de sa sœur qui intéresse davantage les policiers. François et sa sœur n'entretiennent pas de bonnes relations. Depuis longtemps elle lui reproche de lorgner sur la maison de leur mère, François se sentirait à l'étroit chez lui. Un mobile tout trouvé pour les enquêteurs. « Vous la vouliez cette maison ? Vous vous êtes énervé, vous avez parlé fort, vous l'avez un peu poussée votre mère, elle est tombée sur la tête et elle est morte. C'est tout ! » François Bonin est interrogé toute la nuit, avant d'être finalement relâché au petit matin, faute d'éléments de preuves. Mais les policiers ne sont pas convaincus par ses dénégations. D'ailleurs, ils ne lui demandent même pas de décrire plus précisément l'inconnu qui, selon lui, fouillait dans les affaires de sa mère lorsqu'il est arrivé dans la maison. Autrement dit, les policiers ne tentent pas de dresser un portrait-robot du jeune homme qui s'est enfui…

Quatre jours plus tard, le 19 novembre 1993, nouveau meurtre d'une vieille dame. À Boulogne-Billancourt, cette fois. La victime s'appelle Raymonde Dolisy. Elle a 72 ans. C'est la sœur d'un ancien PDG de la SNCF. Elle est découverte par la concierge de son immeuble, intriguée de voir son courrier s'accumuler devant sa porte depuis deux, ou peut-être trois jours… Elle a d'abord frappé plusieurs fois à la porte et comme la vieille dame ne répondait pas, elle s'est servie de son double des clés. C'est là qu'elle a découvert le corps de Mme Dolisy étendu dans le couloir de l'entrée. Elle semblait être tombée à peine après avoir mis les pieds dans l'appartement. Elle était encore vêtue de son imperméable. La gardienne fait le tour des pièces et constate que l'appartement a été saccagé. Tout est retourné… Elle appelle le commissariat.

C'est donc le troisième meurtre, en trois mois, sensiblement dans les mêmes circonstances. Les policiers de Chevilly-Larue, de Thiais et de Boulogne-Billancourt ne font aucun rapprochement particulier entre des événements qui sont considérés comme des cambriolages ayant mal tourné. Les trois enquêtes sont au point mort. On a bien trouvé quelques empreintes digitales sur les scènes de crime, mais elles ne sont pas exploitables. Quant à l'ADN, à cette époque, les policiers ne sont pas formés à prélever d'autres traces biologiques que le sang. La police scientifique est encore balbutiante dans ce domaine.

Pourtant, un lien ténu entre les trois affaires va se révéler à l'occasion du quatrième assassinat. Car les crimes de vieilles dames ne s'arrêtent pas. Le 19 décembre, un mois plus tard, Augustine Royer, 91 ans, est retrouvée morte par son filleul, chez elle à Bourg-la-Reine. Comme Augustine ne répondait pas aux nombreux coups de sonnette, ce sont les pompiers qui sont appelés pour défoncer la porte. Augustine gît à terre, dans la salle à manger. Elle est encore vêtue de son manteau. Son panier à provisions est à côté d'elle. La maison a été fouillée de fond en comble et le poste de télévision a été volé. L'autopsie établit que la vieille dame est morte, comme les autres, par strangulation.

Le policier de la criminelle appelé sur les lieux constate qu'un lien bien mince, mais réel existe entre les quatre meurtres de ces femmes âgées. La ligne de bus 192 passe près du domicile des quatre victimes. Bourg-la-Reine, Chevilly-Larue, Thiais, Boulogne. Pour la première fois, l'enquête envisage la possibilité de l'existence d'un tueur en série et la décision est prise de regrouper les quatre affaires sous la même direction d'enquête. François Bonin est alors enfin convoqué à nouveau, un mois après l'assassinat de sa mère, pour dresser le portrait-robot du jeune homme qu'il a croisé en arrivant chez celle-ci. Cette fois, les enquêteurs l'écoutent et le croient. Le portrait est largement diffusé auprès des services de police et placardé dans tous les commissariats. C'est la première piste sérieuse depuis le début des assassinats de vieilles dames…

Le lendemain 20 décembre, à Chevilly-Larue, un jeune homme se présente vers 8 heures au domicile de Rosalie Czajka. Elle a 82 ans, Elle est en train de faire sa toilette lorsqu'elle entend frapper à sa porte. Rosalie, qui n'est pas méfiante, va ouvrir. Son agresseur la repousse violemment à l'intérieur. Il la bouscule sans ménagement, la frappe. Elle tombe à terre. L'homme la maintient au sol en appuyant son genou contre sa poitrine : « Où est ton fric ? » Elle lui indique son porte-monnaie rangé dans le cabas. L'homme s'empare des 500 francs qui s'y trouvent effectivement. Mais il en veut plus. Il la secoue pour lui faire avouer où elle cache ses économies. Rosalie se défend. Elle crie, elle tape, lui tire les cheveux, lui porte un coup violent dans les testicules. L'agresseur tente alors de l'étrangler avec un rideau, mais elle ne se laisse pas faire. Sa voisine entend ses cris et téléphone aussitôt à la fille de

Rosalie qui, pensant que sa mère a un malaise, saute dans sa voiture pour venir au plus vite. Elle est rapidement bloquée dans les embouteillages du matin et elle prévient, affolée, les pompiers et la police qui se rendent toutes sirènes hurlantes chez Rosalie. Des sirènes qui font fuir l'agresseur. Dans sa précipitation il oublie d'emporter sa casquette, tombée au sol. Rosalie Czajka est choquée, mais en vie.

Vers 10 h 30, ce même matin, la voisine de la vieille dame, celle qui avait donné l'alerte, reçoit un mystérieux coup de fil. Une voix masculine, froide, lui dit sans qu'elle puisse répondre le moindre mot : « Étant donné ce qui s'est passé ce matin, vous n'avez pas intérêt à bavarder. » Et puis, un autre coup de fil quelques instants plus tard : « Ceci est un premier avertissement. »

À Chevilly-Larue, la psychose s'installe. La police multiplie les rondes et fait du porte-à-porte pour inviter les personnes âgées à être vigilantes : ne pas ouvrir aux inconnus, regarder si elles ne sont pas suivies quand elles vont faire des courses. Mais le meilleur conseil est encore de ne plus sortir de chez soi seule. Ne pas hésiter à se faire accompagner d'un voisin ou d'une voisine.

Malgré ces précautions, le tueur mystérieux va encore se manifester, à Thiais cette fois, à quelques kilomètres de Chevilly-Larue. Toujours le long de la ligne 192 de la RATP. Le dimanche 9 janvier 1994 après la messe, comme tous les dimanches, le père de Ferluc se rend chez sa mère. D'habitude, il essaie d'être là pour le déjeuner vers midi et demi ou 13 heures, après la messe. Il lui apporte un poulet rôti et ils passent une partie de l'après-midi ensemble. Mais, ce dimanche, le prêtre n'arrive que vers 17 heures, car il a été retenu par ses occupations paroissiales. Lorsqu'il ouvre la porte de l'appartement de sa mère au 58, avenue de la République, il est étonné de trouver dans l'entrée le sac à provisions jeté sur le sol avec, se souvient-il, le pain qui dépassait. Il appelle sa mère à plusieurs reprises dans le petit appartement, passe devant la chambre. Le lit est complètement défait, le contenu des armoires répandu aux quatre coins de la pièce. Il arrive à la cuisine et découvre le corps de sa mère allongé sur le sol. Violette de Ferluc, 92 ans, est morte, étranglée, son foulard serré autour de la gorge. Il se précipite vers le téléphone mais les fils ont été arrachés. Alors il sonne chez la voisine et appelle la police. Dans l'appartement, des bijoux ont été volés et la carte de crédit de Violette manque à l'appel. Les premiers éléments de l'enquête établissent que la mort a eu lieu vers midi moins le quart, quand la vieille dame rentrait de ses courses.

La police n'a désormais plus de doute sur l'existence d'un tueur en série, mais elle ignore encore qui il est, quelles sont ses motivations, et surtout où il se trouve…

Les enquêteurs craignent de nouveaux meurtres. Concrètement, l'enquête piétine toujours, malgré les renforts envoyés par la brigade criminelle de Paris ; toujours pas ou peu d'indices, pas d'empreintes exploitables. Il faudrait un coup de pouce du destin comme cela arrive parfois dans les enquêtes difficiles.

Ce coup de pouce, un témoignage providentiel, arrive deux jours plus tard et permet aux policiers de mettre fin à la tragique série d'assassinats qui fait l'objet de nombreux articles dans la presse.

Au foyer des jeunes travailleurs de Chevilly-Larue, un des locataires âgé d'une vingtaine d'années, Arnaud Bossu, feuillette l'édition locale du *Parisien/Aujourd'hui en France*. Il s'arrête sur un article relatant les faits divers de la région. « Deux nouvelles retraitées tuées », lit-il avant de tomber sur un nom qu'il a déjà entendu quelque part : Violette de Ferluc. Violette de Ferluc… Oui, il se souvient : un de ses copains du foyer lui a montré une carte de crédit à ce nom et lui a demandé comment s'en servir pour obtenir de l'argent. Et puis, il se rappelle aussi que son copain lui a montré de nombreuses fois le butin de ses rapines : des bijoux, un poste de télévision et d'autres babioles. Son copain lui avait dit qu'il avait braqué quelques vieilles, pour se faire un peu de tune. Arnaud lui avait fait savoir qu'il n'aimait pas ça et son copain s'était rétracté : « Mais non, c'est pas vrai, c'est une blague », lui avait-il dit. Et Arnaud avait arrêté de se poser des questions. Il sait que son copain de foyer est un peu frimeur et aussi un peu voleur. Mais pas un assassin quand même ! Pourtant, il relit l'article. Dans le journal, on parle bien de meurtres.

Arnaud prend alors contact avec la police ; il sait des choses sur les crimes de la banlieue sud, dit-il. Il demande à parler à un inspecteur chargé de ces affaires. L'un des policiers lui donne rendez-vous, le soir même, dans un café à Paris. À peine attablé, Arnaud Bossu raconte ce qu'il sait et donne le nom de celui qui lui a montré la carte de crédit de la vieille dame assassinée : Claude Lastennet. Il donne aussi l'adresse du foyer des jeunes travailleurs de Chevilly-Larue où Claude est domicilié depuis quelques mois.

Le 12 janvier au petit matin, un important dispositif de police se déploie autour du foyer des jeunes travailleurs. C'est le chef de la brigade criminelle François Courtinat qui mène l'opération. Ne connaissant pas Claude Lastennet, il a demandé le double des clés de sa chambre au directeur du foyer. Peu avant 7 heures, c'est le commandant Courtinat lui-même qui ouvre la porte de la pièce occupée par Lastennet. Un tour de clé dans la serrure, la porte s'ouvre. Le policier se précipite sur le lit dans lequel un jeune homme est en train de dormir. Lastennet est aussi surpris que terrorisé par l'intervention de Courtinat et prend peur. « Arrêtez, arrêtez, je vous dirai tout, c'est moi ! »

Dans la petite pièce du foyer commence immédiatement la perquisition en présence de Lastennet qui est menotté. Les policiers trouvent sans difficulté les bijoux, un peu d'argent, des babioles, un poste de télé, et une carte de crédit au nom de Violette de Ferluc. « Oui, ça vient de cambriolages », répond

Lastennet qui ne cherche pas à nier et qui ne conteste rien. Mieux, il parle, il parle beaucoup sans attendre les questions.

Dès les premières minutes de son interrogatoire, il reconnaît avoir tué à plusieurs reprises. D'ailleurs, il se souvient des endroits, des dates, un peu moins bien des noms. Lastennet parle calmement, n'exprimant aucun regret, ni remords apparents, comme s'il était étranger aux faits qu'il raconte. Et puis, il donne des détails, décrit les coups assénés et ses méthodes d'étranglement.

Le meurtre de Marcelle Cavillier, sa première victime ? Il l'a suivie depuis le supermarché qui se trouve en face de son foyer, il voulait de l'argent. « Je voulais lui faire peur mais pas la tuer », précise-t-il. Mais elle s'est débattue, alors il l'a étranglée et il a ressenti un spasme, presque comme un orgasme. Il a aimé ça.

Pour son deuxième meurtre, quand il est surpris par François Bonin, Lastennet raconte qu'il avait un couteau dans la main et regrette de ne pas s'en être servi alors qu'il venait déjà de tuer Antoinette. Et pourquoi elle ? « Parce qu'elle marchait plus lentement qu'un escargot. » Et Raymonde Dolisy ? Parce qu'elle avait des lunettes aux verres épais. Et Augustine, elle, avait des chaussures trop grandes pour elle. Ce sont ces détails qui, à chaque fois, avaient provoqué chez lui le désir de tuer…

Autant de mobiles farfelus peinent à convaincre les enquêteurs. Lastennet le sent bien ; les raisons qu'il avance pour justifier ses crimes ne sont pas suffisantes pour le faire passer pour irresponsable. Alors pendant sa nuit d'interrogatoire, il avoue aux policiers qu'il dérobe aussi autre chose de ses victimes : quelques gouttes de sang. Il trempe l'extrémité d'un doigt dans le sang qui s'écoule de leurs oreilles ou de leur bouche et le porte à ses lèvres. Lastennet est persuadé d'être habité par le diable et il assure qu'à chaque fois, c'est le diable qui a tué. Pas lui.

LES DERNIERS JOURS DE GIANNI VERSACE

Certains faits divers s'accompagnent d'un retentissement mondial qui s'explique par la personnalité de la victime ou par l'horreur d'un crime hors du commun. Beaucoup d'entre nous se souviennent encore de ce qu'ils faisaient le jour de l'assassinat du président Kennedy, ou lors de l'attentat contre les tours de New York, un certain 11 septembre, ou encore lorsque le pape Jean-Paul II a miraculeusement survécu aux balles d'Ali Agça, sur la place Saint-Pierre de Rome, sous les yeux de milliers de pèlerins.

La mort brutale du couturier italien Gianni Versace, il y a treize ans, a bouleversé le monde de la mode internationale. Versace avait bâti en deux décennies un véritable empire du luxe et de l'imagination. Il a été fauché en pleine gloire par la balle d'un tueur en série américain sur un trottoir de Miami, devant la porte de sa luxueuse villa où il passait ses vacances. C'était le 15 juillet 1997. Voici l'histoire d'un destin brisé par la fatalité. L'assassin du couturier n'a pas choisi sa victime : c'était un crime gratuit !

Paris, 3 juillet 1997. Une foule de curieux difficilement contenue derrière des barrières métalliques, assiste à l'arrivée sur la place Vendôme d'une noria de limousines luxueuses, dont descendent sous les flashs des photographes, Elton John, Sting, Madonna et de nombreuses autres stars internationales du monde du cinéma, de la chanson et de la mode… Tous hâtent le pas, le visage dissimulé par d'épaisses lunettes noires, sur le tapis rouge qui les conduit du trottoir jusqu'à l'entrée de l'hôtel Ritz, l'un des grands palaces de la capitale. Dans quelques instants, Gianni Versace va présenter sa dernière collection, la collection hiver 97-98. Sur le podium, Cindy Crawford, Linda Evangelista, Christy Turlington, les plus beaux mannequins enchaînent les passages avec élégance et majesté jusqu'au clou du défilé : l'arrivée de la mariée, la très belle Naomi Campbell, l'égérie fétiche du génie italien de la mode. Tout n'est que luxe, glamour et beauté. Versace bouscule la mode, les couleurs et les matières, jouant des étoffes, du cuir, du plastique et des métaux. Pour cette collection, il s'est librement inspiré du mysticisme byzantin, fait de larges croix dorées, brodées et parsemées de mille pépites précieuses. Le style est flamboyant, déroutant. Tellement audacieux. Trop parfois, pour ses rares détracteurs, qui ne sont visiblement pas au Ritz ce jour-là. Le défilé est un triomphe. Le couturier italien, ému et fatigué, encore stressé, entouré de ses modèles, salue depuis le podium la salle totalement conquise. C'était sa dernière collection…

Quatre jours plus tard, le 7 juillet, le créateur italien quitte Paris avec son ami Antonio d'Amico, direction New York, où il possède un hôtel particulier de six étages en plein cœur de Manhattan. Pendant quelques jours il s'occupe de ses affaires, de ses projets, organise des réunions dans sa boutique de New York. Et puis, c'est enfin les vacances. Elles seront brèves. Le 15 juillet, à 8 h 30 du matin, Gianni Versace est abattu de deux balles dans la tête, par un tueur en série…

En cet été 1997, Gianni Versace est arrivé à Miami plus tôt que d'habitude. Il est fatigué. Et même pour Rome, qui a prévu de lui rendre un immense hommage à la mi-juillet en organisant un défilé géant sur la place d'Espagne, il ne quittera pas la Floride. C'est Donatella, sa sœur, qui se charge de régler les festivités. Il ne fera pas davantage un saut à Florence pour applaudir le dernier spectacle de son ami Maurice Béjart, qui met pourtant en scène Naomi Campbell…

Gianni Versace est fatigué car il lutte depuis plusieurs mois, dans le plus grand secret, contre une forme très rare de cancer. Un cancer de l'oreille interne qui l'épuise, alors qu'il n'a pratiquement pas changé son rythme de vie. Gianni travaille sans cesse. Pendant la préparation des collections, il ne rentre presque jamais chez lui avant 2 ou 3 heures du matin. Il est exigeant, très exigeant, tellement heureux que son travail soit reconnu et surtout apprécié du plus grand nombre. Les mannequins, les assistants, les collaborateurs peuvent témoigner de cette exigence. Gianni Versace aime que ça aille vite, que ses idées se concrétisent sans attendre. Il est un homme pressé, depuis toujours. Depuis son enfance de gamin de Calabre, où il aimait à jouer avec les étoffes dans l'atelier de couture de sa mère. Le petit Gianni savait qu'il confectionnerait des vêtements plus tard. Pas comme sa mère, plutôt comme ceux dont il ne cesse de dessiner les lignes à longueur de cahiers. Pour réaliser son rêve, il partira pour la riche Italie du Nord, Milan, la capitale de l'élégance. C'est là qu'il fait ses premières armes professionnelles, avec beaucoup d'espoirs déçus, des rencontres improbables et, enfin, un premier succès en 1978. Il présente cette année-là sa première collection dans la capitale lombarde. En vingt ans, la maison de couture Versace deviendra la deuxième d'Italie, juste derrière Armani. Bilan de cette réussite exceptionnelle : près de 6 milliards de francs de chiffre d'affaires en 1996. Des boutiques sur les plus belles avenues du monde… Gianni Versace décline aussi sa griffe en de nombreux accessoires, qui vont du sac de soirée au linge de table, en passant par les parfums et les eaux de toilette pour hommes et femmes. Sa fortune est considérable. Il vit comme un prince. Il achète des maisons somptueuses à Côme, à Milan, à New York ou à Miami. Avant la coupure des vacances de l'été 97, il envisageait même d'acquérir un nouveau pied-à-terre à Londres... Les maisons du couturier sont de véritables palais, dans lesquels il entrepose ses fabuleuses collections d'œuvres d'art. C'est un acheteur frénétique, compulsif, sans la moindre notion d'économie. Quand quelque chose lui plaît, il le lui faut, quel que soit le prix. Une babiole à 300 francs ou un Picasso à 20 millions de dollars.

La « Casa Casuarina », située sur Ocean Drive à Miami Beach, ne déroge pas à la règle. C'est une immense bâtisse baroque, érigée dans les années 30, protégée par un jardin luxuriant, avec un buste d'Isabelle de Castille et la fameuse « Medusa », la Méduse, l'emblème de Gianni Versace, qui décore la façade. À l'intérieur, les murs sont tapissés de Matisse, de Modigliani, de Dufy et de Chagall. Si cette demeure est vaste, comme les autres, c'est aussi pour abriter les membres du clan. Le clan Versace, qui a fait son succès et sa fortune, qui a fait rêver les apprentis top-modèles et les femmes du monde entier sur papier glacé.

Il y a le discret Sento, en charge des finances. En 1997, Sento est sur le point de réaliser l'introduction en bourse du groupe, et il a demandé à Gianni de freiner un peu ses dépenses somptuaires afin de ne pas choquer la communauté financière avant cette opération financière prévue pour 1998.

Et puis, il y a Donatella, sa sœur, son alter ego, son inséparable. Donatella est en charge de la communication de l'empire, des relations avec les stars qui véhiculent à travers le monde, mieux que toutes les campagnes de publicité réunies, l'image de l'entreprise. Le frère et la sœur sont inséparables. Seule ombre dans leurs relations, le mariage de Donatella avec Paul Beck, un ancien amant de Gianni, au milieu des années 80. Mais cette union lui donne une descendance, une nièce et un neveu, héritiers de la dynastie, qu'il adore. La petite blessure d'orgueil est donc vite oubliée.

Cette année, Gianni Versace a donc un peu précipité son départ en vacances. Il compte se reposer en Floride avec Antonio d'Amico, son compagnon. Il ne pouvait pas imaginer croiser quelques jours plus tard la route d'un des serial killers les plus recherchés par le FBI depuis plusieurs mois…

Nous sommes en avril 1997. Andrew Philip Cunanan est un jeune Californien sans histoires. Il a 27 ans, il est diplômé de la Bishop's School, il présente un corps d'athlète et ne cache rien de son homosexualité. Cunanan plaît, a du succès et de nombreuses aventures masculines. Il ne se cache pas non plus d'être parfois entretenu par de riches protecteurs. La prostitution occasionnelle lui permet d'être à l'abri des soucis matériels que connaissent les jeunes à la sortie de l'université. Ceux qui l'approchent notent même que Cunanan est très cultivé, qu'il s'exprime avec beaucoup d'aisance et qu'il s'habille bien. Il est décrit comme quelqu'un de « doux et gentil avec un sourire et une dentition magnifiques ». Un jeune homme sans histoires, donc. En tout cas, jusqu'au 27 avril 1997…

Ce jour-là, Andrew Cunanan se rend à Minneapolis, à plusieurs centaines de kilomètres de National City, la petite ville où il réside en Californie. Il va retrouver Jeffrey Trail, un ex-petit ami. La rencontre entre les deux jeunes gens est houleuse. Elle dégénère rapidement. Cunanan est possessif et jaloux. Extrêmement jaloux. Il pense que son petit ami du moment le trompe. Le ton monte. Alors, il s'empare d'un marteau et se met à le frapper à de nombreuses reprises avec un rare acharnement, de toutes ses forces. Jusqu'à la mort… Avant d'abandonner sa victime, gisant dans son sang, le crâne défoncé, il s'empare d'une arme, un calibre 40, que possède son ancien amant, comme de nombreux Américains…

Andrew Cunanan vient d'entrer en enfer. Le jeune homme bien sous tous rapports panique et s'enfuit sans trop savoir où aller. Quelques heures plus tard, dans le Minnesota, il croise la route d'un architecte, David Madson. Pour la première fois, il fait usage de son arme. Le corps de Madson est retrouvé au bord d'une rivière près de Rush City. Cunanan a tué sans mobile apparent, sans même connaître sa victime. Un crime gratuit. Il va bientôt devenir un tueur en série…

Le 4 mai 1997, aux abois, désespéré, gagné par la paranoïa, Cunanan arrive à Chicago. Et tue encore. Pas pour l'argent. Depuis le début de l'année, il a retiré auprès de sa banque près de 70 000 dollars, suffisamment pour couvrir financièrement sa fuite et bien suffisamment aussi pour acheter ou louer une voiture. Il dérobe pourtant celle d'un certain Lee Miglin, un promoteur immobilier de 72 ans, après l'avoir tué. Cunanan poursuit encore sa course sanglante vers la côte Est… Le 9 mai, douze jours après avoir assassiné Jeffrey Trail, il tue pour la quatrième fois dans le New Jersey. Cette fois, la victime a 45 ans. Il s'appelle William Reese. Un crime doublement signé par Cunanan. Reese a été exécuté par une balle de calibre 40. Et la voiture de Lee Miglin est retrouvée abandonnée à quelques pas de la scène du crime.

La traque du meurtrier par la police a commencé dès le premier meurtre, mais elle s'annonce difficile. Cunanan ne cesse de bouger, il est complètement imprévisible. Il change fréquemment d'État ce qui handicape les polices locales malgré les affiches « Wanted » envoyées par les Fédéraux et placardées dans tous les commissariats. À la mi-mai, le FBI classe Cunanan sur la liste des fugitifs les plus recherchés du pays. En 49e position ! Les enquêteurs américains sont persuadés qu'il va encore tuer. Mais ils sont impuissants.

Pendant ce temps, à Miami, le quartier de South Beach est noyé par le soleil. La vie est rythmée par les processions insouciantes d'une population jeune dont les principales préoccupations sont le bronzage et la musculation. Gianni Versace goûte peu cette frénésie estivale. Il préfère sa villa aux plages et ses amis à la foule. Il sort peu, si ce n'est le matin vers 7 h 30-8 heures. Seul, sans garde du corps, il descend Ocean Drive, jusqu'au « News Café », à quelques centaines de mètres de chez lui. Le bar est peu fréquenté à cette heure et il y trouve la presse italienne. Il s'assied parfois en terrasse et prend un café en parcourant les journaux. Puis, il regagne la « Casa Casuarina », où il mène une existence paisible, et où il réussit à oublier un peu ce fichu cancer qui l'a tant fatigué. Il ne fréquente pas les fêtes, ni les soirées people. En vacances, il reste chez lui et se couche bien avant minuit.

Lorsque Gianni Versace arrive à Miami pour ces vacances tranquilles, Andrew Cunanan, lui, est arrivé en Floride, il y a près de deux mois. Il passe ses nuits dans des boîtes homo à la mode quand il ne déambule pas sans but dans les rues vides de la célèbre station balnéaire. Le jour, il ne sort pas du « Normandy Plazza », un hôtel minable surmonté d'un gros néon rouge. Cunanan se sait recherché, traqué. Il a peur de tout et commence à manquer d'argent. Il a bien cette pièce d'un dollar en or volée sur une de ses victimes qu'il pourrait transformer en argent sonnant et trébuchant. Pour cela, il faudrait un prêteur sur gages. Et sortir en plein jour. Il n'a plus le choix. Alors il se rend dans un petit magasin non loin de son hôtel et présente son dollar-or à une femme sans âge à l'air fatigué. Comme la loi l'y oblige, la responsable remplit un bon de transaction en demandant une pièce d'identité à son client ainsi qu'une empreinte digitale. Cunanan s'exécute sans sourciller, presque charmeur, présentant sa propre pièce d'identité et son pouce pour l'empreinte. Il donne même l'adresse de son lieu de résidence, le « Normandy Plazza ». La responsable de la boutique de change tend quelques billets verts à Cunanan, le salue et envoie, comme la loi l'y oblige, le double du bon de transaction à la police.

Ce document, qui aurait pu mener les policiers à l'adresse du tueur, ne sera malheureusement découvert qu'après l'assassinat du couturier…

Le 15 juillet, vers 7 h 45, comme tous les jours, Gianni Versace va acheter la presse italienne au « News Café ». Ce matin-là, il ne s'attarde pas et rentre chez lui aussitôt, ses journaux sous le bras. Il ne remarque pas le jeune homme qui le suit sur le même trottoir depuis qu'il a quitté le bar et qui semble maintenant se rapprocher…

Gianni Versace arrive devant le haut portail vert de la « Casa Casuarina ». Il met sa clé dans la serrure du portail. Soudain, quelqu'un le pousse brutalement dans le dos. Deux coups de feu claquent. Le couturier s'effondre sur les marches en marbre du perron. La première balle l'a atteint dans la joue gauche, la seconde s'est logée derrière l'oreille droite.

Il est 8 heures et demie. Andrew Cunanan vient d'abattre Gianni Versace…

Au quartier général de la police, où l'alerte a été donnée par un des occupants de la villa, c'est l'affolement, la confusion. Le hurlement des sirènes des voitures de patrouille résonne dans tout Miami Beach. Le quartier est rapidement bouclé. La traque commence. À quelques centaines de mètres du drame, un véhicule est retrouvé, rapidement identifié comme appartenant à Andrew Cunanan, recherché par toutes les polices du pays. Juste à côté de la voiture gisent sur le sol des vêtements tachés de sang. Des témoins, des passants, des joggers matinaux reconnaissent le jeune homme sur les photos que leur montrent les enquêteurs. Les premières constatations et l'analyse balistique permettent de dire que l'arme qui vient de tuer Gianni Versace est bien un calibre 40. La même arme qui a déjà servi quatre fois. Mais Andrew Cunanan a disparu…

L'émotion est considérable. Le prince de la mode a été exécuté par un tueur en série introuvable. Les témoignages d'indignation et d'affection du monde de la mode, des arts, de la politique affluent du monde entier. En Italie, le président du Conseil, Romano Prodi, se dit horrifié, le Parlement observe une minute de silence. Le 24 juillet, le Duomo de Milan, la splendide cathédrale de la capitale lombarde, ne peut accueillir que 700 personnes à une messe célébrée en mémoire de Gianni Versace. L'assistance, comme dans un ultime défilé, toute vêtue de Versace, réunit des fidèles, des anonymes, mais aussi Lady Di, Madonna, Carla Bruni, Demi Moore, Naomi Campbell, Elton John, Sting et tant d'autres…

Le lendemain, de l'autre côté de l'Atlantique, dans un quartier touristique de Miami Beach, Indian Creek, Fernando Carrera, un garde de sécurité du quartier, s'approche d'une des nombreuses maisons flottantes amarrées à hauteur de la 52e Rue. Une maison inhabitée. Elle est en vente, mais n'a pas encore trouvé preneur. Il emprunte machinalement la terrasse pour aller vérifier la porte, située de l'autre côté du quai. On ne sait jamais, les marginaux se réfugient parfois dans ces maisons inoccupées. Il constate que la porte a été forcée. Le souffle court, Fernando pense à appeler la police, mais la maison est peut-être vide à présent. Tout doucement, il s'avance et pousse la porte…

À l'intérieur, tout est sens dessus dessous. Des restes de nourriture dans des boîtes de pizzas éventrées, des journaux en pagaille, quelques médicaments et des dollars sur une table basse. Soudain, une détonation. Cela semble venir d'en haut. Fernando n'est pas blessé. Il pense que quelqu'un lui a tiré dessus depuis le haut de l'escalier intérieur qui conduit aux chambres de l'étage.

Il se précipite à l'extérieur de la maison et appelle la police, hors d'haleine. En quelques minutes des centaines d'hommes du FBI et autant d'agents du comté de Dade encerclent la maison. Au-dessus de leur tête, le vacarme des hélicoptères de la police et des télévisions qui retransmettent l'événement en direct. « On a retrouvé l'assassin de Gianni Versace ! Le tueur en série a tenté de tuer une nouvelle fois, un gardien du quartier qui a pu se sauver. Miraculeusement. » Les forces de l'ordre protégées de gilets pare-balles et puissamment armées installent leur siège. Deux heures passent et Cunanan ne répond toujours pas aux sommations du chef de la police, qui décide de lancer des gaz lacrymogènes dans la maison. Cunanan ne sort toujours pas. Cela fait près de quatre heures maintenant qu'un petit millier d'hommes font face à un seul tueur, armé d'un simple calibre 40. L'assaut est donné. En un éclair, les forces spéciales prennent possession de la petite maison flottante, bousculant les meubles encore debout du rez-de-chaussée. Ils se précipitent à l'étage et enfoncent la porte qui leur fait face. Sur le lit, un jeune homme barbu est étendu. Un filet de sang s'échappe de sa bouche ouverte. Andrew Cunanan s'est donné la mort, à moins de cinq kilomètres de la « Casa Casuarina », la demeure de Gianni Versace.

SUR LA TRACE DU SERPENT

Dans la galerie des grands criminels internationaux, il est un personnage hors du commun : Charles Sobhraj, dit « le Serpent » ou encore « le Cobra », soupçonné d'être un tueur en série particulièrement habile. Selon des sources policières, on lui attribue, pour la période 1975-1977, près d'une trentaine de meurtres dans toute l'Asie (Afghanistan, Inde, Népal et Thaïlande). La justice indienne lui a reproché par le passé plusieurs crimes sans jamais réussir à le confondre définitivement. La Thaïlande n'a jamais pu le traduire devant ses tribunaux. Il doit son surnom au fait qu'il a toujours réussi à fasciner et à manipuler ses victimes, à échapper aux policiers et à réaliser des évasions spectaculaires. On le dit à la fois escroc, séducteur, détrousseur de touristes, roi de la cavale, expert en poisons et meurtrier diabolique.

Cet homme a actuellement 66 ans. Il se trouve en prison au Népal, depuis six ans, accusé du meurtre de deux touristes étrangers, qu'il nie farouchement avoir commis.

La première mention du Serpent dans la presse française, je l'ai trouvée dans le journal *Le Monde* daté du jeudi 13 mars 1980. L'article reprend une dépêche du bureau de l'Agence France

Presse de New Delhi : « Le Français Charles Sobhraj, qui avait été arrêté en 1976 et condamné à sept ans de prison pour le meurtre d'un touriste français, a été acquitté mardi 11 mars par la Haute Cour indienne ; ses deux complices, la Canadienne Marie-Andrée Leclerc et le Français Jean Dhuisme, avaient été acquittés au bénéfice du doute. M. Sobhraj restera cependant en prison pour d'autres chefs d'inculpation, usage de faux passeports et vols dans une bijouterie de New Delhi. M. Sobhraj est par ailleurs soupçonné d'être l'auteur d'une douzaine d'assassinats en Thaïlande et au Népal. »

Charles Sobhraj est né le 6 avril 1944 à Saïgon d'une mère vietnamienne et d'un père indien, Sobhraj Hatchard Bavani. Ses parents se séparent alors qu'il n'a que 3 ans. Sa mère épouse ensuite un lieutenant de l'armée française et s'installe avec lui à Marseille, où elle fonde une nouvelle famille. Charles, lui, reste avec son père au Vietnam. Celui-ci le laisse, malgré son jeune âge, vagabonder dans les rues et ne s'en occupe pas. Quatre ans plus tard, sa mère, de retour à Saïgon, décide de le prendre en charge et le ramène en France. Le petit garçon apatride obtient alors la nationalité française. Sa mère l'élève à la dure, le place dans un pensionnat : turbulent, il accumule déjà les petits larcins. Au début des années 1960, à 16 ans à peine, Charles devient un petit délinquant. À 19 ans, il est arrêté et écope de trois ans de prison qu'il purge à la centrale de Poissy. Libéré en 1967, il s'éprend alors d'une jeune Française, Chantal, qu'il épouse quelque temps plus tard. Il essaie alors, sous l'influence de sa femme, d'entrer dans le droit chemin. Il travaille un moment dans un restaurant, mais il est attiré par le luxe et bientôt son salaire ne lui suffit plus. Il rechute : le vol d'une voiture le ramène vite en prison. Libéré en 1970, il recommence les vols et les cambriolages minables mais craint sans cesse une nouvelle arrestation.

Accompagné de sa femme, il quitte alors la France pour Bombay, en Inde. Il effectue ce long voyage à bord d'une voiture de sport « empruntée » à un ami… Il passera par Istanbul, où il développe un véritable réseau international de trafic de voitures volées en Europe. On le retrouve ensuite à Kaboul, trafiquant de diamants et de pierres précieuses à destination de Bangkok et de plusieurs pays asiatiques. Puis, il se fixe quelque temps en Inde, à Bombay et Delhi, où il met en œuvre pour la première fois un scénario qu'il a imaginé pour se procurer à bon compte, et sans trop de risques, de l'argent et des passeports, qu'il utilise en les maquillant pour passer les frontières. Il entreprend donc de voler uniquement des touristes. Son mode opératoire est toujours le même : il commence par se lier d'amitié avec des voyageurs étrangers à qui il se présente comme un homme d'affaires international connaissant bien le pays. Puis il les drogue au cours d'un repas ou d'un apéritif dans un bar. Lorsqu'il voit que le produit commence à agir, il les raccompagne dans leur chambre d'hôtel, les met au lit, et lorsqu'ils sont profondément endormis, il passe la chambre au peigne fin et leur vole argent, bijoux, traveller's cheques et papiers d'identité. Lorsque ses victimes se réveillent, il a déjà quitté le pays par avion avec son butin. Ses victimes favorites, en Inde, en Afghanistan ou en Thaïlande : de jeunes hippies qui courent, à cette époque, les routes de l'Asie, à la recherche de drogues et de nouvelle spiritualité.

En 1971, Charles Sobhraj, qu'on surnommera bientôt le Serpent, réussit un vol particulièrement audacieux à la bijouterie de l'hôtel gouvernemental Ashoka à New Delhi. Aidé d'un complice, un Français rencontré sur place, il s'introduit dans la chambre de la chanteuse et danseuse américaine Gloria Mendelik, qui anime les soirées de l'hôtel. Elle est logée dans une chambre située juste au-dessus de la bijouterie du centre commercial du palace. Sobhraj séduit la chanteuse et se présente comme M. Lobo, directeur d'un casino de Macao. Il lui demande de le recevoir car il veut, dit-il, faire d'elle la vedette de son casino et lui annonce un cachet mirobolant. La jeune femme, séduite par son charme naturel, et intéressée par le salaire, accepte de lui donner rendez-vous dans sa chambre. Après plusieurs rencontres galantes, M. Lobo se présente pour une ultime entrevue destinée à signer le contrat de la jeune femme. Mais, ce soir-là, il n'est pas seul. Il est accompagné d'un jeune homme qu'il présente comme son secrétaire et assistant. C'est alors que tout bascule : M. Lobo ouvre la mallette censée contenir le contrat… mais en sort un pistolet avec lequel il menace Gloria. Les deux hommes ligotent et bâillonnent la chanteuse. Ils sortent alors d'un sac de sport des perceuses, des chalumeaux, tout un matériel destiné à percer un trou dans le plancher qui donne sur le plafond de la bijouterie. Mais le béton est trop résistant, les deux hommes doivent abandonner leur entreprise. Alors ils improvisent et obligent Gloria à demander au directeur de la bijouterie de venir dans sa chambre lui présenter ses plus belles pièces. Alléché par une vente importante, et habitué aux lubies des riches clients du palace, le directeur se présente avec un échantillon de ses magnifiques bijoux. Il est lui aussi aussitôt menacé, ligoté, drogué et bâillonné. Les deux malfrats s'emparent des joyaux et des clés de la boutique. Ils pillent la bijouterie et s'enfuient vers l'aéroport…

Avant de quitter la chambre, par égard pour la chanteuse, Charles Sobhraj lui avait ôté son bâillon, et avait renoncé à la droguer. Il lui avait fait simplement promettre d'attendre 5 heures du matin pour donner l'alerte et appeler les secours.

Les deux complices arrivent à l'aéroport, achètent des billets pour Téhéran, passent les contrôles sans difficulté grâce à leurs faux passeports. Ils sont dans la salle d'embarquement avec leur précieux bagage à main qui n'a pas été fouillé. Arrive alors une patrouille militaire qui commence à bloquer les issues. Comprenant qu'ils n'échapperont pas à une fouille surprise, ils prennent peur et s'enfuient en abandonnant dans la salle d'embarquement le sac qui contient les diamants et les pierres précieuses. Les militaires étaient accompagnés du directeur de la bijouterie qui venait de les identifier parmi les voyageurs… La belle Gloria n'avait pas attendu pour lancer l'alerte. Quelques instants après le départ de ses agresseurs, elle avait réussi à se libérer de ses liens et avait téléphoné à la police. Les enquêteurs avaient trouvé le directeur de la bijouterie, endormi, pieds et poings liés, dans la salle de bains de la chambre. Ils l'avaient ranimé et avaient foncé avec lui vers l'aéroport…

Charles Sobrahj est arrêté à Bombay quelques jours plus tard. Il est condamné à plusieurs années de prison pour cambriolage et vols de bijoux. Toute la presse indienne raconte l'incroyable audace de ce voleur pas comme les autres. La légende du Serpent vient de naître.

Quelques semaines plus tard, le Serpent parvient à s'évader de prison grâce à un scénario digne de sa légende naissante. Il drogue ses gardiens en leur offrant des bonbons contenant un puissant somnifère. Il sort de la prison par la grande porte après avoir revêtu l'uniforme de l'un d'entre eux ! Mais il est vite rattrapé et ramené en prison. Entre-temps, sa compagne de l'époque a pu trouver assez d'argent pour payer sa caution. Le couple profite de sa liberté conditionnelle pour quitter l'Inde et s'installe à Kaboul, en Afghanistan, où Sobhraj recommencera à voler des touristes. En 1973, c'est le retour à la case prison, parce qu'il a quitté un hôtel en oubliant de payer une note de trois mois de séjour ! Sa femme, lassée de cette existence à haut risque, purge sa peine et décide de retourner en France définitivement. Le Serpent reste incarcéré mais finit par s'évader à nouveau. On retrouve sa trace l'année suivante, en 1974, en Grèce où il est arrêté pour un nouveau vol de bijoux. Nouvelle évasion de la prison de Koridalos. Grâce à l'un de ses passeports volés, il retourne en Inde où il va créer un nouveau réseau de détrousseur de touristes. Et son destin va dès lors basculer définitivement. À partir de cette époque, le Serpent frappe et tue. Il devient un redoutable tueur en série.

Au printemps 1975, à Srinagar en Inde, Sobhraj rencontre une Québécoise, Marie-Andrée Leclerc, venue passer quelques jours de vacances avec son petit ami. Il la séduit, lui promet de l'épouser, et la persuade de venir le rejoindre en Thaïlande l'été suivant. Marie-Andrée, amoureuse et subjuguée, va devenir la complice de Sobhraj. Dès son arrivée à Bangkok, elle aide le Serpent à repérer et à piéger ses victimes, en compagnie d'un autre acolyte nommé Ajay Chowdhury, un jeune Indien de 21 ans né à Bombay, qui porte constamment un couteau à cran d'arrêt sur lui. Chowdhury sera plus tard accusé d'être le tueur à gage du Serpent et d'avoir participé à plusieurs dizaines de meurtres de touristes trop naïfs.

À partir de l'automne 1975, les crimes de Sobhraj et de ses deux complices vont prendre un tour tragique. Ils emménagent dans un grand appartement d'une maison nommée « Kanith House », à Bangkok, et se mettent en quête de touristes amateurs de pierres précieuses. Sous différents pseudonymes (Alain Dubois, Alain Gauthier, Roland Liser, Jacques-Pierre Marchand, Charles Surder, etc.), Sobhraj se fait passer pour un marchand de bijoux rares. Après avoir amadoué ses victimes, il les drogue en versant un puissant somnifère dans leur boisson et, lorsqu'ils sont sans connaissance, leur vole argent, chéquiers et passeports.

Le 5 septembre 1975, Sobhraj et Marie-Andrée rencontrent deux Australiens, Russell et Vera Lapthorne, à Hua Hin, à plus de cent kilomètres au sud de Bangkok. Ils les droguent et les dépouillent de leurs biens. Lorsqu'ils se réveillent, les deux touristes déposent plainte mais il n'y aura pas d'enquête. Sobhraj se croit invincible.

Fin septembre, le couple diabolique reçoit la visite d'un touriste français, Dominique Renelleau, rencontré peu auparavant à Chiang Mai, au nord de Bangkok. Aussitôt hébergé à « Kanith House », le Français tombe mystérieusement malade. Le couple lui fait croire qu'il souffre d'une dysenterie et lui administre des « médicaments » censés le guérir, tout en lui subtilisant son passeport et son argent. « Par mesure de sécurité », lui disent-ils. Cet homme restera alité à « Kanith House » jusqu'en décembre. Il est dans un semi-coma, entretenu par le poison que lui fait boire Marie-Andrée chaque jour.

Au début du mois d'octobre, deux autres touristes français, Jean-Jacques Philippe et Yannick Mésy, emménagent eux aussi dans l'appartement. Même scénario : eux aussi tombent malades, et Sobhraj leur emprunte également leurs passeports et leurs chèques de voyage.

Le 17 octobre, Sobhraj et sa compagne font la connaissance d'une jeune touriste américaine de 18 ans, Teresa, venue étudier le bouddhisme au Népal et qui fait une escale en Thaïlande. Le Serpent emmène la jeune hippie dans une boîte de nuit sur la plage de Pattaya et verse dans son café une forte dose de Mogadon, un puissant hypnotique. Elle perd connaissance. Un pêcheur découvrira le cadavre de la jeune femme, le lendemain matin, vêtu d'un simple bikini. Mais il n'y aura pas d'enquête ni d'autopsie. Les autorités croient à une noyade accidentelle et elle est enterrée sans autre forme de procès. La famille de la jeune fille s'inquiète et contacte l'ambassade américaine de Bangkok. Sous la pression des diplomates, un juge demande l'exhumation du corps de Teresa. On procède à une autopsie. La jeune fille a été étranglée et les analyses toxicologiques prouveront qu'elle a été droguée. Des témoins sont formels : la dernière fois que Teresa a été vue vivante, elle était en compagnie de Sobhraj. Un mandat d'arrêt est lancé contre X, mais l'enquête n'aboutira pas.

Le Serpent vient de commettre son premier meurtre.

La série va continuer. En novembre 1975, disparition d'un jeune Turc, Vitali Hakim, qui avait acheté au Serpent pour 1 600 dollars de pierres précieuses. Sobhraj lui avait proposé de se rendre avec lui dans l'intérieur du pays, à une centaine de kilomètres de Bangkok, pour acheter des rubis. Le cadavre du jeune Turc est découvert le 29 novembre, sur le bord de la route menant à Pattaya. L'autopsie démontrera que l'homme a été brûlé vif.

Le 14 décembre, le corps d'Anne-Marie Parry est retrouvé sur la plage de Pattaya. Elle était venue à Bangkok à la recherche de son ami turc, Hakim. C'est à « Kanith House » qu'elle est vue vivante pour la dernière fois.

Le 7 décembre précédent, lors d'un voyage à Hong Kong, Sobhraj avait rencontré un couple de Hollandais, Heinricus Bintanja et Cornelia Hemker, qui étaient à la recherche de bijoux rares. Il les persuade de venir le retrouver à Bangkok. Le 11, ils arrivent à « Kanith House ». Le 16, leurs corps sont retrouvés dans un fossé sur le bord de la route. L'autopsie démontre qu'ils ont été tabassés avant d'être assassinés et brûlés avec de l'essence.

Le 18 décembre, Sobhraj, Marie-Andrée et Ajay Chowdhury se rendent au Népal en utilisant les passeports de Heinricus Bintanja, Cornelia Hemker et Vitali Hakim. À Katmandou, ils font la connaissance du Canadien Laurent Carrière et de son amie, l'Américaine Connie Jo Bronzich, à qui ils proposent de leur fournir des pierres précieuses. Laurent Carrière disparaît le 21 décembre et son amie le lendemain. Leurs corps sont retrouvés brûlés dans un champ aux environs de Katmandou, quelque temps plus tard.

Le 23 décembre, Sobhraj retourne en Thaïlande avec ses deux complices. Pour brouiller les pistes, il s'est servi cette fois du passeport de Laurent Carrière. Arrivés à « Kanith House », ils s'aperçoivent que les trois touristes français qu'ils hébergeaient ont disparu. Pendant leur absence, ils ont réussi à ouvrir le coffre-fort du Serpent et découvert 12 passeports volés, dont certains appartenant à des personnes qu'ils savaient avoir été assassinées. Après cette découverte, les Français, réalisant qu'ils ont eu la chance d'échapper à la mort, se sont enfuis sans demander leur reste.

Le 26 décembre, le trio est de retour à Katmandou. L'enquête sur l'affaire Carrière-Bronzich a débuté et les soupçons se sont très vite portés sur eux. Ils sont arrêtés et placés en résidence surveillée dans leur hôtel. Mais la négligence des gardiens leur permet de s'évader facilement. Ils parviennent à franchir la frontière indienne. La police népalaise lance un mandat d'arrêt contre Alain Gautier, la fausse identité sous laquelle le Serpent s'était enregistré à l'hôtel…

Début janvier 1976, Sobhraj, Marie-Andrée et Chowdhury arrivent à Bénarès. Chowdhury partage sa chambre d'hôtel avec Allan Aren Jacobs, un touriste israélien de 35 ans. Le lendemain, après le départ du trio, on retrouve le corps sans vie de Jacobs. On l'a délesté de son argent et de son passeport après l'avoir drogué à mort. Le 9 janvier, le trio récidive dans le sud de l'Inde, non loin de Goa, où ils droguent six touristes français. Lorsque ceux-ci se réveillent, trente-six heures plus tard, ils découvrent que leur argent, leurs passeports et leurs cartes de crédit ont disparu. Vers la fin du mois, Sobhraj et Marie-Andrée, qui viennent d'arriver à Hong Kong, dépouillent un touriste américain. En février, le trio est de retour à Bangkok et un nouveau complice vient les rejoindre. Il s'agit de Jean Dhuisme, un Français originaire d'Orléans.

Entre-temps, la police thaïlandaise continue d'enquêter sur les meurtres de l'automne 1975, surnommés « les assassinats en bikini ». Les policiers découvrent que l'appartement de « Kanith House », où habite officiellement un certain Alain Gauthier, est le dernier lieu où a résidé le couple de Hollandais assassinés. Le 11 mars, ils font une rapide visite des lieux mais déclarent n'avoir rien trouvé de louche. Alertés, Sobhraj, Marie-Andrée et Chowdhury quittent aussitôt le pays. Quelques jours plus tard, une perquisition plus approfondie permet aux policiers thaïlandais de découvrir des passeports, des journaux intimes, des cartes de crédit et des livres ayant appartenu au couple hollandais, mais aussi au Turc Vitali Hakim et à l'Américaine Teresa.

Le Serpent et ses deux complices parviennent à franchir la frontière malaise. Après un court séjour dans ce pays, Sobhraj et Marie-Andrée retournent en Inde, où Jean Dhuisme vient bientôt les rejoindre.

Le couple se tient tranquille pendant quelque temps. Au printemps, Sobhraj fait entrer deux nouvelles femmes dans son équipe. Il s'agit de Mary Ellen Eater, une Australienne de 22 ans, et de Barbara Sheryl Smith, une Britannique de 26 ans. Sobhraj les persuade de se joindre à eux pour droguer les touristes, les voler et partager les bénéfices. Le 2 juillet, le touriste choisi s'appelle Luc Salomon, un Français. Son cadavre est retrouvé dans sa chambre de l'hôtel Ranjit à Bombay.

Le 7 juillet, le Serpent est à l'hôtel Vickram de New Delhi où il fait la connaissance d'une trentaine de touristes français. Il se lie d'amitié avec eux et leur conseille de prendre des médicaments préventifs contre la dysenterie. Il distribue de mystérieuses pilules, dont il vante les mérites. Mais la drogue agit trop rapidement, les touristes commencent à tomber inconscients les uns après les autres dans le hall de l'hôtel.

Après une rapide enquête, Charles Sobhraj, Marie-Andrée Leclerc, Mary Ellen Eater, Barbara Sheryl Smith et Jean Dhuisme sont appréhendés.

La police indienne s'aperçoit rapidement qu'elle a affaire à un escroc d'envergure internationale, d'autant plus que Mary Ellen et Barbara avouent que le gang est impliqué dans le meurtre de Luc Salomon.

Sobhraj transforme son procès en spectacle, renvoyant ses avocats, interpellant les témoins, puis commençant une grève de la faim. Il est condamné à douze ans de prison, alors qu'il était passible de la peine de mort. Mary Ellen Eater et Barbara Sheryl

Smith sont condamnées à deux ans de prison pour complicité et Jean Dhuisme est innocenté faute de preuves. Quant à la compagne de Sobhraj, Marie-Andrée Leclerc, elle écope de six ans de prison. Très malade, elle sera libérée pour raisons médicales en 1983. De retour chez elle, au Québec, elle meurt d'un cancer des ovaires en 1984.

Dans sa prison de New Delhi, Sobharj vit comme un coq en pâte. Il soudoie tous les gardiens. Dans sa cellule, il a la télévision et même le téléphone ! Il commande ses repas à un traiteur. Devenu célèbre dans toute l'Inde, il accorde des interviews où il se donne le beau rôle et parle avec décontraction de ses « aventures ». En revanche, il nie catégoriquement être un meurtrier. Il attribue le décès de ses victimes, souvent des junkies, à des overdoses.

Cependant, il sait que lorsqu'il aura purgé sa peine en Inde, il risque toujours d'être extradé vers la Thaïlande, où il est passible de la peine de mort pour le meurtre de Teresa, la jeune Américaine retrouvée étranglée, en bikini, sur la plage de Pattaya. Il doit donc trouver une solution pour prolonger son séjour en prison. Le 13 mars 1986, pendant sa dixième année de captivité, il organise une grande fête d'anniversaire dans sa prison indienne. Il en profite pour s'évader après avoir offert à ses gardiens des parts de gâteau fourré aux somnifères. Après son évasion, il se rend à Goa. Mais il ne prend volontairement aucune précaution pour se cacher. Trois semaines plus tard, il est repris. Comme prévu, il écope d'un nouveau procès et de dix années de prison supplémentaires. Il est certain maintenant de ne jamais être extradé vers la Thaïlande. Car, dans dix ans, les meurtres dont il est accusé là-bas seront prescrits !

Le 17 février 1997, après vingt et une années passées dans les prisons indiennes, Sobhraj est libéré. Il décide de rentrer en France. La famille de Luc Salomon et certains des touristes de

New Delhi veulent alors lui intenter un procès pour tentative d'empoisonnement, mais aucun recours n'est possible devant une juridiction française, car il a déjà été jugé pour ces faits en Inde. Le Serpent s'installe dans le quartier chinois de Paris, et engage un agent littéraire pour négocier financièrement l'histoire de sa vie avec la grande firme de cinéma Twentieth Century Fox. On parle d'un contrat de 15 millions de dollars. Mais les Américains ne donneront pas suite, à cause du meurtre de la jeune Américaine.

Charles Sobhraj aurait pu choisir de se faire oublier. Mais, en septembre 2003, il commet une erreur : il décide de quitter la France pour reprendre sa vie d'aventure. Et il choisit de se rendre au Népal. Il entre dans le pays sans difficulté car il voyage désormais sous sa véritable identité. Mais il est reconnu par un journaliste dans une rue de Katmandou. Le lendemain, la presse publie un article signalant la présence d'Alain Gautier, le Français recherché pour meurtre depuis 1975. La police locale procède à son arrestation et il est aussitôt incarcéré. Il encourt la prison à vie pour le meurtre de l'Américaine Connie Jo Bronzich. Il fait appel auprès de la Cour suprême népalaise, pour incarcération abusive.

Charles Sobhraj est maintenu en prison depuis six ans. La plus haute autorité judiciaire du Népal devrait se prononcer sur son avenir dans le courant de l'été 2010.

RAISON D'ÉTAT

ROBERT BOULIN : UN HOMME À ABATTRE ?

Le 30 octobre 1979, Robert Boulin, ministre en exercice du Travail et de la Participation du gouvernement de Raymond Barre, est retrouvé mort vers 8 h 30 du matin dans un étang de la forêt de Rambouillet. Officiellement, il s'agit d'un suicide.

Depuis bientôt trente et un ans, la femme de Robert Boulin, Colette, aujourd'hui décédée, puis sa fille Fabienne sont persuadées qu'il ne s'agit pas d'un suicide mais d'un assassinat. Au fil du temps, des avocats, des amis intimes, des journalistes les ont rejointes dans leur combat pour la vérité judiciaire sur une des affaires les plus explosives de l'histoire de la Ve *République. Lorsqu'on plonge au cœur de ce dossier, on ne peut être que consterné par les nombreux dysfonctionnements de la machine judiciaire, la disparition de pièces essentielles et les pistes non exploitées par les enquêteurs, certainement soucieux d'épargner à la classe politique de l'époque le soupçon d'un complot criminel. Alors, suicide ou assassinat, la mort de Robert Boulin ? C'est désormais une question d'intime conviction. Il appartient à chacun d'entre nous d'apporter sa propre réponse après avoir examiné les circonstances et le contexte de cette énigme jamais résolue…*

Nous sommes le 30 octobre 1979, dans la forêt de Rambouillet, au bord de l'étang Rompu. Quelques membres de la brigade motocycliste de la gendarmerie des Yvelines s'approchent de l'étang où ils viennent d'apercevoir, à cinq mètres de la berge, une tache bleue. Une fois sur place, ils constatent qu'il s'agit d'un homme vêtu d'un costume. Le corps est à genoux, dos tourné au ciel, visage vers le fond de l'étang, dans la position, diront-ils dans leur rapport, du prieur musulman. Le cadavre flotte légèrement dans cinquante centimètres d'eau et quarante centimètres de vase. Peu après, d'autres gendarmes arrivent en renfort. Aidés par des plongeurs, ils retirent lentement le corps. La dépouille est déposée sur la berge. Stupeur ! Ils reconnaissent le ministre du Travail et de la Participation, Robert Boulin. Sa montre fonctionne encore : elle indique 9 h 09. La 305 Peugeot du ministre est garée à quelques mètres de l'étang. Fermée à clé. Derrière le pare-brise, les gendarmes découvrent un bristol. Au recto, un message manuscrit : « Les clés de la voiture sont dans la poche droite de mon pantalon. » Au verso : « Embrassez *éperduement*[1] ma femme, le seul grand amour de ma vie. Courage pour les enfants. » Le mot est signé « Boby ». Contrairement à ce que dit le bristol, les clés du véhicule ne se trouvent pas dans le pantalon du ministre, mais par terre, à côté de la roue arrière gauche de la 305…

Le suicide de Robert Boulin est annoncé immédiatement sur toutes les radios par des flashes qui interrompent les programmes. Des dizaines d'envoyés spéciaux investissent les bords de l'étang où l'on a trouvé le corps du ministre.

À 9 h 34, l'Agence France Presse publie un premier compte rendu dont voici les principaux extraits : « Robert Boulin, ministre du Travail, s'est suicidé en forêt de Rambouillet. Son corps a été découvert ce matin près de sa voiture, non loin des étangs de

1. Éperduement (*sic*) : nous avons voulu respecter l'orthographe du message original.

Hollande… Les récentes attaques dont il a fait l'objet dans la presse, à propos d'un achat de propriété dans le sud de la France, auraient motivé son geste… »

Cette version est confortée par les sources policières et judiciaires que les journalistes ont interrogées. Elle est reprise ensuite par toute la presse. Les premières constatations faites sur les lieux par les enquêteurs ne relèvent aucune trace, aucun indice permettant d'envisager la présence d'autres personnes. À 12 h 45, une édition spéciale d'Antenne 2 est consacrée à la mort du ministre. Le présentateur signale d'emblée aux téléspectateurs que le ministre s'est vraisemblablement suicidé. Toutes les personnes qui réagissent à l'antenne tentent d'expliquer ce qui s'est réellement passé. C'est la correspondante permanente de la chaîne à l'Assemblée nationale, Danielle Breem, qui donne à l'antenne la raison pour laquelle il s'agit bien d'un suicide. La journaliste explique qu'à 4 heures du matin, alors que sa famille était inquiète de l'absence du ministre, on a trouvé une lettre froissée dans la corbeille à papier de Robert Boulin, dans laquelle il mentionnait son intention de mettre fin à ses jours, en se rendant aux étangs de Hollande. Dans ce qui apparaît comme un brouillon, Robert Boulin ajoutait, d'après elle, ces mots : « *J'ai servi la France avec ferveur. J'ai été un ministre du Général. Je ne peux supporter la suspicion.* » La journaliste ajoute que les proches de Robert Boulin se souviennent l'avoir vu taper lui-même sur sa machine à écrire une série de lettres. Dans les couloirs de l'Assemblée, on dit que Robert Boulin aurait absorbé des barbituriques avant de mettre fin à ses jours dans cet étang… Personne ne donne la source de ces informations qui semblent provenir, selon la formule consacrée, des « milieux proches de l'enquête ». Or, à cette heure, la dépouille de Robert Boulin n'est pas encore arrivée à l'Institut médico-légal pour l'autopsie et l'enquête n'a pas encore véritablement démarré !

Le lendemain, le journal *Le Monde* ajoute encore une précision : « *Perdant ses forces, Robert Boulin serait tombé à l'endroit où l'on a retrouvé ses clés. Cette chute expliquerait l'hématome qu'il portait au front ainsi que sa blessure au nez.* »

Avant de nous interroger sur les raisons précises qui ont conduit par la suite un certain nombre d'acteurs et de témoins de ce drame à envisager l'hypothèse d'une affaire criminelle, il faut d'abord revenir sur le contexte politico-médiatique de l'affaire. C'est un aspect important du dossier qui explique pourquoi la presse avait relayé depuis plusieurs semaines des potins, des rumeurs, des indiscrétions mettant en cause directement l'honnêteté d'un des plus importants ministres de la Ve République…

Depuis l'élection de Valéry Giscard d'Estaing, en 1974, Robert Boulin est entré en guerre avec Jacques Chirac, qu'il accuse dans la coulisse d'avoir trahi Jacques Chaban-Delmas, d'avoir favorisé l'élection de Giscard d'Estaing, et de s'être emparé de l'UDR contre l'avis des gaullistes historiques, dont il fait partie. Il a d'ailleurs rendu sa carte du parti gaulliste et se fend, dans une tribune au vitriol publiée dans le journal *Le Monde*, d'une diatribe à l'encontre de Jacques Chirac qu'il accuse ouvertement d'être l'organisateur d'un putsch bonapartiste afin de s'emparer du parti. Entre les deux tribuns, c'est dorénavant la guerre froide sur fond de communiqués et d'interviews musclées. Par conséquent, Robert Boulin ne fait pas partie du gouvernement Chirac mais, dès la démission de celui-ci, en 1976, il est nommé ministre par son remplaçant Raymond Barre. D'abord ministre délégué à l'économie et aux finances, puis ministre du Travail et de la Participation. Au début de l'année 1979, Robert Boulin est même considéré comme le dauphin de Raymond Barre. On murmure dans la classe politique qu'il pourrait être bientôt nommé lui-même Premier ministre en remplacement de son mentor.

Mais cette belle entente de la majorité présidentielle, qui vise expressément à remporter les élections qui s'annoncent au printemps 1981, va bientôt être torpillée par une série de scandales…

Le premier missile important tiré contre le gouvernement de Raymond Barre vient du journal *Minute*. L'hebdomadaire d'extrême droite laisse entendre, dans un article du 12 septembre 1979, que le Premier ministre aurait bénéficié de facilités pour acquérir un terrain et y faire construire une maison à Saint-Jean-Cap-Ferrat. Raymond Barre dément point par point les accusations et publie l'état de son patrimoine immobilier. Il y gagnera un séjour de huit jours au Val-de-Grâce où il est hospitalisé pour une poussée de tension. Trois semaines plus tard, le 10 octobre 1979, c'est la fameuse affaire des diamants qui met en cause le président Giscard d'Estaing, à travers un article du *Canard enchaîné*. Parallèlement, des rumeurs insistantes et des lettres anonymes parviennent aux sièges de plusieurs journaux. Elles accusent cette fois Robert Boulin d'avoir acquis de manière illégale une garrigue à Ramatuelle dans le Var, sur laquelle il a fait bâtir une résidence secondaire. *Minute* est le premier à attaquer vigoureusement le ministre du Travail et de la Participation. Boulin est vilipendé pour avoir acheté une bouchée de pain son terrain, qui avait déjà été vendu par le même promoteur à des notaires de Normandie. Ceux-ci auraient même intenté une action en justice… Robert Boulin choisit de riposter. Le dimanche 21 octobre 1979, il saisit l'occasion d'une invitation à l'émission d'Europe 1, le « Club de la Presse », pour faire une virulente mise au point, expliquant qu'il possédait ce terrain situé dans la presqu'île de Ramatuelle depuis 1947. Il ajoute qu'il détient l'acte authentique qui prouve ses propos et il balaye les pseudo-révélations du journal d'extrême droite, destinées, dit-il, à diffamer un ministre en place, et, à travers lui, fragiliser ainsi le Premier ministre.

Le mercredi suivant, 24 octobre 1979, *Le Canard enchaîné* publie une enquête sur « l'affaire Boulin ». À la différence de *Minute*, qui présentait le ministre comme la victime d'un margoulin de l'immobilier, l'article du *Canard* laisse cette fois clairement entendre que Robert Boulin aurait pris part à une magouille immobilière. Le scandale politique est donc lancé. Robert Boulin voit dans cette campagne la main des officines du RPR et du SAC, le Service d'action civique. Il est persuadé que désormais Giscard ne l'appellera plus à Matignon. Il sait que l'affaire de Ramatuelle va être utilisée pour l'abattre par tous les moyens…

Dans les heures qui suivent sa mort, l'Agence France Presse reçoit une longue lettre dactylographiée de quatre feuillets, signée de Robert Boulin. Le ministre y évoque l'affaire de Ramatuelle, met en cause le ministre de la Justice, Alain Peyrefitte, qui ne l'a pas soutenu dans l'épreuve. Il explique que son honneur de gaulliste n'a pas pu supporter les accusations fausses de malversation le concernant. Il a donc décidé, écrit-il, de se supprimer. Plusieurs proches, dont Jacques Chaban-Delmas, président de l'Assemblée nationale, reçoivent copie de cette lettre assortie parfois d'un petit mot manuscrit.

L'affaire est donc claire pour tout le monde : le ministre, déprimé par la révélation publique de ses turpitudes, et qui vient également d'apprendre qu'une instruction judiciaire venait d'être ouverte à son encontre par le juge Renaud Van Ruymbeke, n'a pas supporté l'épreuve. Il a pris des barbituriques et il est allé se suicider dans un endroit de la forêt de Rambouillet qu'il connaissait bien pour y avoir fait des promenades à cheval vingt ou trente ans auparavant.

Dès lors, la presse dresse le portrait d'un homme brisé, abattu, au bout du rouleau, « fumant quarante cigarillos par jour ». Un homme visiblement traqué, profondément affecté, qui aurait été pris d'une véritable crise de folie furieuse quelques mois plus tôt. Il aurait ainsi détruit, fracassé tout ce qui lui tombait sous la main. Il était depuis lors sous traitement médical, précisent certains articles. Le suicide du 30 octobre apparaît donc comme la suite logique de la descente aux enfers et de la profonde dépression d'un homme politique qui pressent la fin de sa carrière et de ses ambitions.

Malgré sa détresse, la famille du ministre décédé va peu à peu acquérir la certitude que certains événements de la nuit du 29 au 30 octobre ne collent pas à la version officielle de la découverte du corps après 8 heures du matin. L'hypothèse criminelle, l'assassinat maquillé en suicide, leur paraît également possible. Ils fondent leur intuition sur un certain nombre d'indices, parfois ténus.

C'est d'abord par la voix de Jacques Paquet, ancien chef de cabinet du ministre, que la version officielle du suicide est contestée. Celui-ci apprend à la famille Boulin que des menaces de mort, émanant sans aucun doute d'officines gaullistes, et en particulier du célèbre Service d'action civique, avaient été proférées. « Des menaces écrites existaient », dit-il. Mais on n'en retrouvera jamais la trace…

Pire encore. Nous sommes à la veille du suicide du ministre. Jacques Douté, un proche de Robert Boulin qui se trouvait alors en compagnie de deux témoins (qui confirmeront plus tard ses dires), soutiendra avoir reçu un mystérieux appel téléphonique anonyme le 29 octobre 1979 vers 20 heures à son restaurant de Libourne. Un inconnu prononce ces simples mots : « Il est mort. »

Guy Aubert, un collaborateur du ministre, s'est rendu vers 20 heures le 29 octobre 1979, la veille de la découverte du corps, au domicile de Robert Boulin et déclare à sa femme Colette : « Robert est mort… »

Le chef de cabinet de Robert Boulin, accompagné d'Éric Burgeat, conseiller technique et gendre du ministre, signale peu après minuit au ministère de l'Intérieur, puis à Matignon, la disparition du ministre. D'après le dossier pénal, les premières recherches sont lancées le 30 octobre à 6 h 25 du matin et le corps n'est retrouvé qu'à 8 h 40 par une brigade de gendarmerie. Pourtant, dès 2 heures du matin, l'information de la découverte du corps semble être déjà remontée au sommet de l'État. Yann

Gaillard, directeur de cabinet de Robert Boulin, est convoqué à Matignon vers 2 heures du matin par Philippe Mestre, directeur de cabinet du Premier ministre. Celui-ci reçoit, devant Yann Gaillard, un coup de téléphone. Après avoir raccroché, Philippe Mestre confie : « On a retrouvé le corps. » Un témoignage qui sera démenti par Philippe Mestre. Parole contre parole, donc…

L'ancien Premier ministre Raymond Barre a écrit plus tard dans son livre de souvenirs *L'Expérience du pouvoir* qu'il avait été prévenu vers 3 heures du matin « que l'on a retrouvé le corps de Boulin dans un étang de la forêt de Rambouillet » et que le ministre s'est donné la mort en se noyant après avoir avalé des barbituriques.

Christian Bonnet, ministre de l'Intérieur au moment des faits, affirmera lui aussi avoir été alerté de la mort de Robert Boulin « entre 2 heures et 3 heures du matin ».

Marie-Thérèse Guignier, administratrice de biens judiciaires, ex-membre des cabinets ministériels de Robert Boulin et intime des milieux gaullistes, est réveillée dans la nuit du 29 au 30 octobre 1979, entre 1 h 30 et 2 heures du matin, par un ami proche, Louis-Bruno Chalret, à l'époque procureur général près la cour d'appel de Versailles. Chalret lui apprend que l'on a retrouvé le corps de Robert Boulin dans les étangs de Hollande. « Et là, déclare-t-elle, il se couvre, il appelle tout le monde sur le REGIS, le réseau téléphonique interministériel de l'époque, c'est-à-dire l'Élysée, Matignon, probablement l'Intérieur et la Chancellerie. » Le procureur général démentira également catégoriquement cette version des faits…

Capharnaüm. Mais à quelle heure est donc mort le ministre du Travail ? Et quand fut réellement retrouvé son corps ? La suspicion s'installe chez les proches du suicidé. Et d'autres éléments troublants ne vont pas tarder à faire vaciller la thèse officielle du suicide…

Les résultats de l'autopsie concernant la position dans laquelle on a retrouvé le corps de Robert Boulin seront interprétés par certains comme la preuve que le corps a été transporté dans le coffre d'une voiture et que l'état de tuméfaction du visage pourrait indiquer qu'il a reçu des coups à la tête avant son décès... De plus, le corps est retrouvé bouche fermée, ce qui irait à l'encontre d'un suicide par noyade. Les partisans de la thèse du meurtre relèvent aussi que l'absence de vase et de boue sur le bas du pantalon et sur les chaussures indiquerait qu'il n'a pas pu entrer dans l'étang par ses propres moyens.

Et encore, quand Robert Boulin quitte, pour la dernière fois, son domicile vers 15 h 30, le lundi 29 octobre, veille de sa mort, la corbeille à papier sous son bureau était vide, selon le témoignage de sa famille. Pourtant, au début de la nuit, la famille retrouve dans cette même corbeille des papiers déchirés annonçant le suicide. Le 29 octobre au soir, de nombreux collaborateurs et relations du ministre avaient débarqué au domicile des Boulin. Certains d'entre eux étaient restés assez longtemps dans le bureau personnel du ministre. Notamment ceux que Robert Boulin avait chargés des contacts avec la presse. L'enquête préliminaire ne jugera pas utile de les auditionner...

Aucune audition ne pourra être faite non plus des policiers en faction devant le domicile de Robert Boulin à Neuilly. Lorsque le juge d'instruction, M. Corneloup, décide de rechercher ces policiers pour les interroger afin de reconstituer précisément les allées et venues au domicile de Robert Boulin dans la soirée du 29 octobre, on s'aperçoit que les registres de présence du commissariat de Neuilly ont disparu...

Enfin, quelques jours après la disparition de Robert Boulin, toutes les archives du ministre entreposées à son domicile de Libourne sont transportées aux fins de destruction dans un établissement local spécialisé. La même opération aura lieu avec les archives de son bureau au ministère du Travail à Paris...

En 1983, la famille obtient de la justice l'exhumation du corps de Robert Boulin afin de pratiquer une seconde autopsie. Les traces de coups sur le visage sont officiellement constatées. Mais il faudra attendre un an pour obtenir le rapport complet de cette contre-autopsie. On constate alors qu'aucune nouvelle analyse toxicologique du cadavre n'a été possible, car le corps de Robert Boulin avait été embaumé en 1979, sans autorisation de la famille. Apprenant que certains viscères avaient été prélevés et conservés à l'époque, ils en demandent la restitution aux fins de nouvelles analyses. Leur demande sera impossible à satisfaire, car les pièces anatomiques ont mystérieusement disparu… Au fil des années, la famille Boulin, le gendre du ministre, l'association qui s'est créée pour aboutir à la vérité et le journaliste Benoît Collombat qui a mené une remarquable contre-enquête, dresseront la liste de 75 « anomalies », qui prouvent selon eux que l'affaire Boulin est bien une affaire d'État : l'élimination d'un ministre de la République camouflée officiellement en suicide. Malgré la solidité incontestable de leur dossier, la justice a toujours refusé de relancer l'enquête. La mort de Robert Boulin demeure encore aujourd'hui un des plus grands mystères de la Ve République.

> Je recommande la lecture du livre du journaliste Benoît Collombat qui a publié aux éditions Fayard une minutieuse contre-enquête de près de cinq ans. Il aboutit à la conclusion que Robert Boulin a vraisemblablement été victime d'un règlement de comptes politique. Il a intitulé son livre : *Un homme à abattre*.

MEURTRE AU VATICAN

L'histoire qui suit comporte encore aujourd'hui de nombreuses zones d'ombre qui alimentent l'hypothèse selon laquelle un meurtre aurait été camouflé en suicide en plein cœur de la Cité du Vatican, dans la nuit du 4 au 5 mai 1998. Cette nuit-là, le chef des gardes suisses du pape Jean-Paul II et son épouse sont assassinés. Le coupable désigné par l'enquête officielle est un jeune hallebardier du Vatican, Cédric Tornay. Pris d'une crise de folie meurtrière, le jeune homme se serait ensuite suicidé…

Banal fait divers ou affaire d'État ? Le nom d'un mystérieux ami et protecteur de Cédric Tornay, dont la personnalité insaisissable a fait naître mille et un fantasmes, nourrit depuis de longues années un sombre scénario qui renvoie à des luttes internes au Vatican, sur fond de complots religieux et de services secrets.

Rome, Cité du Vatican, 4 mai 1998. Ce soir-là, vers 21 heures, on retrouve dans son appartement privé le corps sans vie du colonel Aloïs Estermann, 44 ans, promu la veille commandant de la garde suisse du Vatican, ainsi que celui de son épouse Gladys Meza Romero, 48 ans. Un peu plus loin, on découvre le cadavre d'un jeune vice-caporal, Cédric Tornay, 23 ans. Tous trois ont été tués d'une balle de pistolet, un Sig 75, appartenant au sous-officier. Au Vatican, l'annonce de la découverte du drame fait l'effet d'un coup de tonnerre. Officiellement les faits se sont déroulés en absence de tout témoin. Personne n'a rien vu, rien entendu. La tragédie s'est pourtant déroulée dans l'appartement privé du colonel Estermann, à quelques dizaines de mètres à peine de celui du Saint Père.

Dès le lendemain, 5 mai, l'affaire fait la une de la presse nationale et internationale. Les reporters de télévisions et de radios, venus du monde entier, tentent d'en savoir plus. Mais les premières réactions n'évoquent aucune piste particulière. Elles témoignent de l'incrédulité et du choc à l'annonce des trois morts par balle retrouvés dans un appartement privé du Vatican. Sur la Radio Suisse Romande, c'est d'abord le témoignage de Mgr Grab, un proche collaborateur du gouvernement du Saint-Siège, qui est diffusé. Le dignitaire de l'Église est bouleversé. Il connaissait bien le jeune garde suisse. Il parle d'un tragique fait divers inexplicable et se borne à espérer que l'enquête apportera le plus rapidement possible toute la lumière nécessaire…

Le 6 mai au matin, les cercueils du chef de la garde suisse, de son épouse et de Cédric Tornay sont alignés côte à côte, dans la chapelle Saint-Martin du Vatican. Jean-Paul II vient leur rendre hommage. Il s'agenouille et prie en silence pendant de longues minutes. Le soir même, les funérailles d'Aloïs et de Gladys se déroulent dans la basilique Saint-Pierre de Rome. Celles de Cédric auront lieu le lendemain à l'église Sainte-Anne, dans l'enceinte du Vatican.

L'enquête est confiée non pas à la justice italienne mais à celle du Vatican, qui est un État à part entière. Elle est dirigée par le juge Gian-Luigi Marrone. Très rapidement – faut-il dire trop rapidement ? – elle conclut à un coup de folie du jeune garde, et reprend, mot pour mot, la version officielle délivrée trois heures seulement après le drame, dans la nuit du 5 mai, par le porte-parole du Vatican, Joaquin Navarro-Valls : Cédric Tornay était furieux de s'être vu refuser une décoration prestigieuse, attribuée à tous les gardes suisses après trois ans de service, le Benemerenti, parce qu'il était rentré d'une permission avec 48 heures de retard ! Pris d'une crise de folie incontrôlable, un « raptus », selon l'expression des médecins, il aurait abattu son supérieur et son épouse avec son arme de service avant de se suicider.

La principale preuve avancée pour justifier cette version des faits, est une lettre d'adieu, adressée par Cédric à sa mère. Une lettre signée Chamorel, le patronyme du jeune homme inscrit dans les registres du Vatican. Dans cette lettre, Cédric demande pardon à sa mère et explique son geste... Moralité : l'affaire est triste, dramatique, inédite en ce lieu sacré entre tous, mais il s'agit d'un banal fait divers, comme il s'en produit malheureusement chaque jour au-delà des murailles du Vatican...

Le problème, c'est que Cédric n'a jamais signé une seule de ses lettres de ce nom, Chamorel, uniquement réservé à l'administration du Vatican. Cédric use habituellement dans ses missives de son prénom, Cédric, ou Cédric Tornay lorsqu'il s'adresse un peu plus officiellement à ses correspondants... La maman du jeune garde suisse, Muguette Baudat, ne se contente pas de la version officielle du Vatican. Elle pense que son fils ne s'est pas suicidé, mais qu'il a été assassiné. Elle fait rapidement analyser la lettre d'adieu du jeune homme par des graphologues suisses, qui ne reconnaissent pas son écriture. Après le rapatriement du corps de Cédric en Suisse, elle mandatera également un collège d'experts de l'Institut médico-légal de Lausanne, en vue d'une contre-autopsie. Le corps de Cédric Tornay est exhumé. Les experts suisses laissent entendre que la première autopsie, réalisée en urgence, le lendemain de la mort de Cédric, a été bâclée. « Des bouchers auraient mieux fait », confie l'un d'entre eux à un journaliste. Plus grave, les légistes suisses ne trouvent aucune trace d'un kyste cervical. Le Saint-Siège avait pourtant laissé entendre que l'existence de ce kyste révélé par l'autopsie du jeune homme, pouvait expliquer la « dérive caractérielle de Cédric », décrite par de nombreux témoins dans les semaines ayant précédé son acte de folie. Il semble également que la blessure par balle relevée sur le cadavre du jeune homme ne corresponde pas au calibre de son arme personnelle avec laquelle il est censé s'être suicidé après avoir abattu le colonel et son épouse…

La liste des bizarreries ne s'arrête pas là. Selon un journaliste anglais, John Folain, auteur d'une contre-enquête sur les morts mystérieuses au Vatican, des représentants officiels de l'Église auraient conseillé à la mère de Cédric Tornay de faire incinérer son fils : du jamais-vu dans la tradition de l'Église catholique !

La personnalité d'Aloïs Estermann est également passée au crible par la presse italienne, qui découvre que celui-ci est entré dans la garde suisse en 1981, quelques mois seulement avant l'attentat contre Jean-Paul II. Aloïs Estermann aurait sauvé la vie du Saint Père lors de la tentative d'assassinat du turc Ali Agça. Jean-Paul II lui en aurait conservé une reconnaissance éternelle. Estermann était, par exemple, le seul garde à l'accompagner lors de ses vacances dans les Dolomites. Il connaît, pensent certains, tous les secrets du Vatican. Tous les scandales aussi. Le pape avait pesé de tout son poids pour qu'il soit nommé chef de la garde suisse la veille même de son assassinat… D'autres rumeurs commencent assez vite à se répandre et à alimenter les conversations privées dans les salons de la Curie. On évoque, comme cause du drame, un dépit amoureux du jeune Cédric. Estermann et lui auraient eu des relations homosexuelles sporadiques. Cédric Tornay était, dit-on, fasciné par son amant qui se plaisait à l'humilier en toute occasion. Le mariage du colonel avec Gladys n'aurait été qu'une couverture. Les tenants de cette hypothèse d'un dépit amoureux homosexuel croyaient savoir que Cédric s'était senti trahi par son amant qui lui aurait préféré un autre garde suisse quelques mois avant la nuit tragique du 4 mai. Le vice-caporal aurait ainsi nourri contre son chef une rancœur qui se serait peu à peu transformée en véritable haine…

Autre hypothèse encore, le drame aurait trouvé sa source dans les relations tendues entre les gardes suisses originaires des cantons germanophones et les francophones, dont Cédric Tornay faisait partie. D'ailleurs, ajoutaient ceux qui avançaient cette explication, quelques jours après les faits, les deux tiers des officiers du Vatican ont démissionné, signe de l'immense malaise qui couvait à l'intérieur des murs de la cité… Dès les cérémonies du 6 mai, le secrétaire d'État du Saint-Siège, Angelo Sodano, à qui on prêtait le projet de dissoudre le corps militaire quasiment médiéval des gardes suisses, avait promu commandant l'ancien adjoint d'Estermann, Elmar Mäder, avec mission de rénover la Garde…

Mais l'organisation quasi secrète du Vatican, le culte du silence et les luttes de pouvoir alimentées par l'Opus Dei allaient donner lieu à des hypothèses encore plus folles : l'appartenance d'Aloïs Estermann aux services secrets de l'ex-Allemagne de l'Est, la Stasi. Cette police politique, proche du KGB soviétique, n'aurait-elle pas joué un rôle dans l'organisation de l'attentat contre le pape, en lien avec les services secrets bulgares et les « loups gris » auxquels appartenait Ali Agça ?

Autrement dit, le triple assassinat du 4 mai 1998 ne trouvait-il pas sa source dans des événements qui s'étaient produits quinze ans plus tôt ?

L'hypothèse d'un quatrième homme présent sur place a également été avancée. Ce membre d'une organisation secrète serait le véritable assassin dont la mission était d'éliminer des gens qui en savaient trop, comme on dit…

Et si l'hypothèse des services secrets de l'Est devait être abandonnée, le journaliste John Folain découvrait que le colonel Estermann était considéré comme un proche de l'Opus Dei, tout comme le porte-parole du Vatican Joaquin Navarro-Valls, chargé entre autres de diffuser la version officielle du Saint-Siège après la tragédie… L'Opus Dei est une organisation discrète pour ne pas dire secrète, dont Jean-Paul II était très proche. Ses méthodes de recrutement, les règles strictes qui gouvernent ses membres tenus au secret, l'élitisme et l'affairisme dont il ferait preuve, la proximité et le soutien supposés à des gouvernements d'extrême droite par le passé, lui valent une réputation sulfureuse qui explique que son nom apparaisse dans cette dernière hypothèse…

Malgré toutes les supputations et toutes les rumeurs qui entourent l'affaire, la version du drame avancée dès la nuit du 4 au 5 mai 1998, un double meurtre suivi d'un suicide, est confortée par l'instruction menée dans le plus grand secret. L'affaire est donc officiellement close.

Quatre ans après les faits cependant, la mère de Cédric Tornay, qui demeure persuadée que l'assassinat de son fils a été camouflé en suicide, fait appel à un avocat, Me Luc Brossollet, pour demander la réouverture de l'enquête au Vatican. Celui-ci s'adresse au ministère suisse de la Justice et lui demande de relayer cette requête par la voie diplomatique. « Nous avons une seule certitude dans cette affaire, écrit l'avocat, c'est que Cédric Tornay ne s'est pas suicidé, mais qu'il a été assassiné. » Malgré des demandes répétées, la justice suisse refusera d'intervenir auprès du Vatican. Elle refusera également d'ouvrir une information sur la base de la plainte déposée par Muguette Baudat.

En désespoir de cause, celle-ci fera parvenir entre 1998 et 2002 plusieurs suppliques au pape Jean-Paul II sous forme de lettres ouvertes. En voici quelques extraits :

« (…) Très Saint Père, je suis la mère du vice-caporal Cédric Tornay. C'est une mère à laquelle le sort a arraché son fils ici-bas qui s'adresse à vous filialement… Maintenant, je sais que le drame du 4 mai ne s'est pas déroulé selon la version officielle.

Et, au-delà de la raison, mon fils continue de me dire à l'oreille et au cœur "Maman, je ne l'ai pas fait..."

Mais, voilà, Très Saint Père, la raison qui me pousse à me confier à vous aujourd'hui. Au début du mois, une personne jouant le rôle d'intermédiaire m'a fait savoir que le secrétaire de la nonciature de Berne désirait me rencontrer. Nous avons fixé un rendez-vous en terrain neutre, au bord du lac Léman, près de la frontière française. Nous nous sommes rencontrés le vendredi 4 septembre 1998 après 16 heures. Derrière une attitude affable, j'ai bien compris que l'on voulait savoir ce que je savais, dans quel état d'esprit j'étais et quelles étaient mes intentions. C'est d'ailleurs curieux comme souvent les ecclésiastiques semblent considérer que les femmes sont intellectuellement déficientes... Neuf jours plus tard, le dimanche 13 septembre en fin de journée, deux personnes se sont présentées sans rendez-vous à mon domicile... Derrière la forme ampoulée du langage, au-delà des périphrases et des demi-mots, le message était clair. Il m'était vivement recommandé de ne pas faire de vagues. J'ai bien compris que cette mise en garde, pour ne pas dire cette menace à peine voilée, venait du plus haut de votre Secrétairerie d'État. Je ne puis croire que cette manœuvre vienne de vous ou soit couverte par votre autorité... Voilà Très Saint Père, la situation dans laquelle je me trouve maintenant. Je me devais de vous la confier. Plus que pour ma personne, c'est pour les miens que je crains. Or je ne peux pas accepter de baisser les bras. Nous avons tous droit à la vérité, l'Église aussi, et moi-même ai le devoir de défendre la mémoire de mon fils, s'il est innocent... »

Muguette Baudat écrira une nouvelle lettre personnelle au pape, le 8 juillet 1999. Elle ne recevra aucune réponse. Alors, le 12 décembre 2002, elle envoie une nouvelle lettre ouverte dont voici l'essentiel : « Votre Sainteté, écrit-elle, je suis la mère de Cédric Tornay. Mon capital de confiance, de patience et d'espoir est aujourd'hui épuisé. Votre choix du silence et de l'inaction est définitivement établi par la lettre que vient de m'adresser le président du tribunal d'État du Vatican. Vous avez donc décidé le maintien du mécanisme ordinaire de la justice vaticane qui permet de bloquer tout espoir de voir la lumière faite sur le drame du 4 mai. Pourtant le geste que je sollicitais de votre part était très simple, quoique courageux : demander, en tant que magistrat suprême que vous êtes, la réouverture de l'enquête. Rome est manifestement peuplé des idoles dénoncées dans le psaume 115 (...) Mais notre victoire est que le public sait désormais pertinemment que Cédric Tornay n'a tué personne et qu'il a été assassiné au Vatican, que le Vatican a menti, que cet État a choisi de couvrir les meurtriers pour des raisons qui relèvent probablement de luttes de pouvoir occultes et internes... La plaie restera ouverte et s'infectera, parce que les principes évangéliques élémentaires ont été foulés au pied au cœur même de l'Église, avec qui plus est, la caution de celui qui en occupe le sommet... Il reviendra aux électeurs de votre successeur et au nouveau Souverain Pontife d'évaluer leurs responsabilités face à ce déshonneur, de le laver ou de le confirmer... » Qui sait si un pape futur, qui a aujourd'hui l'âge de Cédric, se souviendra du grossier déni de justice et de l'injustice criante faite à un jeune serviteur de l'un de ses prédécesseurs nommé Jean-Paul II ?

À lire, pour en savoir plus : *L'Agent secret du Vatican*, de Victor Guitard, ancien journaliste de *Paris Match*, publié aux éditions Albin Michel. On peut aussi lire un « roman » policier de Gérard de Villiers, qui évoque ce dossier dans une aventure de S.A.S. : *L'Espion du Vatican*. Gérard de Villiers s'inspire d'une enquête minutieuse et des confidences de membres des « services ».

JULIEN COUPAT : LES NEUF DE TARNAC

Voilà une affaire où se croisent à la fois le FBI, les groupuscules antinucléaires allemands, l'antiterrorisme, et une bande de jeunes utopistes installés au plus profond de la Corrèze. Tout commence dans la nuit du 7 au 8 novembre 2008, quand la police constate de graves sabotages le long de la ligne TGV qui relie Paris à Strasbourg, près du village de Dhuisy, en Seine-et-Marne.

Commence alors l'affaire des « neuf de Tarnac », du nom d'une petite communauté de jeunes gens soupçonnés de terrorisme.

En respectant le secret de l'instruction et la présomption d'innocence, cette affaire particulièrement médiatisée mérite qu'on pose aujourd'hui publiquement un certain nombre de questions : qui sont vraiment les neuf de Tarnac ? Comment la police a-t-elle été amenée à supposer qu'ils faisaient partie d'un groupe terroriste prêt à passer à l'action ? Que risquent-ils concrètement ? De quels moyens concrets disposent les avocats des mis en cause pour contester l'enquête judiciaire qui, rappelons-le, n'est pas terminée…

11 novembre 2008. Ce jour-là, la ministre de l'Intérieur Michèle Alliot-Marie félicite officiellement l'ensemble des forces de police qui viennent d'arrêter dans les environs du petit village

de Tarnac, en Corrèze, les membres d'un groupuscule appartenant à l'ultra-gauche. Proches de la mouvance « anarcho-autonome », les neuf personnes interpellées, six hommes et trois femmes, sont rapidement présentées à Paris au juge antiterroriste Thierry Fragnoli. Elles sont placées en garde à vue dans le cadre d'une enquête sur le sabotage d'une ligne TGV près de Dhuisy, en Seine-et-Marne, dans la nuit du 7 au 8 novembre précédent. Le petit groupe aurait placé un fer à béton sur une caténaire, à l'aplomb de la voie ferrée, provoquant une panne du premier TGV de la journée, vers 5 heures du matin d'après le rapport de police. « Ces gens ont voulu s'attaquer à la SNCF, indique la ministre, parce que c'est un symbole de l'État. » Cette même nuit, on découvrira trois autres actes de malveillance destinés à désorganiser le trafic des TGV. Plusieurs centaines de voyageurs seront effectivement bloqués pendant de longues heures à la suite de ces sabotages. Sur place, à Tarnac, où a été arrêté Julien Coupat, considéré comme le leader du groupe, c'est la surprise totale. Les habitants du village témoignent en vain de leur incrédulité, déclarant à qui veut l'entendre que ces jeunes n'ont jamais rien fait de mal dans le village.

Quelques jours plus tard, la moitié du groupe est placée en détention provisoire. Seuls quatre, sur les neuf, sont remis en liberté, soumis à un strict contrôle judiciaire. Début décembre, trois d'entre eux sont également libérés ; il ne reste plus alors en détention que Julien Coupat et sa compagne Yldune Lévy. Julien Coupat est présenté comme étant l'inspirateur du groupe, voire l'organisateur du sabotage, ce qu'il dément.

La veille de son interpellation, à Tarnac, les sabotages avaient été revendiqués par un groupe d'écologistes allemands qui voulaient s'opposer à la circulation des trains « Castor », c'est-à-dire des trains qui acheminent des déchets nucléaires retraités entre la centrale de La Hague et la ville de Gorleben, leur lieu de stockage en Allemagne. Mais cette revendication ne sera pas prise au sérieux par les enquêteurs, qui restent persuadés que la piste des « neuf de Tarnac » est la bonne.

Pourtant, très vite, l'enquête semble piétiner. Elle n'arrive pas en tout cas à réunir de preuves matérielles irréfutables pour étayer les accusations contre les inculpés. L'affaire provoque des polémiques et des prises de positions politiques qui mettent en cause d'abord la qualification de « terrorisme », pour ce qui peut aussi être considéré, disent certains, comme des actes de sabotage semblables à d'autres qui ont déjà eu lieu par le passé. Le maintien en détention provisoire de deux jeunes gens aux idées certes radicales voire anarchistes, mais très éloignés du profil habituel des terroristes, fait également des remous. C'est que Julien Coupat intrigue. Trop philosophe, trop érudit, trop intelligent et trop secret, il se revendique contestataire comme de nombreux intellectuels. Cela suffit-il pour l'accuser de terrorisme ? Gérard Coupat, le père de Julien, s'insurge publiquement contre les accusations dont son fils fait l'objet. Pour lui, il n'a rien d'un terroriste. Malgré tout, Julien Coupat est maintenu en détention provisoire. L'affaire de Tarnac va bientôt devenir « l'affaire Coupat ».

Tarnac est un petit bourg du plateau de Millevaches, en Corrèze, qui compte à peu près 350 habitants. C'est là que Julien Coupat, Gabrielle, sa compagne de l'époque, et une dizaine de leurs amis, achètent une ferme et quelques terres, aidés financièrement par leurs parents : la ferme du Goutailloux. En quelques mois, ils remettent en état les bâtiments agricoles laissés à l'abandon et défrichent les quatre hectares de champs aux alentours, encombrés de pierres et de vieilles souches. Ils veulent y faire pousser du seigle et tous se mettent à l'œuvre pour dépierrer, dessoucher et rénover le Goutailloux. « On voulait créer un lieu de vie collectif avec une base agricole, un lieu d'accueil et d'ouverture », expliquait Benjamin Rosoux, un des candidats à l'aventure communautaire qui sera lui aussi arrêté le 11 novembre.

Mais cette vision idyllique d'une petite communauté alternative et travailleuse n'est pas du tout celle de la police. En fait, depuis le mois d'avril 2008, la ferme est régulièrement surveillée par les hommes de la DCRI, la Direction centrale du renseignement intérieur (qui regroupe désormais la DST et les ex-Renseignements généraux). Les policiers ont recueilli des informations de plusieurs sources, qui leur font suspecter la petite communauté d'être, en réalité, une couverture pour un foyer de radicalité politique pur et dur. Un rapport de police laisse entendre qu'il « existerait sur le territoire national une structure clandestine anarcho-autonome entretenant des relations conspiratives avec l'étranger et projetant de commettre des actions violentes dans le but de troubler gravement l'ordre public ».

Ce petit coin de Corrèze constituerait donc une base arrière, une planque, un relais de ladite structure clandestine. Inutile de préciser que les voisins de la ferme et les habitants de Tarnac ne croient pas à cette hypothèse alarmiste. Ils fréquentent ces jeunes depuis des mois et de près, depuis qu'ils ont repris la petite épicerie du village. Personne ne les a jamais entendus une seule fois parler politique.

Pourtant, la « structure clandestine » fait sans cesse l'objet d'attention de la part des hommes de l'antiterrorisme, soutenue par les allégations d'un mystérieux témoin, le témoin 42, dont les révélations tomberont à l'eau quand on découvrira plus tard qu'il a déjà été condamné pour dénonciation de délits imaginaires. À l'été 2008, deux caméras sont très discrètement installées dans les arbres autour de la ferme. Les téléobjectifs permettent d'observer ce qu'il s'y passe de très près. Aucun habitant du Goutailloux n'y échappe ; leurs allées et venues sont scrupuleusement notées et les rapports sont très régulièrement analysés par une cellule du ministère de l'Intérieur.

Le 11 novembre 2008, la police lance son coup de filet et perquisitionne la ferme. Les indices matériels de la participation du groupe au sabotage du TGV dans la nuit du 7 au 8 novembre sont faibles, même si certaines découvertes peuvent quand même apparaître troublantes. Les enquêteurs trouvent en particulier deux gilets pare-balles, une photo d'un fer à béton, glissée dans un livre en allemand, ainsi qu'une liste « étrange » dans un carnet appartenant à Julien Coupat, liste sur laquelle on peut lire : « tube, ficelle, gants, frontale, acétone ». Est-ce une liste en vue de préparer un sabotage ou tout simplement une liste d'achat pour bricoler ? On peut se poser la question. Autre élément qui nourrit les suspicions policières : dans l'ordinateur de Yldune Lévy, saisi lors d'une perquisition, les experts de la police scientifique retrouvent la trace d'un manuel de fabrication de bombe artisanale. Pour les policiers cela démontre l'implication de la jeune femme et de son compagnon dans une association de malfaiteurs.

Les enquêteurs qui participent aux perquisitions avaient également retrouvé des documents chez Manon Gilbert, une proche du groupe : quatre cartes d'identité déclarées perdues ou volées ainsi qu'un modèle vierge de quittance EDF. Malgré tout, rien n'a permis d'établir un lien direct avec le sabotage pour lequel les « neuf de Tarnac » ont été arrêtés et mis en examen. Pas de preuve incontestable, pas d'ADN, pas de crochets métalliques comme ceux retrouvés sur les caténaires, pas d'armes ni d'explosif, rien qui aurait permis de confondre les auteurs du sabotage…

La seule « coïncidence » vraiment troublante, par rapport au contexte de l'affaire, demeure la présence, non loin de la voie ferrée cette nuit-là, du couple Coupat-Lévy, présence constatée par les policiers qui les suivaient depuis plusieurs semaines. Les rapports qu'ils remettent à leur hiérarchie affirment qu'ils ont garé leur voiture tout près de la ligne TGV pendant la nuit qui a précédé le premier incident. Mais ce point prête aussi à confusion ! S'ils étaient filés, pourquoi et comment le couple aurait-il pu se livrer à une telle malversation sur cette voie ferrée ? Au début de novembre 2009, trois des avocats du groupe, Mes Thierry Levy, Jérémie Assous et William Bourdon, adressent une note au juge Fragnoli, en charge de l'enquête. Cette note révèle que Julien Coupat et Yldune Lévy ont fait l'objet d'une filature serrée de la police depuis leur départ de Paris le 7 novembre 2008 jusqu'à leur retour le lendemain matin. Et donc, aucun de leurs faits ou gestes pendant leur périple ne devrait avoir échappé à la police.

Plus grave encore : les avocats pointent quelques anomalies, voire des contradictions, dans les procès-verbaux qui ont été remis au juge. Un technicien de l'identification criminelle note, par exemple, qu'il y a bien eu effraction non loin de la voie ferrée sabotée et y a même relevé les traces de passages d'une voiture et des empreintes de pas. Or, la voiture qui a stationné à cet endroit et qui a fait demi-tour ne peut pas être celle de Julien Coupat, une vieille Mercedes, dont les rainures de pneus ne correspondent pas à celles relevées sur le lieu de l'attentat. Quant aux traces de pas, elles ne correspondent pas non plus aux pointures de Julien Coupat et de sa compagne.

Les notes des policiers se chargent même d'incohérence. Un PV relève que le couple Coupat-Lévy a mangé puis a dormi dans sa voiture au Trilport, ne reprenant la route qu'à 3 h 50. Or, il est indiqué sur une autre déclaration que la voiture s'arrête non loin de Dhuisy, près de la ligne du TGV, à 4 heures. Julien Coupat aurait-il parcouru les trente kilomètres au volant de sa vieille voiture, et par des petits chemins, en moins de dix minutes ?

C'est pourtant ce faisceau de présomptions qui va valoir à Julien Coupat une incarcération de six mois. De son côté, Yldune Lévy va rester trois mois à la maison d'arrêt pour femmes de Fleury-Mérogis, bénéficiant du statut de « détenue particulièrement surveillée » qui lui vaudra pendant tout ce temps d'être réveillée toutes les deux heures chaque nuit, toute lumière allumée, officiellement pour « la protéger d'elle-même ».

Mais qui est vraiment Julien Coupat ? Un apprenti terroriste ou un jeune homme utopiste ? Des éléments de sa personnalité permettent d'entrevoir quelques réponses : Julien Coupat est d'abord un jeune homme discret, très discret. On ne connaît quasiment pas son visage. Les rares photos qui circulent dans la presse ont été pour la plupart remises par la police aux journalistes au début de l'affaire. Déjà, quand il était étudiant, il répugnait à se faire photographier, comme d'ailleurs à signer les textes qu'il écrivait. « Signe de grande humilité » pour son père, Gérard Coupat. « Signe d'un mode de vie semi-clandestin », répond la police.

Né le 4 juin 1974 à Bordeaux, Julien Coupat a été élevé dans la banlieue ouest de Paris, à Rueil-Malmaison. Ses parents sont tous deux médecins. Julien a toujours été un élève brillant, qui aurait pu choisir les études littéraires et la voie royale de l'École normale, mais ses parents, paraît-il, préféraient Polytechnique. Au final, Julien Coupat choisira de faire une grande école de commerce, l'ESSEC. Il s'inscrira ensuite à l'École des hautes études en sciences sociales où il trouvera dans les livres, qu'il dévore sans cesse, des échos à sa radicalité naissante. À l'issue de son DEA, délaissant sa dernière année de doctorat, il se met à écrire, fuyant les emplois salariés qu'il vit comme un asservissement. Il se contente de vivre avec les 1 000 € que lui procure la gestion de la société qui gère les six appartements achetés par son père à Paris. Il n'a jamais demandé un euro d'augmentation. Il vit plutôt chichement. Lit énormément, et voyage autant qu'il le peut.

Au milieu des années 90, Julien Coupat adhère aux idées « situationnistes » développées par le philosophe Guy Debord, dans son livre *La Société du spectacle*, paru en 1968. Le situationnisme est un mouvement de pensée, une utopie, qui préconise la fin du capitalisme et des États au profit de l'autogestion dans le cadre d'une société égalitaire, libertaire et ouvertement hédoniste. En 1999, Julien Coupat fonde une revue philosophique au nom étrange : *Tiqqun*, dont le titre, en hébreu, signifie « rédemption ». Le but de la publication aurait été de recréer, de réinventer les conditions d'une communauté humaine idéale. Les textes très pointus, à la limite de l'obscur parfois, ne sont jamais signés, mais font l'objet de multiples délibérations auprès du « comité éditorial » de la revue. Tout est discuté, à la virgule près… Quelques années plus tard, en 2007, Julien Coupat participe à la rédaction d'un ouvrage collectif intitulé *L'Insurrection qui vient*, publié par l'éditeur Éric Hazan. Pas de nom d'auteur sur la couverture du livre, ou plutôt, cette seule mention : « Comité invisible ». Explication : les rédacteurs, fidèles à leur ligne, rejettent l'idée de toute satisfaction personnelle narcissique. Ils se moquent des éventuelles retombées financières des ventes. Pourtant l'ouvrage se diffuse à plus de 8 000 exemplaires… sans aucune publicité.

Pour les policiers qui se sont procuré l'ouvrage, pas de doute : Le « comité invisible » c'est Julien Coupat. C'est lui qui écrit, pensent-ils, des phrases à la limite du nihilisme, comme celle-ci : « Sous quelque angle qu'on le prenne, le présent est sans issue. » Lui aussi, qui aurait lancé un appel aux lecteurs pour « rendre inutilisable une ligne de TGV ou un réseau électrique »… C'est ce livre qui a mis la police sur la piste des neuf de Tarnac. Pour eux, Coupat serait devenu une sorte de gourou partageant son temps entre Tarnac, auprès de la petite fille qu'il a eue avec Gabrielle, et Paris où sa nouvelle compagne Yldune suit des études d'archéologie.

Les policiers ont aussi enquêté sur le passé récent de Julien Coupat et ils ont appris, par le FBI, qu'avec sa compagne Yldune, ils avaient passé clandestinement la frontière entre le Canada et les États-Unis pour échapper au fichage. Quelque temps auparavant, Coupat s'était rendu à Gênes où se tenait un sommet du G7, marqué par de violents affrontements ; il y avait eu notamment un mort du côté des manifestants. Coupat était aussi au G8 à Évian en juin 2003, au Forum sur l'écologie d'Isola San Giorgio en Italie, un an plus tard, et encore à Vichy début novembre 2008 où se retrouvaient 27 ministres européens pour une conférence sur l'intégration. Le jeune homme soutient aussi les sans-papiers, il a participé aux manifestations contre le Contrat première embauche (CPE) puis contre le fichier Edvige. Il est donc souvent sur le terrain, mais, en revanche, personne ne l'a jamais vu faire le coup de poing. Ses voyages et ses prises de positions lui ont valu, il faut le signaler, de nombreux soutiens en France et à l'étranger lors de son incarcération... Il sera finalement remis en liberté en mai 2009.

Aujourd'hui l'instruction sur l'implication des neuf de Tarnac dans des actes de sabotage continue... Mais l'enquête semble actuellement au point mort. Près de deux années après les faits, les neuf jeunes gens de Tarnac sont toujours mis en examen pour « association de malfaiteurs, destruction et dégradation en relation avec une entreprise terroriste ». Julien Coupat, lui, est de plus poursuivi pour « direction ou organisation » du groupe. Leur procès n'est pas attendu avant l'année 2011.

CASSES DU SIÈCLE

LES JOYAUX DE LA COURONNE

Voici l'histoire vraie du plus grand casse du XVIII*e siècle, et peut-être le plus grand cambriolage de toute l'histoire de France : le vol des bijoux de la Couronne. Un trésor inestimable, des diamants, des saphirs, des rubis, de l'or, du platine, des colliers, des bagues… subtilisés dans les locaux du « garde-meuble » national à la faveur d'une opération commando d'une audace inouïe, le tout en pleine Révolution française ! Les commanditaires de ce vol hors du commun n'ont jamais été formellement identifiés, mais il a été cependant possible de reconstituer les circonstances matérielles du braquage…*

Nous sommes à Paris, le 11 septembre 1792. Il est 22 h 30. La ville semble déserte. La Terreur bat son plein depuis plusieurs semaines. Des milliers d'innocents raflés au hasard des rues de la capitale ont été massacrés dans les prisons surpeuplées. L'insécurité règne partout, à toute heure. Des bandes de vrais et de faux policiers arrêtent les passants au coin des rues pour les détrousser. D'autres investissent les appartements des beaux quartiers pour enlever les propriétaires fortunés, et les nobles en cavale qui se cachent. Ils demandent des rançons colossales pour leur rendre la liberté. Conséquence de cette insécurité : les rues de la capitale sont vides dès la tombée de la nuit…

Ce 11 septembre pourtant, une petite troupe d'une quinzaine de personnes remonte la rue Saint-Honoré, puis tourne à gauche dans la rue des Champs-Élysées, et se faufile comme des ombres entre les bosquets pour atteindre la place de la Révolution, la future place de la Concorde. Ils se dissimulent aussitôt discrètement, derrière les statues qui représentent les différentes villes de France.

La place est déserte, silencieuse, sinistre.

Soudain, venant des berges de la Seine toute proche, une autre bande de complices, déguisés en gardes nationaux ceux-là, se dirige vers la rue Saint-Florentin. Ils sont là pour distraire l'attention des sentinelles qui gardent le portail du bâtiment du Garde-Meuble, un magasin de dépôts mais aussi un musée ! Un musée dont les salles sont ouvertes au public, qui vient découvrir les collections précieuses une fois par semaine. On peut y voir les armures des rois de France, les lits de parade de la cour, la chapelle du cardinal de Richelieu, ainsi qu'une collection de tapisseries unique au monde. Dans l'une de ces salles, au premier étage, sont enfermés dans des vitrines les diamants du Trésor royal, devenu « Trésor national » depuis l'arrestation de Louis XVI.

Le plan des voleurs est minuté comme une opération militaire. Les lieux ont été plusieurs fois repérés dans les semaines précédentes pour en connaître parfaitement tous les recoins. Les horaires des tours de garde des sentinelles ont été soigneusement notés. Le chef des monte-en-l'air, c'est Paul Miette. Un Arsène Lupin avant l'heure. Aventurier aux pratiques parfois musclées, charmeur auprès de ces dames, souvent par intérêt, et surtout très « professionnel » dans son approche du cambriolage. Il n'a rien laissé au hasard. Il connaît même le mot de passe exigé par les patrouilles de la Garde nationale après le couvre-feu nocturne. Miette a recruté ses hommes parmi les meilleurs bandits de Paris. Pour une partie de ses complices, il s'est tourné vers les « Rouennais » ; un clan originaire de Normandie dont la plupart des membres ont profité des massacres des prisons au début du mois de septembre 1992 pour se faire la belle et s'éparpiller dans la nature. Tous sont les meilleurs de leur spécialité, jouant avec virtuosité du vilebrequin ou de la pince pour crocheter un coffre ou ouvrir une vitrine. Miette a promis à chacun une part importante du butin même si la quasi-totalité ignorent ce qu'ils vont cambrioler quelques minutes seulement avant le début de l'opération. En contrepartie, il exige une totale obéissance à ses ordres.

La petite troupe de voleurs s'est maintenant arrêtée devant le pavillon d'angle qui donne sur la rue Royale. Les hommes se positionnent sous une lanterne accrochée à une poutre de fer scellée au balcon du premier étage. L'un d'eux décroche la corde qui sert à descendre la lanterne pour l'allumer. Il s'y suspend, puis se hisse à la verticale jusqu'à la hauteur du premier étage en prenant appui avec les pieds sur le mur du bâtiment. Il enjambe souplement la balustrade de pierre et se retrouve sur la galerie couverte qui longe la façade du Garde-Meuble.

D'autres ombres rejoignent une à une le premier étage, laissant seulement trois guetteurs sur la place de la Révolution. Là-haut, la chance est au rendez-vous. Miette a constaté que les volets étaient maintenus fermés, grâce à une lourde barre de fer. Le premier des voleurs sur la galerie a entrepris de faire un trou dans le volet à l'aide d'une scie, puis d'y passer la main, de baisser l'espagnolette pour voir comme par miracle la porte des volets s'ouvrir. La barre de fer n'avait, par chance, pas été installée cette nuit-là. Le carreau de la vitre ne résiste pas plus longtemps ; il est découpé à l'aide d'un diamant de vitrier. La fenêtre est aussitôt ouverte, les voleurs sont dans la place…

À la lumière de quelques bougies, la petite troupe avance dans la salle du Trésor. Pour plus de précaution encore et bien que les portes soient scellées, Miette envoie quelques hommes glisser des crochets de fer en dessous pour éviter toute intrusion, même improbable. Mieux encore, cette astuce laisserait le temps à quelques-uns des membres de l'expédition de prendre la fuite si jamais ils étaient dérangés. Miette avait vraiment pensé à tout. Leur seul ennemi maintenant était le bruit.

Silencieusement, dans le seul cliquetis des outils et des rares murmures des membres de la petite troupe, le « travail » commence. On force les tiroirs des meubles rares qui contiennent des milliers de diamants et d'autres pierres précieuses… On crochète les serrures des vitrines qui contiennent les parures royales, avec leurs pierres de couleur, et la fameuse « toison d'or » de Louis XV enchâssée du rubis « Côte de Bretagne » et du « diamant bleu » que Louis XVI avait porté lors de l'ouverture des États généraux : une des pièces les plus exceptionnelles au monde par sa taille, par sa pureté et sa couleur ; les spécialistes présents ne lui connaissent pas de rival. Ils ont même un léger mouvement de recul dû à l'émotion lorsqu'ils la découvrent. Elle a été estimée à trois millions de livres par l'inventaire mené après la Révolution. Elle en vaut au moins trois fois plus. Près de dix millions qui peuvent tenir dans le creux d'une seule main ! Mais les voleurs ne s'attardent pas, il y a tant de trésors à dérober.

Ce soir-là, les voleurs mirent trois longues heures à récupérer les plus beaux joyaux de la Couronne. Et après avoir nettoyé les lieux pour ne laisser aucune trace de leur passage, ils quittèrent le bâtiment aussi silencieusement qu'ils y étaient entrés. Refermèrent soigneusement la fenêtre et le volet. À 2 heures du matin, ils se partagèrent en deux parties le butin sur les berges de la Seine, comme il avait été convenu. Les pierres de couleur, celles dont le prix était le plus élevé, celles aussi qui étaient le plus difficilement négociables auprès des receleurs, furent données aux Rouennais. Ils prirent la route dans l'instant pour regagner la Haute-Normandie. Les autres se dispersèrent dans Paris. Le partage de l'équipe qui restait avec Miette devait avoir lieu le lendemain matin dans un estaminet discret de la rue des Fossés Saint-Germain-l'Auxerrois. Chacun s'évanouit donc discrètement dans la nuit. L'opération s'était passée exactement comme prévu. Personne ne s'était aperçu de rien ! Mais le plus incroyable de cette histoire déjà rocambolesque était encore à venir. Le casse du siècle n'était pas terminé !

En effet, après les événements du 10 août 1792 qui avaient entraîné la chute de la monarchie, les visites du public au Garde-Meuble avaient été supprimées. Les révolutionnaires craignaient un coup de main des royalistes qui aurait dépouillé la nation de ces richesses considérables pour financer la contre-révolution. La porte du palier du premier étage et les portes des salles du Trésor avaient donc été fermées par des scellés, de sorte qu'il n'y avait plus de ronde à l'intérieur du bâtiment. On avait simplement conservé des postes de garde, souvent désertés, devant le portail de la rue Saint-Florentin... Les scellés étant toujours en place, personne ne s'était rendu compte de rien !

Le lendemain, dans l'estaminet dit du « Sieur Retour », Miette et ses hommes attablés font le partage du butin qui est impressionnant, malgré l'absence des pièces les plus prestigieuses. Pourtant, malgré les merveilles distribuées et les sommes qu'elles représentent, pouvant assurer à chacun de très bien vivre pendant plusieurs années, les voleurs ne sont pas euphoriques. Ils ont vu trop de belles choses la veille au soir dans les armoires et les vitrines et ils regrettent tous d'en avoir laissé autant. Quelques membres de la bande suggèrent à Paul Miette d'y retourner le soir même. Le chef de l'opération n'avait pas prévu cette éventualité. Mais il reconnaît lui aussi que, devant la facilité de l'opération, il serait dommage d'abandonner tous ces trésors à peine gardés... « D'accord, mais pas ce soir », leur dit Miette à contrecœur. Il n'est pas opposé, on l'a compris, à l'idée d'y retourner, mais il veut auparavant s'assurer que personne ne les a repérés ou n'a déjà découvert le cambriolage. Et il ajoute à l'adresse de son équipe : « Je vous donnerai suffisamment pour subvenir à vos besoins jusqu'à votre mort. »

C'est donc le surlendemain que la petite troupe de voleurs emmenée par Miette retourne au Garde-Meuble, avec les mêmes précautions que l'avant-veille. La corde de la lanterne, les volets, la vitre et le pillage. Et ainsi, chaque soir jusqu'au 17 septembre ! Chaque nuit du 13 au 17, les malfrats reviennent visiter les salles du 1er étage et poursuivent l'opération. Il y avait tant à prendre que le trésor semblait inépuisable ! Miette se résolut même à mettre dans la confidence un bandit notoire, un certain Depeyron, qui vint avec ses hommes les aider à dépouiller les salles remplies de bijoux et d'objets précieux.

C'est ainsi que furent également volés, dans un deuxième temps, plusieurs vases en or, une couronne enchâssée de rubis et de diamants, le hochet en or envoyé à Louis XVI par Catherine II de Russie à l'occasion de la naissance d'un de ses enfants, des croix d'or ornées d'émeraudes et de topazes, la nef de Louis XIV, les chandeliers en or et pierres précieuses du cardinal de Richelieu… Au total, 9 547 diamants, 506 perles, 230 rubis, 71 topazes, 150 émeraudes, 135 saphirs, ce qui représentait la valeur de près de 7 tonnes d'or pur à 24 carats ! Et parmi toutes ces merveilles, les trois plus beaux diamants de la Couronne, d'une valeur inestimable : le Régent, le diamant bleu et le Sancy, qu'aimait tellement porter la reine Marie-Antoinette…

Dans la nuit du 15 au 16 septembre 1792, deux passants qui rentrent chez eux vers 2 heures du matin, longent les berges de la Seine lorsqu'ils aperçoivent un petit groupe d'ombres, des voleurs, qui se partagent un butin. Il y a sur le sol de très nombreuses perles, des diamants dans leurs écrins, des pierres de grande valeur. Les deux passants s'approchent et loin de s'enfuir, certains membres du petit groupe leur proposent pour une somme dérisoire quelques perles. Des perles magnifiques qui intriguent les promeneurs. Ils n'en ont jamais vu et encore moins touché d'aussi belles. « De tels bijoux ne peuvent pas provenir d'un banal cambriolage », se disent-ils. Inquiets, ils décident d'aller prévenir un commissaire de police qui les écoute très attentivement. L'histoire l'intéresse… Car il est sur l'affaire du casse du palais des Tuileries qui s'est déroulé au mois d'août précédent, et il sait que de nombreuses pièces feront tôt ou tard leur retour sur la place publique, quand les receleurs traditionnels se seront servis. Le commissaire décide de placarder des affiches dans Paris à l'attention des orfèvres et des bijoutiers les invitant à le prévenir s'il leur était proposé des pièces « suspectes »…

Le lendemain, dans la nuit du 16 au 17 septembre, une patrouille de police qui fait une ronde dans le quartier de la place de la Révolution entend quelques personnes, visiblement éméchées, se chamailler du côté de la rue Saint-Florentin. Des hommes se disputent, à même le trottoir, quelques vases et autres bijoux. La patrouille de police arrive sur les lieux. Le chef du détachement sépare les hommes et avise la corde de la lanterne. Machinalement, il la remonte des yeux et au niveau de la lumière qui éclaire la rue, il aperçoit un homme en train d'enjamber la rambarde du premier étage, pour redescendre. Au même moment, un autre voleur saute du balcon et vient s'écraser aux pieds des policiers. Explication : ces derniers jours, le truand Depeyron et ses hommes étaient retournés pour leur propre compte dans les salles du mobilier national. Après avoir amassé dans des grands sacs de toile tout ce qui pouvait encore être volé, ils s'étaient installés dans le grand salon où était entassé le mobilier de la Couronne, situé juste à côté de la salle du Trésor. Là, ils avaient sorti des bouteilles de vin et quelques victuailles et après avoir ripaillé toute la nuit, ils quittaient les lieux les uns derrière les autres aux premières lueurs de l'aube. Leur manque de discrétion et leur amateurisme allaient leur être fatal.

Les policiers se ruent à l'intérieur du Garde-Meuble, montent à l'étage, enfoncent les portes scellées du musée et constatent… la disparition du Trésor royal. Le parquet est encore recouvert de bijoux, de pierres précieuses et des outils abandonnés par les voleurs. Certains, totalement avinés, sont d'ailleurs encore en train de festoyer. Les armoires sont vides. Les vitrines ont été éventrées. Tous les bijoux et objets les plus précieux se sont envolés, à l'exception du grand saphir de Louis XIV oublié par les malfrats au fond d'une vitrine !

Après un mois d'enquête, la police récupère une petite partie du trésor. Il faudra près de deux ans pour mettre la main sur les deux tiers du butin. Mais, près de huit millions de livres se sont évanouies dans la nature. Quelques voleurs ont été pris sur le fait, d'autres, dénoncés par leurs complices, ont été arrêtés et sont remis à la justice. Dix-sept passent en jugement, cinq sont acquittés et douze condamnés à mort. Parmi ces derniers, cinq seront exécutés, les autres bénéficieront de sursis puis, l'année suivante, de remises de peine…

Le véritable « cerveau » du cambriolage a réussi à passer entre les mailles du filet. On en est certain. Mais ce cerveau était-il Paul Miette ? Ou celui-ci n'a-t-il été que le chef talentueux d'une équipe commanditée en réalité par de hauts personnages de l'État révolutionnaire ? Peut-être même par le puissant ministre de l'Intérieur de l'époque ? D'insistantes rumeurs ont évoqué cette possibilité par la suite. On a beaucoup dit que Jean-Marie Roland de la Platière, ministre de l'Intérieur lors des massacres de septembre, ami de Robespierre, soupçonné de double jeu en faveur de Louis XVI, aurait pu commanditer ce casse afin de remettre au roi de quoi armer une armée contre-révolutionnaire, et mettre fin aux exactions de la Terreur. Sa femme, Manon, sera guillotinée le 8 novembre 1793, Roland se suicidera deux jours plus tard près de Rouen où il s'était réfugié. Il a peut-être emporté le secret dans sa tombe.

Peu avant cette date, après s'être mis discrètement au vert pendant un an, pour se faire oublier, Paul Miette ouvrait une boutique à vin sur les hauteurs de Belleville. Il n'hésita pas à inscrire son nom en grosses lettres sur la devanture du magasin. Aurait-il procédé ainsi sans l'assurance d'une protection venue du plus haut niveau du pouvoir ? On est forcé de constater qu'on n'a jamais su où étaient passés les plus beaux bijoux de la Couronne ni ce qu'étaient devenues les huit millions de livres manquantes… Qui a dit que le crime ne paie pas ?

LES BIJOUX DE LA BÉGUM

Cette célèbre affaire de vol, qui a pour cadre l'idyllique Riviera française, paraît tout droit sortie d'un film. Elle aurait d'ailleurs inspiré au dessinateur Hergé l'album de Tintin Les Bijoux de la Castafiore. *Nous allons croiser la route d'un des hommes les plus riches du monde, d'une ancienne Miss France, du milieu corse, et d'un fabuleux diamant. Mais cette affaire permet aussi de raviver le souvenir d'Yvette Labrousse, modeste Lyonnaise née en 1906, qui connaîtra un destin extraordinaire en devenant la « Bégum », la femme de l'Aga Khan.*

Nous sommes le mercredi 3 août 1949, au Cannet, sur les hauteurs de Cannes. Il est midi. Le portail de la villa « Yakimour » vient de s'ouvrir pour laisser sortir une somptueuse Cadillac qui prend silencieusement la direction de l'aéroport de Nice. À bord, se trouve l'un des couples les plus riches de la planète, son excellence l'Aga Khan et son épouse Yvette Labrousse, fille d'un conducteur de tramway et d'une couturière, ex-Miss France 1930, qui par son mariage avec le chef spirituel de plus de 20 millions d'Ismaéliens, est devenue la « Bégum ». On dit que l'Aga Khan « pèse » dans les 400 milliards de francs de l'époque. On pourrait presque dire qu'il pèse au sens propre cette somme colossale, car son poids de forme tourne autour de 110 kg et les fidèles, qui considèrent ce descendant de Mahomet comme un dieu vivant, lui offrent chaque année son poids en diamants, platine, or et bijoux en tous genres. La Bégum avait épousé celui qu'on considérait comme l'un des hommes les plus riches du monde en 1944. Elle avait 38 ans et lui 67 à l'époque. Ils s'étaient rencontrés en Égypte, où elle avait fait escale pour représenter, comme elle le faisait depuis son sacre de 1930, la mode française. L'ancienne Miss France avait alors décidé d'habiter Le Caire. Elle s'était même convertie à l'islam. Et elle portait le nom choisi par son époux de « Om Habibeh » parce que c'était celui d'une femme du prophète Mohammed. Par la suite, elle avait voyagé avec lui en Inde, au Pakistan et en Afrique et elle avait assisté à la fameuse cérémonie de la pesée. C'était un vrai mariage d'amour et le nom donné à leur villa « Yakimour » était la contraction de « Yvette-Aga Khan, Imam et Amour » !

Ce 3 août 1949, le couple qui coule des vacances heureuses dans sa sublime maison des hauteurs du Cannet, a décidé de quitter le Sud pour Deauville, où ils finiront l'été. Un avion privé les attend sur le tarmac de l'aéroport de Nice. Il fait beau et chaud, les cigales font un vacarme assourdissant. À bord de la Cadillac, le prince est monté à l'avant, près du chauffeur, tandis que la Bégum a pris place à l'arrière en compagnie de sa femme de chambre. À ses pieds, elle a glissé une mallette de cuir rouge qui contient ses plus précieux bijoux. Il y en a, au bas mot, pour 220 millions de l'époque, à peu près 1 million et demi d'euros.

Sur la route, étroite pour l'énorme voiture américaine, le chauffeur doit rouler d'autant plus lentement qu'un cycliste lui coupe brutalement le chemin et zigzague maintenant au milieu de la chaussée, ce qui l'empêche de doubler… Soudain, à la sortie d'un virage assez raide, le chauffeur doit freiner en catastrophe, car il vient d'apercevoir, en plein milieu de la route, une traction-avant noire immobilisée. C'est un guet-apens !

Trois hommes viennent de surgir des bas-côtés de la petite départementale. Ils ont des lunettes noires, des bérets basques enfoncés sur le crâne. Ils sont armés de pistolets et de mitraillettes avec lesquels ils braquent les occupants de la Cadillac. Ce sont bien sûr les bijoux qui les intéressent ! L'un d'eux s'empare de la mallette rouge, un autre crève les pneus de la limousine. Ils regagnent en courant la traction noire dont le chauffeur, le quatrième membre de la bande, était resté en place, moteur au ralenti. Les portières claquent, le moteur rugit, comme dans un film de gangsters. L'attaque a duré une poignée de secondes…

Le fameux inspecteur Borniche, qui a raconté l'histoire de ce casse du siècle dans un livre, *Vol d'un nid de bijoux*, révèle que les gangsters étaient en fait mal renseignés ! Et qu'ils avaient monté leur coup, non pas pour voler les bijoux de la Bégum, mais pour enlever la grande actrice Rita Hayworth qui venait d'épouser le prince Ali, fils de l'Aga Khan. Les deux époux séjournaient à la même époque dans la villa « Yakimour ». Les gangsters avaient l'intention de demander une rançon colossale pour cet enlèvement et ils avaient été fort surpris de constater, lors du braquage, que les occupants de la Cadillac étaient en fait la Bégum et son mari. Ils avaient donc improvisé, selon Borniche. Ce qui expliquerait qu'ils aient oublié de s'emparer du somptueux collier de diamants que la Bégum portait autour du cou. Un collier d'une valeur de 40 millions de francs ! Mais, pour ne pas rentrer bredouilles, ils avaient volé le portefeuille du dieu vivant, contenant 200 000 francs, ainsi que son chronomètre. Les plus belles pièces se trouvaient dans la cassette de la Bégum, soit trois bracelets en brillants, un solitaire, « la Marquise », et un clip rose en émeraudes et rubis qui constituait un joyau rarissime.

Dès le lendemain, le « hold-up du siècle » fait la une des journaux, avec ce titre : « On a volé les bijoux de la Bégum ! » Compte tenu de la personnalité des victimes, Georges Valentin, le directeur national de la police judiciaire, dirige l'enquête, avec le commissaire divisionnaire Jean Trucchi de la 9e brigade mobile de la PJ de Marseille. L'enquête commence avec la découverte de la traction-avant, abandonnée dans une ruelle du vieux Cannes. Elle avait été déclarée volée six mois plus tôt à Marseille. Pour les enquêteurs, c'est l'indication que le quatuor de braqueurs vient de cette ville. De son côté, le chef de la Sûreté cannoise décide de désosser totalement la voiture pour tenter de trouver un indice significatif. Grâce à cette initiative, on découvre que la batterie de la traction est toute neuve. Les gangsters l'ont changée pour ne pas risquer une panne d'allumage qui aurait fait capoter leur opération. Ce « petit détail » sera le grain de sable qui va mettre les enquêteurs sur la piste d'un garagiste de Marseille qui a vendu la batterie à un petit truand local : Roger Senanedj, qu'on surnomme « gros Roger » dans le milieu. Il est connu de la police pour être un « faux dur » qui a la réputation de se mettre facilement à table. Les enquêteurs retrouvent sa trace à Genève où il est parti se mettre au vert avec sa petite amie Renée. On pense qu'il a peut-être aussi déposé sa part de rançon dans une banque suisse bien à l'abri, dans un coffre hors de portée de concurrents trop gourmands. La police se frotte déjà les mains et pense qu'elle va pouvoir l'arrêter avec le concours de la police locale. Mais une fuite permet à la presse de publier le nom de Senanedj comme « témoin n° 1 » recherché par la police. Une fuite qui sera fatale à « gros Roger » et à sa fiancée, qui disparaissent corps et biens quelques heures avant leur interpellation. On ne les reverra jamais, ni vivants ni morts. Ils ont probablement été exécutés par leurs complices !

Pendant plusieurs mois, l'enquête patine. Les « indics » et autres « tontons » restent silencieux. Alors, la compagnie d'assurances de l'Aga Khan, la fameuse Lloyd's de Londres, fait savoir qu'elle offre une récompense de 15 millions pour tout renseignement sur l'affaire, et la Bégum elle-même ajoute 5 millions sur sa propre cassette avec l'accord du prince. En janvier 1950 les policiers reçoivent une confidence capitale et intéressée. Les voleurs sont identifiés : tous sont corses.

C'est un certain François Sanna, surnommé « choi », qui a monté le coup avec l'aide de Paul Mondoloni, un homme qui avait réalisé une fulgurante ascension dans le milieu de la pègre marseillaise. Senanedj, dit « Prépuce », était le chauffeur qui avait volé et préparé la traction. Quant au cycliste qui avait forcé la Cadillac à ralentir, il s'agissait d'un certain Barthélemy Ruberti.

Celui qui avait renseigné les truands et qui les avait avertis de la date du voyage à Deauville de la Bégum et de l'Aga Khan était un membre de leur suite, un certain colonel Lyndsay Watson. On n'est jamais si bien trahi que par les siens ! Les arrestations vont ainsi se succéder pendant plusieurs semaines. Mais les bijoux, eux, manquent toujours à l'appel. Ils auraient été enterrés dans un jardin d'une villa de Vallauris, puis déterrés par de mystérieux complices. Les enquêteurs sont bien obligés de constater qu'ils n'ont aucune piste sérieuse pour les retrouver.

L'affaire semble en rester là quand, le 26 février 1950, vers 20 heures, le fonctionnaire en faction devant l'Évêché – le commissariat central de police de Marseille – remarque un paquet ficelé, posé sur les marches. Il s'en empare. Une main anonyme a inscrit le nom du destinataire : « M. le Juge Sacotte ». Il s'agit du magistrat instructeur de l'affaire des bijoux de la Bégum ! Le colis est ouvert, en présence du juge, par les policiers… Coup de théâtre : il contient des bijoux, des diamants, des pierres précieuses. Très vite, les enquêteurs sont persuadés que cela représente les parts des quatre truands principaux de l'affaire des bijoux. Un accord secret a certainement été passé avec la Lloyd's et l'Aga Khan, sous la pression des parrains du milieu marseillais, dont les activités sont dérangées par la suractivité de la police qui continue à chercher les bijoux dans les bas-fonds de Marseille.

L'enquête est donc bouclée, mais l'affaire elle-même ne fait que commencer. Car on a constaté qu'il manque 90 millions de bijoux ! Dont le fameux diamant qu'on appelle « La Marquise », qui vaut à lui tout seul près de 60 millions. Pour la résoudre définitivement, il faudra trouver l'identité du « cerveau ». Celui qui n'a pas voulu restituer sa part.

L'affaire empoisonnera le milieu des truands de Marseille pendant plus de trente ans. Elle aura pour conséquence une série de règlements de comptes qui causera la mort violente de sept personnes. La dernière, celle de Paul Damien Mondoloni, ultime survivant des braqueurs de la Bégum. En juillet 1985, il tombera sous neuf balles de 11,43 tirées par trois hommes en cagoules, en sortant de la brasserie des Danaïdes où il avait, comme on dit, ses habitudes…

Après le vol des bijoux de 1949, la Bégum et son mari ont repris leur vie de couple richissime, ami des grandes personnalités de l'époque, comme Charlie Chaplin, Ghandi, Cocteau et tant d'autres. Mais l'Aga Khan était gravement malade et ils sont finalement revenus en Égypte où celui-ci devait mourir en 1957. Fidèle aux dernières volontés de son mari, la Bégum a élevé un mausolée à sa mémoire sur une colline d'Assouan où, chaque année, elle ira déposer une rose rouge. Elle devait ensuite consacrer toute sa vie à des œuvres caritatives avant de rejoindre l'Aga Khan dans son mausolée, le 1er juillet 2000.

L'ATTAQUE DU TRAIN POSTAL

1929, année de la grande dépression mondiale, est aussi l'année de naissance de Ronald Biggs… Le petit Ronnie, comme on l'appelle à l'époque, est un enfant de la crise. Il est le cadet d'une famille populaire de cinq enfants, élevé dans le quartier de « Elephant and Castle », au sud de Londres. Son père est cuisinier, sa mère s'occupe de la marmaille. Une vie modeste, tranquille, sans histoire, jusqu'au début de la Seconde Guerre mondiale. La famille Biggs subit alors, comme tant d'autres, le Blitz, les bombardements de la Luftwaffe. Dès que les sirènes retentissent, on descend à la cave ou dans un abri de quartier, la peur au ventre. Quand les avions allemands s'éloignent enfin, le petit Ronald se rue au-dehors et parcourt les ruines encore fumantes, chapardant çà et là dans les maisons effondrées et les devantures éventrées des magasins. Il y trouve de quoi manger ou de quoi échanger ou vendre pour améliorer le quotidien des siens et récolter quelques pennies. Le gamin ne pense pas à mal, mais il y prend goût. À la toute fin de la guerre, il est d'ailleurs arrêté pour la première fois de sa jeune carrière. Pour un vol de crayon dans une librairie. Biggs n'a que 15 ans. Vingt ans plus tard, son histoire fera le tour du monde… Il sera pourchassé par toutes les polices du Royaume-Uni. Son fait d'armes : l'attaque du train postal Glasgow-Londres. Butin :

2 600 000 livres sterling. Près de 70 millions d'euros. L'un des vols les plus spectaculaires du XXe siècle !

À l'aube des années 60 en Angleterre, quatre garçons dans le vent, encore inconnus du grand public, enflamment déjà les caves et les pubs de Liverpool, la grande métropole ouvrière du nord du pays. À Londres aussi, le « Swinging London » en est à ses balbutiements. Les filles commencent à porter des jupes de plus en plus courtes, à la manière de Mary Quant. Les garçons s'habillent d'uniformes improbables ou de costumes trop habillés qu'ils portent avec des baskets aux pieds. Ils ont les cheveux de plus en plus longs. Ils sont nombreux à préférer faire la fête dans des pubs enfumés et exclusivement masculins, en buvant des hectolitres de bière, plutôt qu'avoir à se lever au petit jour pour un boulot sans intérêt et parfois pénible, qui rapporte un salaire de misère. Parmi ces premiers marginaux, Ronald Biggs et Bruce Reynolds, son meilleur ami rencontré lors d'un bref séjour en prison, vivent de filouteries et de petits cambriolages… Ils se font appeler « les Messieurs de la Cité » parce qu'ils sont vêtus comme des lords. Mais ces gentlemen d'opérette se retrouvent plus souvent qu'à leur tour à l'ombre dans les geôles de la capitale britannique…

Depuis quelque temps déjà, les « Messieurs de la Cité » se sont fait une spécialité dans le braquage des entreprises ferroviaires ou aériennes chargées des transports de fonds. Le gang opère toujours à la veille des jours de paie, en fin de mois. Ils ont réussi par exemple à dérober les salaires en argent liquide de tous les cheminots londoniens. Puis, ils se sont attaqués aux salaires des employés de la compagnie aérienne BOAC lors d'une opération rondement menée. Tout s'est bien passé, mais Biggs et Reynolds sont déçus. Leur butin ne s'élève qu'à 62 000 livres alors qu'ils en attendaient au moins cinq fois plus. La fortune n'était pas au rendez-vous, cette fois, mais la manière dont ils ont réalisé le coup leur vaut une flatteuse notoriété dans le milieu du banditisme. On leur donne ainsi des informations sur les prochains transports de fonds par les chemins de fer britanniques. Attaquer un train ! Une entreprise audacieuse qui tombe à pic, car les « Messieurs bien habillés » rêvent du grand coup, celui qui les mettrait à l'abri pour toujours, qui leur permettrait de mener la grande vie et de partir au soleil. Mais Scotland Yard les a à l'œil. Plusieurs membres de la bande se sont fait coincer après le braquage des salaires de la BOAC. Qu'à cela ne tienne, les 62 000 livres leur permettent de payer royalement quelques avocats peu regardants, et même d'acheter un juré et un témoin à charge. Ils sont tous acquittés, sauf un chauffeur du commando qui, lui, était passé aux aveux dès son arrestation. La bande est donc très vite à nouveau au complet, mais cet épisode judiciaire ne leur permet plus d'entretenir le train de vie auquel ils s'étaient habitués. Les caisses sont vides et il est devenu urgent de se mettre sur une autre bonne affaire…

En ce début d'année 1963, les attaques de trains sont à la mode en Angleterre. Un autre gang de quatre personnes, dirigé par un certain Roger Cordey, un fleuriste aux allures de bon père de famille, fait concurrence à la bande de Biggs et Reynolds. La cible de Cordey et de ses hommes, ce sont les colis de grande valeur contenus dans le train Londres-Brighton. Leur technique est toujours la même : Cordey, qui a étudié soigneusement le manuel technique de signalisation des chemins de fer, réussit à arrêter un train en rase campagne en faisant passer les feux du vert au rouge ! Une fois leur forfait accompli, les quatre bandits sautent dans une voiture positionnée à l'avance et s'évanouissent dans la nature…

À la fin du mois de janvier 1963, Bruce Field, un avocat véreux, présente un mystérieux contact irlandais à Biggs et Reynolds. L'homme se fait appeler « Ulster ». Il a un tuyau en or pour eux. Il leur apprend en effet que chaque semaine les deux premiers wagons du train postal Glasgow-Londres transportent d'importantes sommes d'argent provenant des banques écossaises à destination des caisses de la banque centrale britannique. Au cœur de l'été, le magot peut atteindre, dit-il, les 5 millions de livres sterling. Cinq millions ! Une véritable fortune ! L'Irlandais connaît particulièrement bien son sujet. Il donne des précisions : « Le train, explique-t-il, ne compte pas de wagons voyageurs et les agents de surveillance sont peu nombreux pour ne pas éveiller de soupçons sur la cargaison. » « Pour bien faire, ajoute-t-il, il faudrait arrêter le train en pleine campagne, séparer la locomotive et les deux premiers wagons du reste du convoi, les fracturer, transférer les sacs d'argent dans des camions et disparaître. » C'est le gros coup dont ont toujours rêvé Biggs et ses complices, celui qui leur permettra une retraite dorée au soleil à tout jamais. Mais c'est un coup qui nécessite une préparation quasi militaire. Aucune place ne doit être laissée à l'improvisation ; l'affaire est trop belle pour risquer de la rater…

Bruce Reynolds prend naturellement le commandement de l'opération commando. Son esprit cartésien et pointilleux, son côté ingénieux et débrouillard en font le chef naturel de la bande. Il l'a déjà prouvé par le passé. D'ailleurs tout le monde l'appelle le « Colonel ».

La date du braquage est fixée au début du mois d'août. Il ne reste que quelques semaines pour mettre sur pied l'opération, à commencer par former une équipe fiable et compétente. Pour la fiabilité, les membres des « Messieurs de la Cité » feront l'affaire, mais parmi eux aucun n'est capable de stopper un train en pleine voie. Il y a bien Roger Cordey qui s'est fait une jolie réputation après ses succès sur le Londres-Brighton. Lui sait trafiquer les signaux des voies ferrées, ce qui permettra l'immobilisation du train dans un lieu favorable. Cordey est donc contacté. Il se montre intéressé mais particulièrement gourmand. Il demande une avance importante et la présence de ses trois complices habituels. La bande de Biggs et Reynolds n'a plus d'argent, mais la promesse de ce qu'elle s'apprête à toucher convainc rapidement le fleuriste. Pour manœuvrer la locomotive une fois le train neutralisé, on embauche un cheminot-mécanicien à la retraite : Stan Agate. L'équipe est à présent au complet. Les rôles distribués. Elle compte 16 personnes au total…

Reste à déterminer maintenant le lieu où l'on stoppera le train postal. Reynolds choisit un pont, plus favorable, selon lui, au transbordement des sacs de billets. Il trouve son bonheur en pleine campagne non loin de Birmingham, au nord-ouest de Londres, près du village de Ledburn Montmore, le Bridego Railway Bridge… Le convoi se trouvera alors à une heure de Londres, cinq heures après son départ de Glasgow ; les agents de surveillance seront fatigués et devraient donc être plus faciles à surprendre. La bande installe son quartier général dans une ferme isolée à Leatherslade, à une trentaine de kilomètres du pont. Elle servira aussi de planque après l'opération, histoire de se faire oublier pendant les premiers jours d'enquête. Les gangsters achètent aussi deux Land Rover qu'ils repeignent en vert kaki pour être le moins visibles possible la nuit, ainsi qu'un camion militaire. Et ils se procurent des uniformes de l'armée et des bleus de travail pour le grand jour.

Dans la soirée du mardi 7 août, les seize rejoignent la ferme de Leatherslade. L'heure de l'attaque est fixée à 3 h 30… À minuit et demi, Bruce Reynolds, qui a revêtu une tenue de commandant de l'armée britannique, donne le top départ de l'opération. Cette nuit d'été est claire et douce. Les trois véhicules roulent tous feux éteints sur les petites routes de campagne, empruntant des chemins détournés pour arriver jusqu'au pont de Bridego. Certains hommes du gang se chargent de couper les lignes téléphoniques. D'autres, avec Roger Cordey, piratent la signalisation de la voie.

Il est un peu plus 3 heures, quand apparaissent au loin les deux phares du train postal. Le feu de signalisation passe au rouge, comme prévu et quelques minutes plus tard la locomotive s'arrête en faisant crisser longuement ses freins. Deux des malfrats se précipitent pour décrocher les deux premiers wagons. Cinq autres grimpent dans la cabine du conducteur, un certain Jack Mills, qui est sauvagement agressé avec une barre de fer. C'est au vieux Stan Agate de jouer maintenant. Mais, grain de sable imprévu, le retraité des chemins de fer n'arrive pas à faire repartir la locomotive ! Mills est donc réanimé sans ménagement et sous la menace fait avancer le convoi d'environ 300 mètres pour placer les wagons à l'endroit exact sur le pont. Dès leur immobilisation, les wagons sont pris d'assaut par les bandits. Les portes sont fracturées à coups de haches et les agents de surveillance surpris, matraqués. Ils sont tous neutralisés en quelques instants. L'effet de surprise a joué à plein ! Les attaquants font alors la chaîne pour transférer les sacs remplis de billets de banque jusqu'aux véhicules placés en contrebas. Lorsque le dernier sac quitte le wagon, ils s'empressent de regagner les voitures et s'enfuient à vive allure sur les petites routes de la campagne endormie. Ils quittent les lieux dans une telle précipitation qu'ils en oublient sept sacs sur la voie. Dans les voitures, l'ambiance d'abord tendue devient vite euphorique. L'opération n'a duré que vingt minutes. C'est un triomphe : aucun coup de feu n'a été tiré et, cerise sur le gâteau, les wagons contenaient plus d'une centaine de sacs. Cent vingt exactement, chargés de billets usagés pour 2 631 684 livres sterling. Une fortune. Près de 70 millions d'euros actuels. Le gang vient de réaliser le plus grand vol à main armé de tous les temps…

Moins d'une heure plus tard, la bande retrouve la ferme de Leatherslade et le partage du magot commence. Près du pont de Bridego, l'alerte, elle, n'est donnée que vers 5 heures du matin, une heure et demie après l'attaque ! Les gangsters avaient menacé de revenir si les agents de surveillance bougeaient dans les trente minutes suivant leur départ. Le commissaire de la petite bourgade d'Aylesbury, le premier sur les lieux – Scotland Yard n'arrivera que le lendemain – en conclut que la bande se trouve sans doute dans un rayon de 45 kilomètres maximum autour du pont, d'une part parce qu'elle a menacé de revenir, même si c'était du bluff ; d'autre part, pensent les policiers, il n'est pas facile de rouler vite sur ces petites routes la nuit avec un camion. La traque commence. De très nombreuses forces de police bloquent les routes, contrôlent toutes les voitures qui passent, demandent à la population de les prévenir de tous mouvements suspects. Dans la ferme, l'idée d'attendre quelques jours que les recherches se calment fait long feu. Les seize malfaiteurs, informés par la radio de la vaste battue de la police, décident de partir chacun de son côté. L'un d'entre eux est chargé de rester sur place pour faire disparaître toutes les traces du passage de la bande. Mais il n'en fera rien. Il tentera, comme les autres, de s'échapper le plus rapidement possible…

Cinq jours après l'attaque du train postal, les enquêteurs découvrent la ferme. Ils y relèvent une multitude d'empreintes et de très nombreux indices. L'étau se resserre autour des seize. Roger Cordey est le premier à tomber le 14 août à Bornemouth alors qu'il tente de louer un garage pour y cacher ses billets. Deux jours plus tard, un couple de promeneurs trouve dans une forêt des sacs de billets et une mallette appartenant à Bruce Field, l'avocat du gang. La police découvre aussi dans une caravane sur un terrain vague plus de 30 000 livres et relève des empreintes compromettantes. En une semaine, près de la moitié de la bande est déjà sous les verrous. Le 22 août, la presse publie les photos des principaux suspects encore dans la nature. Ronald Biggs est arrêté le 4 septembre. Le « Colonel », lui, court toujours…

Le procès de l'attaque du train postal s'ouvre le 20 janvier 1964. Sur le banc des accusés, douze des membres du groupe, dont Ronald Biggs. Quatre manquent toujours à l'appel, dont « le cerveau » présumé, le « Colonel », Bruce Reynolds. L'essentiel du butin, 2 millions de livres, n'a pas été retrouvé. Le juge Davies, qui mène les débats, est impitoyable : « Un crime affreux appelle un châtiment affreux », dit-il, pour que d'autres, sur qui s'exerceraient de pareilles tentations, comprennent bien que le crime ne paie pas. La plupart des membres de la bande écopent d'une trentaine d'années de prison, peine confirmée en deuxième instance. Les « beaux Messieurs de la Cité » sont jetés en prison et placés à l'isolement…

Le vrai héros de cette attaque du Glasgow-Londres ne s'est pas encore révélé au grand public. Pour les enquêteurs, Ronald Biggs est un complice parmi d'autres. Il n'est alors pour eux que le meilleur ami de Bruce Reynolds, le grand organisateur du braquage qui sera d'ailleurs arrêté quelques semaines après le procès.

Ronnie, de son côté, a mis à l'abri avant de se faire arrêter une véritable petite fortune, dont il compte bien profiter le plus vite possible. Quinze mois après sa condamnation, il s'évade en escaladant le mur d'enceinte de sa prison avec une échelle de corde fournie par des complices. Il se jette d'une hauteur de six mètres, sur la bâche d'un camion de linge opportunément placé au bon endroit. C'est le début d'une longue, d'une très longue cavale, qui va durer plus de trente et un ans…

Biggs, accompagné de sa femme, Charmian, et de ses deux fils, se réfugie d'abord sur la côte sud de l'Angleterre, dans le Sussex. Après trois mois d'une existence recluse, il réussit discrètement à gagner la Belgique, puis Paris. Biggs a 36 ans. Il veut vivre au grand jour. Il décide alors de changer d'identité et de recourir à la chirurgie esthétique pour modifier son apparence. Il se fait ainsi refaire à prix d'or le nez et le menton… Avec son nouveau visage et un nouveau passeport, il prend la direction d'Adélaïde en Australie. Sa famille le rejoint quelque temps plus tard et il mène enfin une vie paisible. Il travaille à la construction de décors pour la chaîne de télévision Channel Ten.

Mais trois ans plus tard, en 1970, un événement imprévu le transforme à nouveau en fugitif ! Un journaliste le reconnaît malgré son opération de chirurgie esthétique qui n'était pas parfaite, loin de là. Ronnie s'enfuit alors vers Melbourne, à l'autre bout du pays. De là, il prend seul le premier avion pour Panama, d'où il se rend au Brésil. On perd sa trace à Rio de Janeiro où il tente à nouveau de se faire oublier...

Quatre ans plus tard, en 1974, le *Daily Express*, un journal populaire britannique, le retrouve et lui propose 35 000 livres en échange d'une interview. C'est un piège grossier dans lequel se précipite Biggs, fanfaron et vénal à la fois. Parmi les journalistes qui viennent à sa rencontre, s'est glissé un certain Jack Slipper, un inspecteur de Scotland Yard qui s'est promis depuis de longues années de mettre un jour la main sur Biggs. Il lui passe les menottes et le fait jeter en prison en attendant son extradition du Brésil.

Slipper repart seul à Londres avec le sentiment du devoir accompli... Mais, contre toute attente, Ronald Biggs ne sera pas extradé. Il est sauvé par Raimunda, sa compagne du moment, danseuse au « Bula Negra », un cabaret glauque de Rio. Raimunda est enceinte et la loi brésilienne est formelle : il est impossible d'extrader un parent d'enfant né au Brésil. Biggs jubile. Il n'a plus besoin de se cacher. Il monnaye au prix fort ses interviews à la presse, fait de la publicité à la télévision brésilienne : « Quand vous êtes en fuite, vous appréciez un bon café », dit-il dans une pub qu'on peut voir sur toutes les télévisions ! Il devient alors une curiosité locale, reçoit nombre de visiteurs, qu'il fait payer bien sûr pour leur raconter son histoire. Il organise des barbecues chez lui, toujours payants, vend des tee-shirts à son effigie, enregistre même deux titres avec le groupe punk des Sex Pistols, dont le fameux « No one is innocent ». Traduction : « Personne n'est innocent » ! Biggs participe également à une émission de télévision populaire avec son vieux complice Bruce Reynolds qui a passé dix ans derrière les barreaux et lui lance hilare : « Alors, t'as encore une bonne idée ? »

Mais la bonne vie a ses limites, celle de la santé. Après trois attaques cérébrales, il perd presque totalement l'usage de la parole. Il est fatigué, criblé de dettes et n'arrive plus à payer des frais médicaux de plus en plus élevés. Alors, il accepte, comme un dernier bon coup, l'offre du journal *The Sun*, le plus gros tirage britannique, qui se propose de prendre en charge son retour au pays, accompagné d'arguments sonnants et trébuchants. 500 000 dollars, voyage et cadeaux compris.

Le 7 mai 2001, peu avant 9 heures du matin, Ronald Biggs, habillé d'un pull bleu marine sur un polo jaune avec le logo du *Sun* et un chapeau de cow-boy sur la tête, extrait péniblement sa haute silhouette, courbée par l'âge et la maladie, du Falcon qui vient de se poser sur la base de la Royal Air Force de Norholt au nord-ouest de Londres. Quelques instants plus tard, la voiture de police qui l'attendait sur le tarmac, au pied de l'avion, quitte l'aéroport toutes sirènes hurlantes.

Après son passage devant le juge, Ronald Biggs est incarcéré à l'unité médicale de la prison de Belmarsh. Il y est resté jusqu'au 6 août 2009 où il bénéficié d'une libération anticipée pour raison humanitaire et médicale. Il est actuellement soigné dans un hôpital civil. Les médecins ne lui donnent plus que quelques mois à vivre…

TONI MUSULIN : LE CASSE DU CONVOYEUR

Toni Musulin est ce convoyeur de fonds lyonnais de 39 ans qui avait disparu le 5 novembre 2009, après avoir délesté son fourgon blindé de 11,6 millions d'euros. Sa cavale a duré onze jours à l'issue desquels il s'est lui-même livré à la police monégasque, le 16 novembre suivant. Toni Musulin a été incarcéré dans le quartier VIP de la prison de Corbas dans le Rhône. Pendant l'instruction, il a systématiquement refusé de s'expliquer clairement sur les circonstances du braquage et sur ce qu'il a fait des 2 millions et demi d'euros qui manquent à l'appel.

Le procès de Toni Musulin a eu lieu le 11 mai 2010. Il a été condamné à trois ans de prison ferme, 45 000 € d'amende et cinq ans d'interdiction d'exercer le métier de convoyeur. Il risquait une peine maximale de cinq ans, car il était aussi jugé pour une escroquerie à l'assurance. En mai 2009, il avait déclaré volée une Ferrari qu'il avait achetée pour 110 000 euros. Les enquêteurs sont persuadés qu'il a caché cette voiture en Serbie, où il semble avoir des attaches. Ils pensent aussi que le convoyeur a soigneusement dissimulé son butin pendant sa cavale, avec l'intention de le récupérer plus tard.

Le Parquet de Lyon a décidé de faire appel de cette décision. Toni

Musulin devra donc à nouveau comparaître devant la justice dans quelques mois.

Voici l'histoire de ce casseur solitaire, auteur de l'un des faits divers les plus insolites de ces dernières années.

Toni Musulin, 39 ans, 1,80 mètre, 100 kilos, cheveux bruns coupés court, des yeux bleus… c'est le signalement du convoyeur lyonnais d'origine serbe transmis à tous les services de police de France et de Navarre le jeudi 5 novembre 2009, dès la découverte, vers 12 h 30, de son fourgon blindé vide dans une rue tranquille de la banlieue de Lyon.

Ce matin-là, le fourgon blindé de la société Loomis commence sa tournée de ramassage de fonds. Le chauffeur s'appelle Toni Musulin. Cela fait dix ans qu'il travaille pour le même employeur sans aucune anicroche. Il est accompagné de deux agents de sécurité, considérés comme des bleus par le reste du personnel. Ils travaillent chez Loomis depuis à peine un an. Le camion récupère à la Banque de France 11 600 000 euros en billets neufs non encore répertoriés et donc non numérotés : ce qui représente 37 à 38 sacs de coupures de 500, 50 et 5 euros. Puis le camion effectue un nouvel arrêt rue du Vivier, à mi-chemin entre la Banque de France et le centre-fort de Loomis, destination finale du transport. Il est 10 heures du matin. Toni Musulin reste seul au volant de son fourgon pendant que ses deux collègues descendent devant le siège d'une société où ils vont récupérer une nouvelle collecte de billets. À leur sortie, plus de fourgon ! Les deux employés ne comprennent pas ce qui se passe. Ils tentent de contacter Toni par radio. Le convoyeur ne répond pas. Ils téléphonent chez Loomis pour rendre compte de la situation. On s'aperçoit alors que le téléphone de bord et le système de positionnement par satellite du camion ont été débranchés… Le véhicule est retrouvé vide, vers 12 h 30, près d'une voix ferrée, à proximité de Vénissieux, dans la banlieue de Lyon.

Que s'est-il passé ? Le convoyeur a-t-il été attaqué par des gangsters pendant l'absence de ses collègues ? A-t-il lui-même organisé ce qui constitue l'une des plus importantes attaques contre des sociétés de transport de fonds depuis dix ans ? A-t-il agi seul ou avec des complices ? Comment aurait-il pu transférer ces dizaines de sacs de billets dans un autre véhicule en si peu de temps ? Les enquêteurs explorent toutes les pistes possibles. Mais, s'il se révèle que Toni Musulin est le seul auteur de ce coup exceptionnel, cela n'a pu être possible qu'à la suite d'une série de manquements de la part de son employeur.

Dès le début de l'enquête, les policiers se sont rendus au domicile du convoyeur. Ils ont eu la surprise de découvrir un appartement vide, nettoyé de fond en comble, réfrigérateur vidé, draps et papiers personnels emportés. « Comme s'il avait soigneusement préparé sa fuite », dira le procureur. On découvre aussi que Toni Musulin avait soldé tous ses comptes en banque, une dizaine, répartis dans plusieurs établissements bancaires, à la fin du mois d'octobre. quelques semaines avant son casse. Il y en avait au total pour 100 000 euros. C'est beaucoup d'argent pour quelqu'un qui gagnait 1 700 euros net par mois… Mais les enquêteurs ne sont pas au bout de leurs surprises. Ils découvrent en effet que Toni Musulin avait un train de vie surprenant et un goût prononcé pour les voitures de luxe. Il avait notamment acheté une Ferrari F340 au printemps 2009, pour une somme de 110 000 euros. Mais en avait signalé le vol peu après. Quelques années plus tôt, il possédait une Audi A8 qu'on lui aurait aussi dérobée. Peu à peu se dessine une double personnalité étrange, et même hors du commun.

Deux jours après le casse, la police judiciaire de Lyon retrouve une partie du butin, très exactement 9 100 000 euros, sur les 11 600 000, dans un box loué depuis un mois par Musulin sous un nom d'emprunt. Ils pensent que le braqueur va revenir chercher les sacs et dressent une souricière. Mais l'information finit par filtrer dans la presse et la nouvelle est officiellement rendue publique le 9 novembre. Toni Musulin est toujours introuvable. 2 millions et demi d'euros se sont évaporés avec lui. Les hypothèses se multiplient. Les enquêteurs pensent qu'il a fui en Serbie et qu'il est même proche du fameux gang des « Panthères roses », ces braqueurs qui écument les bijouteries du monde entier depuis plusieurs années. Sur Internet, c'est la folie. Musulin est la nouvelle star du Net. Des dizaines de sites lui sont dédiés. Sur Facebook, des groupes fleurissent tous les jours sous des titres accrocheurs, comme par exemple : « Toni Musulin : il a fui, il a tout compris ! », parodiant une fameuse publicité pour un fournisseur de services web. On propose aux internautes des tee-shirts à son effigie. On le proclame « Best driver 2009 »...

Mais le 16 novembre, après onze jours de cavale, coup de théâtre : Toni Musulin s'est rendu à la police de Monaco.

Ce jour-là, personne ne prête attention à l'homme tout habillé de noir, qui gare sa grosse BMW 800 ST au pied des marches de la Sûreté monégasque, avenue de Suffren. Le casque à la main, l'homme aux traits tirés et à la barbe poivre et sel peu soignée s'adresse au planton : « Je suis le convoyeur de fonds recherché par la police française. Je suis venu me rendre ! » Toni Musulin tend aux enquêteurs monégasques son passeport, pour preuve de son identité. Il est 12 h 45. L'après-midi même, vers 15 h 30, il est conduit au poste frontière franco-monégasque de Cap-d'Ail. Les policiers de la Principauté le remettent discrètement à leurs collègues de la brigade anti-gang de Nice. Toni Musulin monte dans la voiture des policiers français avec à la main un sac-poubelle contenant une trousse de toilette et du linge de rechange. En revanche, pas la moindre trace des deux millions et demi d'euros envolés. Il n'a même pas sur lui un billet de 5 euros !

Le lendemain, 17 novembre, Toni Musulin est en garde à vue. Il refuse catégoriquement de répondre aux questions des enquêteurs. Il ne lâche aucune information.

Comment expliquer le silence de Toni Musulin ? Pourquoi ne dit-il pas ce qu'il a fait de l'argent qui a disparu ? Pourquoi s'est-il rendu sans panache après onze jours de cavale ? À toutes ces questions, l'un de ses avocats, Me Thierry Bambanaste, affirme que l'histoire est beaucoup moins simple qu'il n'y paraît. Toni Musulin a répondu à certaines questions du magistrat instructeur en expliquant qu'il avait abandonné le butin dans le garage, qu'il avait fui sans emporter cette somme de deux millions et demi d'euros. Il aurait précisé qu'il avait un différend avec ses employeurs. Qu'il avait voulu frapper un grand coup et que son acte était guidé par la révolte et non par l'appât du gain. Il aurait voulu, avant tout, « bousculer le système ». L'avocat décrit par ailleurs un homme qui n'a rien à voir avec le portrait qu'en ont fait la presse et Internet. Il est, dit-il, intelligent, sympathique, serviable, séduisant et réfléchi. S'il ne parle pas, explique-t-il, c'est que justement, il prépare sa défense. Il est d'autant moins pressé qu'il ne risque pour l'instant qu'une condamnation maximum à cinq ans de prison pour vol simple.

Depuis sa reddition, certains émettent l'hypothèse selon laquelle Toni Musulin aurait pris contact pendant sa cavale avec des représentants du grand banditisme serbe. Il se serait livré finalement par peur de ces caïds souvent cruels qui l'auraient menacé de mort s'il ne leur donnait pas ce qui lui reste du produit de son casse, à peu près deux millions et demi d'euros.

L'agression et la tentative d'enlèvement de sa fille de 18 ans, née d'une précédente union, pourraient être liées à cette hypothèse.

Son procès du 11 mai 2010 n'a pas permis de lever toutes les zones d'ombre de cette curieuse affaire… Lorsque le président Jean-Hugues Gay est revenu sur les raisons pour lesquelles il avait décidé de voler son employeur, Toni Musulin a répondu : « Je suis passé de l'autre côté à cause de l'injustice de mon patron. Je me faisais voler par la boîte, je n'avais jamais de vacances parce que j'étais célibataire. J'aurais dû mettre le feu au camion ! »

Et, comme prévu, l'ancien convoyeur n'a rien dit sur les deux millions et demi d'euros qui ont disparu. « Ce n'est pas moi qui ai cet argent », a-t-il martelé. « Je l'ai laissé dans la Kangoo », a-t-il ajouté, sous-entendant que l'homme lui ayant loué le box ou un autre pouvait avoir un lien avec la disparition des billets. Il jure qu'il ignore où se sont évaporés les 2,5 millions manquants. Problème relevé par le président : « Il manque justement les sacs contenant les plus grosses coupures, c'est-à-dire la plus grosse somme dans le plus petit volume. » Puis le magistrat précise que sur l'emballage de ces gros billets ont été retrouvées ses empreintes digitales…

Le procès s'est achevé sur un verdict plutôt clément. Trop clément pour le Parquet de Lyon, qui a immédiatement fait appel. Musulin a donc encore du temps devant lui pour méditer en prison. Il lui faudra patienter de longues années, avant de pouvoir récupérer son butin !

AFFAIRES « À SUIVRE »

Parmi les nombreux dossiers évoqués au cours de la deuxième saison de « Café Crimes » sur Europe 1, quatre affaires doivent retenir particulièrement notre attention, car elles sont susceptibles d'évoluer dans les prochaines semaines ou les prochains mois. Dans l'affaire Sophie Toscan du Plantier, le juge d'instruction français vient de demander à l'Irlande l'extradition du principal suspect. Pour le naufrage du *Bugaled Breizh*, la cour d'appel de Rennes doit annoncer prochainement sa décision de clore le dossier par un non-lieu ou de poursuivre les investigations concernant l'éventuelle responsabilité d'un sous-marin nucléaire américain. Le procès de Dieter Krombach, meurtrier présumé de Kalinka Bamberski, devrait s'ouvrir à Paris avant la fin de l'année 2010. Enfin, Florence Cassez, la jeune Française condamnée à soixante ans de prison au Mexique, pourrait obtenir son transfèrement en France et une révision de son procès. Dans l'attente de ces rebondissements éventuels, voici un rappel des raisons pour lesquelles ces quatre affaires n'ont pas pu être résolues jusqu'à présent.

L'ENFER MEXICAIN DE FLORENCE CASSEZ

Florence Cassez purge actuellement au Mexique une peine de soixante ans de prison pour enlèvement. Depuis le jour de son arrestation, elle n'a jamais cessé de clamer son innocence. Malgré les multiples interventions des autorités françaises, et l'implication personnelle du président de la République, Nicolas Sarkozy, la justice mexicaine refuse de revenir sur sa condamnation et refuse également l'application des accords internationaux que ce pays a pourtant signés, et qui devraient au moins permettre à la jeune Française de purger sa peine dans son pays.

Un important rebondissement est intervenu le lundi 19 avril 2010. Ce jour-là, la justice mexicaine a reconnu officiellement un mensonge : l'arrestation de la jeune Française et de son compagnon en décembre 2005 avait été mise en scène par la police et ne s'était pas déroulée « en direct » devant les caméras de télévision, comme tout le Mexique l'avait cru à l'époque. La loi mexicaine stipule qu'un suspect arrêté en flagrant délit doit être présenté à un juge « sans délai ». Pour la famille de Florence Cassez, pour ses avocats et pour le ministère des Affaires étrangères français, cette révélation d'une procédure illégale pourrait permettre une révision du procès. Bernard Cassez, le père de Florence, a demandé sa libération immédiate. « C'est un pas énorme que la justice mexicaine reconnaisse cette erreur qui aurait dû être versée au dossier dans son jugement, au premier procès en appel, a-t-il dit. Aujourd'hui, Florence doit rentrer en France, ça prouve son innocence.» Voici un rappel de l'affaire et des circonstances de l'arrestation et du procès de la jeune Française.

Vendredi 25 avril 2008 en fin d'après-midi à Mexico, un tribunal rend son verdict : quatre-vingt-seize ans de prison pour une Française, Florence Cassez… Florence avait été spectaculairement arrêtée le 9 décembre 2005, devant les caméras de plusieurs chaînes de télévision prévenues par la police de l'opération, en compagnie du chef présumé d'un gang de kidnappeurs, les « Zodiacos », avec lequel elle avait eu une liaison par le passé.

Il est un peu plus de minuit, ce 25 avril, quand le téléphone sonne enfin à Beuvry, la petite ville du nord de la France où habite la famille de la jeune Française. Au bout du fil, des sanglots. C'est la voix de Florence qui appelle ses parents. Elle lâche dans un souffle : « J'ai pris 96 ans. » Quatre-vingt-seize ans de prison pour quatre enlèvements, association de malfaiteurs, possession d'armes et de munitions. Florence Cassez pensait son combat terminé. Après dix-huit mois de procès, elle croyait être innocentée. La mère de Florence, Charlotte, est incrédule. Elle attendait aussi un acquittement, pas une condamnation. Sandrine Prioul, journaliste à Europe 1, recueille sa réaction dès le lendemain matin : « C'est assez difficile, on s'y attendait pas du tout, c'est vrai que l'avocat nous avait mis en confiance ; il a vraiment démonté toutes les soi-disant preuves qui avaient été exposées… » Ces certitudes, partagées à l'époque par les représentants du ministère français des Affaires étrangères, ont donc volé en éclats, et la condamnation à quatre-vingt-seize ans de prison est tombée comme un couperet. Les juges n'ont pas tenu compte du récit de la jeune Française qui avait longuement expliqué dans quelles circonstances son destin avait croisé celui du principal accusé…

Florence Cassez était arrivée au Mexique le 11 mars 2003 pour travailler dans la société de produits d'esthétique créée là-bas par son frère Sébastien. Elle était déjà venue en vacances par le passé et avait été séduite par les habitants de ce vaste pays d'Amérique latine grand comme trois fois la France. Jusqu'alors, Florence avait travaillé à la direction d'un grand magasin de textile du nord de la France. Choix logique dans une famille où le père, Bernard, était lui-même patron d'une PME du textile. Florence était une acharnée du boulot. Peu intéressée par les études, elle avait arrêté l'école en première car elle voulait du concret. Elle s'était formée à la vente, avait fait des stages, avant de travailler au magasin d'usine de son père et en même temps, le soir, elle aidait son petit ami d'alors, comme serveuse dans son restaurant. Aussi lorsque l'occasion s'était présentée d'aller rejoindre son frère au Mexique, elle n'avait pas hésité à changer d'air pour vivre une nouvelle expérience.

Sébastien Cassez, lui, est installé au Mexique depuis déjà une dizaine d'années. Il a succombé au charme de Vanessa, une Mexicaine rencontrée en France, qui est devenue sa femme et avec laquelle il a eu deux enfants. Il a monté une société qui vend des produits et des matériels pour l'esthétique et la santé. En 2002, il a eu comme client un certain Israël Vallarta, un important négociant en voitures, qui lui a commandé pour 80 000 dollars de matériel pour ouvrir un spa. Par la suite, les deux hommes sympathisent et se voient régulièrement.

Dès son arrivée à Mexico, Florence travaille dans un premier temps avec son frère, puis elle est embauchée dans un cabinet d'architecte où elle s'occupe de design d'intérieur. Son frère et sa belle-sœur l'invitent fréquemment à des dîners en présence de leurs amis. C'est ainsi qu'en août 2004, elle rencontre Israël Vallarta. Ce jeune père de deux enfants est en instance de divorce. Il se montre très pressant auprès de Florence qui finit par céder à ses avances. Ils décident pourtant qu'ils ne vivront pas ensemble tout de suite. Chacun garde son indépendance. Vallarta lui reproche de trop travailler, de ne pas être suffisamment disponible pour leur vie de couple. En juin 2005, lassée par ce Mexicain trop entreprenant et trop jaloux, Florence décide de prendre un peu d'air et regagne la France pour quelques vacances, sans programmer de date particulière pour son retour. Elle rend donc les clés de l'appartement qu'elle partage à Mexico avec une amie, et demande à Israël Vallarta s'il peut entreposer chez lui pour quelque temps, les meubles qu'elle a achetés sur place et quelques cartons d'affaires personnelles.

Israël est trop heureux de lui rendre ce service, d'autant qu'il a de la place ! Car il est locataire d'un ranch, « Las Chinitas », sur la route de Cuernavaca, à une trentaine de kilomètres de Mexico. Florence prend alors l'avion pour Paris sans savoir quand elle reviendra, sans savoir non plus que ces quelques affaires stockées chez un fiancé qui n'en est plus un, vont la précipiter peu après dans un incroyable cauchemar…

Le temps passe, mais la vie au Mexique manque à Florence. Et, trois mois plus tard, le 9 septembre 2005, elle est de retour. Israël Vallarta accepte qu'elle s'installe provisoirement au ranch, le temps qu'elle trouve un autre appartement à louer en ville. Mais les choses sont claires : ils feront désormais chambre à part. Israël s'y résout de bonne grâce et Florence s'active pour trouver du travail le plus rapidement possible. Début novembre 2005, elle est embauchée comme hôtesse d'accueil de l'étage VIP d'un palace de Mexico. Elle travaille tous les jours de 15 heures à 23 heures, sauf le samedi qu'elle consacre à des formations. Et comme toujours, le travail de Florence paie rapidement. En moins de trois semaines, le directeur de l'hôtel lui propose de prendre la responsabilité d'un des restaurants du palace. Dans le même temps, elle a fini par trouver un appartement, à un petit quart d'heure à pied de l'hôtel. Il ne lui reste plus qu'à emménager…

Le Mexique est un pays accueillant, souriant, qui séduit les touristes fascinés par la vie trépidante de Mexico, la culture indienne héritée des Aztèques ou des Mayas, et les splendides plages de sable fin autour de la région de Cancún au sud-est du pays. Mais le Mexique est aussi un pays violent, avec une criminalité galopante, où les policiers et les militaires ont la gâchette facile, d'autant que le pays est devenu en quelques années l'un des champions mondiaux du kidnapping. Un véritable sport national. Officiellement, il y en a 3 000 par an, à l'époque ; le double selon certains observateurs. Une belle voiture, des bijoux trop voyants peuvent faire de vous une victime potentielle, surtout dans les quartiers chics de Mexico. La police est débordée et souvent impuissante. Elle attend la plupart du temps que la rançon soit versée pour éventuellement interpeller les kidnappeurs, quand elle ne s'arrange pas avec eux pour partager le butin et fermer les yeux…

Nous sommes maintenant le 19 octobre 2005, dans un quartier résidentiel de Mexico. Cristina Rios et son mari Raul conduisent leur fils de 11 ans, Christian, à l'école, à bord de leur 4×4. En chemin, ils sont bloqués par une camionnette et une voiture, d'où sortent trois hommes cagoulés et armés qui les obligent, sous la menace, à monter dans la camionnette. Ils les ligotent, leur bandent les yeux et les jettent à l'arrière en les recouvrant de couvertures pour les dissimuler en cas de contrôle. La camionnette quitte Mexico et roule un bon moment avant de s'arrêter. Raul, Cristina et le petit Christian sont invités à sortir du véhicule. Les yeux toujours bandés, ils sont emmenés vers une maison, dans laquelle les ravisseurs les installent. Une chambre, sans grand confort, mais avec une télé et un cabinet de toilette. La mère et l'enfant restent dans la chambre. Le chef des kidnappeurs demande à Raul de le suivre. Il lui propose de le libérer immédiatement pour réunir le plus rapidement possible la rançon, qui s'élève à 15 millions de pesos, soit près de 750 000 euros. C'est le tarif habituel au Mexique pour un rapt.

Raul s'engage à réunir la somme demandée et à ne pas prévenir la police. En contrepartie, il ne sera fait, lui dit-on, aucun mal à sa femme et à son fils. Raul est donc reconduit à Mexico. La première chose qu'il fait une fois libre est d'appeler la police...

Cristina et le petit Christian retrouvent la liberté le 8 décembre 2005, après un mois et demi de séquestration. Dans leur première déclaration, la mère et son fils parlent de l'horrible attente du dénouement, de tortures psychologiques, surtout quand un des ravisseurs a menacé de couper l'oreille du petit garçon !

Pour faire pression sur le mari et hâter le paiement de la rançon, les kidnappeurs lui font parvenir, effectivement, une oreille qu'ils affirment être celle de son fils. Il s'agit en fait d'une oreille découpée sur le cadavre d'un bébé, qu'ils ont pris soin de faire tremper dans du sang prélevé sur Christian ! Dans leurs premières déclarations, à leur libération, ni Cristina ni son fils ne parlent d'une femme à l'accent français qui aurait fait partie des ravisseurs. Ce détail est très important à retenir, nous y reviendrons.

Le jeudi 8 décembre 2005, Florence Cassez retrouve Israël Vallarta dans un petit restaurant près du ranch de « Las Chinitas ». Elle l'a appelé la veille pour lui dire qu'elle voulait récupérer ses affaires personnelles encore entreposées au ranch. Le tout est chargé à bord de la voiture de Vallarta, un Chrysler Voyager blanc. Ils prennent sans tarder la route, direction Mexico et le nouvel appartement de Florence. Celle-ci doit être rentrée à son travail pour 15 heures. Après quelques kilomètres, à la sortie d'un virage, la route est bloquée par un camion de gaz placé en travers. Sans doute des travaux, se disent Florence et Israël sans y prêter vraiment attention. Un homme s'approche alors, c'est un policier en civil : « Contrôle de routine ! » lance-t-il avant d'ouvrir violemment la portière et d'extraire Vallarta sans ménagement. Celui-ci est menotté et conduit vers une fourgonnette. Florence, qui ne comprend pas ce qui arrive, se retrouve également à l'arrière de cette fourgonnette, plongée dans le noir, sans ventilation malgré la chaleur. Le véhicule roule pendant près de deux heures avant de s'arrêter. Florence se souviendra avoir été bien traitée. On lui offre du café et des cigarettes et on lui dit que la police enquête depuis un moment sur Israël Vallarta, soupçonné d'être le chef d'un gang de kidnappeurs. « Mais vous pouvez être tranquille, lui lance un policier, on sait bien que vous n'avez rien à voir là-dedans. »

La nuit se passe en formalités. Un interrogatoire correct selon Florence, qui répond de bonne grâce aux questions qui lui sont posées. Elle accepte que les policiers fouillent dans son sac et les autorise même à prendre les clés de son nouvel appartement. Elle n'a rien à cacher. Mais vers 5 heures du matin, le climat change. Réveillée sans ménagement, Florence a froid. Elle est très fatiguée. Les nouveaux policiers qui reprennent l'interrogatoire semblent beaucoup plus tendus que ceux de la veille. Ils sont agressifs et brusques. Ils injurient Florence à plusieurs reprises et l'amènent jusqu'à une camionnette qui démarre en trombe. Après une petite heure de route, elle est sortie du véhicule, tirée par les cheveux et jetée dans une autre voiture. Elle est sans cesse rudoyée et insultée. On lui demande maintenant de reconnaître qu'elle a séquestré des gens enlevés par son amant. « Je n'ai jamais fait de telles choses. Je ne vois pas de quoi vous me parlez », dit Florence, qui pour toute réponse reçoit quelques gifles supplémentaires.

Il est plus de 6 heures du matin, ce 9 décembre 2005. Florence vient d'être conduite au ranch « Las Chinitas » où règne malgré l'horaire une grande agitation. Elle est extraite de la voiture et aperçoit alors Vallarta. Il est soutenu par deux hommes de forte corpulence car il a du mal à tenir debout seul. Il vomit. Il a visiblement été frappé. Il crie : « Laissez-la, elle n'a rien à voir avec ça. »

Florence est menottée et conduite dans une petite pièce éclairée d'une lumière crue et intense. Par terre, en désordre, se trouvent nombre d'objets et de papiers personnels qu'elle se souvient pourtant d'avoir déjà rangé dans son nouvel appartement. Vallarta est jeté face contre terre, non loin d'elle, les mains menottées dans le dos.

À une trentaine de kilomètres de là, à Mexico, ce 9 décembre 2005, Sébastien Cassez prépare son petit déjeuner. Il est environ 6 h 45. Comme tous les jours il allume la télé pour voir les informations sur la chaîne Televista. La présentatrice interrompt le cours de son journal : « Une information vient de nous parvenir. C'est un scoop ! Nous sommes en direct avec les hommes de la police fédérale qui s'apprêtent à libérer trois personnes enlevées. Nous retrouvons tout de suite notre envoyé spécial. » Le reporter prend l'antenne. Il est devant le jardin d'une maison plutôt cossue des environs de Mexico et commente avec une grande excitation dans la voix : « Nous assistons en direct à un coup très dur porté à l'industrie des enlèvements. » Au même moment, les unités d'élite de la police fédérale, les ninjas, tout habillés de noir, cagoulés et lourdement armés, fondent sur la maison suivis par la caméra. Ils enfoncent la porte principale qui vient mystérieusement pourtant de se refermer à l'image quelques secondes plus tôt… Ils investissent rapidement les lieux et quand la caméra arrive dans une petite pièce où l'on découvre, allongé face contre terre, un homme menotté près d'une femme à la chevelure rousse prostrée, le reporter exulte. Il tend son micro au chef de la police fédérale, Garcia Luna, qui se félicite du succès de l'opération. Sébastien Cassez croit reconnaître fugitivement son ami Vallarta et sa sœur Florence, mais il pense que c'est impossible, qu'il s'agit seulement d'une vague ressemblance…

La police, souvent brocardée pour son inefficacité, vient de frapper un grand coup et compte bien le faire savoir ! Les images de l'assaut tournent en boucle sur les deux principales chaînes du pays. L'opération de communication a atteint son but.

Florence Cassez est sonnée. Elle est immédiatement incarcérée dans la prison de Tepepan à Mexico, dans l'attente d'un procès qui ne s'annonce qu'à charge. D'autant que tous les Mexicains la pensent coupable, ils l'ont vue à la télé, en direct ! C'est bien la preuve qu'elle ment !

Rapidement pourtant, le doute s'installe quant à la réalité de cette interpellation à grand spectacle. Certains journalistes pensent qu'il s'agit d'une mise en scène et pas d'une opération réelle. Parmi eux, Yuli Garcia, une journaliste de la télévision qui consacre son magazine « Punto de Partida » à l'affaire. Elle invite sur son plateau le chef de la police fédérale, le général Garcia Luna, devenu entre-temps ministre de la Sécurité publique. La journaliste lui demande des explications en direct. Du fond de sa cellule, Florence Cassez regarde l'émission et réussit à joindre la production par téléphone pour protester de son innocence. Elle raconte, en direct, qu'elle a été arrêtée en réalité la veille alors qu'elle circulait en voiture avec Israël Vallarta. Garcia Luna est forcé de reconnaître qu'il s'agissait en fait d'une reconstitution faite spécialement, dit-il, à la demande des médias. Mais il affirme que les faits sont réels et que Florence Cassez, la Française arrêtée, fait partie des ravisseurs. Il ajoute qu'une des otages, Cristina Rios, a d'ailleurs témoigné qu'elle avait reconnu la voix de Florence et surtout son accent français. Témoignage qui pourtant ne correspond pas aux premières déclarations de celle-ci après sa libération. À l'issue de cette émission mouvementée, les charges retenues contre Florence Cassez ne tiennent plus. Une partie de l'opinion publique, qui voyait en elle la complice d'un dangereux gangster, commence à douter…

Pourtant, deux ans plus tard, elle écope de quatre-vingt-seize ans de prison ! Les témoins principaux, la famille Rios, se sont exilés au États-Unis pour raison de sécurité. Ils maintiennent que Florence faisait partie de leurs ravisseurs. Florence Cassez fait appel de sa première condamnation. Le 4 mars 2009, la Cour la condamne à soixante ans de prison.

Depuis cette condamnation, et malgré l'intervention de Nicolas Sarkozy, la situation de Florence Cassez semblait bloquée. Le transfèrement en France a été déclaré impossible par le président Felipe Calderon lui-même. Le 23 juin 2009, Felipe Calderon avait annoncé à la télévision mexicaine que Florence Cassez purgerait sa peine, ramenée en appel à soixante ans de prison, au Mexique. Selon lui, les conditions qui lui permettraient d'être transférée n'étaient pas réunies. « Elle purgera sa condamnation au Mexique pour les crimes qu'elle a commis. »

On peut espérer que le rebondissement du 19 avril 2010 va enfin apporter une petite lueur d'espoir dans ce ténébreux dossier. Affaire à suivre…

À signaler : le livre des journalistes Alain Devalpo et Anne Vigna, *Peines mexicaines*, aux éditions First.

*

Les deux dépêches de l'AFP du 19 avril 2010

MEXICO, 19 avr 2010 (AFP) - La police mexicaine a menti en faisant croire à la presse que l'arrestation de Florence Cassez, la Française qui purge depuis une peine de 60 ans de prison à Mexico pour enlèvements et qui clame son innocence, s'était déroulée « en direct » le 9 décembre 2005, a reconnu la justice mexicaine dans un document parvenu lundi à l'AFP.

Les journalistes, de télévision entre autres, ont cru couvrir en direct l'intervention des policiers qui arrêtaient Florence Cassez et son ex-compagnon Israël Vallarta au petit matin du 9 décembre, mais la véritable arrestation avait eu lieu auparavant, a reconnu le Parquet général de la République (PGR), l'équivalent au Mexique du ministère de la Justice.

« Il y a là matière à révision du procès, car ce document aurait dû figurer dans le dossier lors de la procédure d'appel », a réagi l'avocat mexicain de Florence Cassez, Me Agustin Acosta. La jeune femme a été condamnée à 60 ans de prison en appel en mars 2009, après une peine de 96 ans en première instance.

Le patron des policiers de l'Agence fédérale d'investigation (AFI), Genaro Garcia Luna, devenu depuis ministre de la Sécurité publique, avait reconnu une « reconstitution », mais affirmé qu'elle avait été organisée à la demande des médias.

Florence Cassez, 35 ans, a toujours affirmé avoir été arrêtée dans la matinée du 8 décembre et tenue au secret jusqu'à l'aube du lendemain, pour la fausse arrestation en direct. La loi mexicaine stipule qu'un suspect arrêté en flagrant délit doit être présenté à un juge « sans délai ».

gv/mf

Agence France-Presse

MEXICO, 19 avr 2010 (AFP) - Florence Cassez avait crié au mensonge à la télévision le 5 février 2006, en interpellant M. Garcia Luna dans une émission, cette fois en direct. Il avait reconnu une « reconstitution », mais en expliquant qu'elle avait été organisée « à la demande des journalistes ».
Niant cette version, un reporter de télévision, Pablo Reinah, avait engagé ensuite une procédure, s'estimant atteint dans son honneur professionnel et dans ses intérêts car il avait été licencié par son employeur.
La PGR, dans une « proposition de conciliation » officielle en date du 2 mars 2007 dont l'AFP a obtenu une copie, a concédé « au reporter Pablo Reinah » que « dans l'information qui lui a été fournie sur l'intervention menée par des éléments de l'Agence fédérale d'investigation, il n'a pas été précisé que l'arrestation des personnes avait été effectuée avant son arrivée ».
« Il n'a pas reçu une information complète, objective et vraie », souligne le texte.
« Comme (…) la dizaine de reporters de radio et de presse écrite qui se sont rendus sur place, j'ai été trompé par l'AFI sur les conditions dans lesquelles l'intervention a été conduite », a insisté M. Reinah dans le dernier numéro d'un mensuel mexicain renommé, *Gatopardo*.

gv/mf

Agence France-Presse

*

La convention sur le transfèrement des personnes condamnées, conclue à Strasbourg le 21 mars 1983

Cette convention ne prévoit pas de possibilité de refuser le transfèrement au prétexte de manque de garanties de la part du pays d'exécution (en l'occurrence la France). Tout au contraire, l'article 12 de cette convention prévoit que « chaque partie peut accorder la grâce, l'amnistie ou la commutation de la peine conformément à sa Constitution ou à ses autres règles juridiques ». L'article 13 prévoit que la révision du jugement ne peut être faite que par le pays de condamnation (en l'occurrence le Mexique).

Du côté français, cette convention a été signée le 27 avril 1983, ratifiée le 11 février 1985 et est entrée en vigueur le 1er juillet 1985, tandis que le Mexique, État non membre du Conseil de l'Europe, a adhéré à la convention le 13 juillet 2007 et que celle-ci y est entrée en vigueur le 1er novembre 2007.

S'agissant du protocole additionnel à la convention sur le transfert des personnes condamnées, du 18 décembre 1997, celui-ci a été signé par la France le 10 février 1998, ratifié le 10 janvier 2006 et est entré en vigueur le 1er mai 2006, tandis que le Mexique n'a ni signé ni ratifié ce protocole jusqu'à présent et ne se considère pas engagé par cet accord international.

SOPHIE TOSCAN DU PLANTIER : NUIT TRAGIQUE EN IRLANDE

Un certain nombre d'affaires criminelles débouchent sur un immense point d'interrogation. Cela constitue pour les familles des victimes une situation particulièrement difficile à vivre. On pourrait parler de double peine : la peine d'avoir perdu un être cher dans des circonstances dramatiques ; la peine de ne pas savoir ce qui s'est réellement passé. On ne connaît ni les circonstances exactes du décès, ni l'identité de l'auteur des faits. C'est pour cette raison que ces familles tentent par tous les moyens de faire repousser la période de prescription en espérant qu'un fait nouveau puisse intervenir et relancer l'enquête.

La situation est encore plus complexe lorsqu'une Française ou un Français a été tué(e) dans un pays étranger. Les systèmes judiciaires de nombreux pays sont très différents du nôtre. On aboutit alors à des situations de blocage qui font passer la recherche de la vérité au second plan.

La productrice de télévision Sophie Toscan du Plantier a perdu la vie le 23 décembre 1996, en Irlande. Quatorze ans plus tard, ce crime demeure impuni. L'enquête de la justice irlandaise est toujours au point mort. La France vient de demander l'extradition d'un suspect. Cette démarche donne lieu à un bras de fer judiciaire sur lequel nous reviendrons en détail à la fin de ce récit. Mais d'abord le film des événements. Le drame s'est noué à quelques jours des fêtes de Noël 1996.

Le 20 décembre 1996, Sophie Toscan du Plantier part pour un voyage express en Irlande. Elle doit regagner Paris impérativement la veille de Noël pour retrouver son mari et sa famille. Elle ira ensuite à Dakar pour passer le nouvel an avec une amie intime. Elle arrive donc seule en avion sur l'aéroport de Cork, dans l'après-midi du 20 décembre. Le samedi 21, elle fait des courses dans la petite station balnéaire de Schull à cinq kilomètres de sa maison de vacances, un endroit isolé, difficile d'accès, où elle aime à venir travailler et se ressourcer de temps en temps. Le dimanche après-midi 22 décembre, elle va se promener dans les environs sur les falaises majestueuses de Mizen Head qui surplombent la mer. De retour chez elle, entre 17 h 30 et 22 heures, elle passe différents coups de fil à des amies restées à Paris. À 23 heures, elle discute longuement par téléphone avec son mari, Daniel, le patron de la Gaumont, et lui confirme qu'elle sera bien de retour la veille de Noël.

Le lundi 23 décembre vers 10 heures du matin, Shirley Foster, sa plus proche voisine, découvre son corps près de la barrière métallique de l'entrée du chemin qui conduit à la maison. Elle a été assassinée dans des conditions de violence extrême. Son visage est défiguré par les coups, le crâne fracassé présente de nombreuses blessures. Ses bras, ses mains et ses doigts sont lacérés et fracturés. Son corps porte des traces de griffures vraisemblablement causées par une haie de fuchsias où son assassin l'a frappée à mort. Deux policiers locaux arrivent sur place dans la demi-heure qui suit. Ils appellent un médecin légiste, le seul médecin légiste agréé pour toute l'île, qui refusera de se rendre immédiatement sur place, parce qu'il est en train de faire ses achats de Noël !

Le corps de Sophie Toscan du Plantier attendra donc les premières constatations pendant plus de trente heures, protégé par une bâche, à l'endroit même où on l'a découvert. Ce sera le premier ratage de l'enquête qui en comportera malheureusement bien d'autres dans les semaines et les mois suivants. L'arrivée tardive du médecin empêchera les enquêteurs de connaître l'heure exacte de la mort. Les prélèvements de cheveux et de matières trouvées sous les ongles de la victime ne pourront jamais être exploités… un bien mauvais début pour ce que les autorités locales présenteront pourtant comme « la plus grande enquête criminelle jamais entreprise en Irlande ».

La personnalité de la victime, ce meurtre commis dans un endroit magnifique et désolé où les policiers locaux n'avaient jamais enquêté sur un crime de sang, provoquent l'arrivée de nombreux journalistes sur place. Parmi eux, la correspondante d'Europe 1 en Grande-Bretagne, Esther Leneman, qui témoignera à l'antenne de l'émotion considérable provoquée par ce crime horrible dans ce petit village de 5 000 habitants.

Dans les jours qui suivent, les journalistes, comme les policiers, ne peuvent émettre que des hypothèses qui apportent plus de questions que de réponses sur le mobile et les circonstances du meurtre. En voici les principales : Sophie Toscan du Plantier, que tout le monde connaît là-bas sous son nom de jeune fille, Sophie Bouniol, a été retrouvée légèrement habillée dehors, alors qu'il gelait la nuit du crime, ce qui rend peu crédible la thèse du rendez-vous avec un inconnu.

Des traces de sang ont été retrouvées sur la porte de sa maison, ce qui peut indiquer qu'elle a été agressée chez elle. Les deux portes étaient fermées. Les clés à l'intérieur. Sur l'évier de la cuisine, on a retrouvé deux verres. Et dans la pièce deux chaises face à face… Sophie a-t-elle bu un verre avec son assassin ?

Selon les constatations des enquêteurs, l'inconnu aurait peut-être pénétré dans la maison, non par la porte principale, mais par la porte de cette cuisine, située sur le côté de la villa. Il fallait, pense-t-on, être familier des lieux pour connaître l'existence de cette porte.

Malgré l'impossibilité de fixer l'heure du crime, les policiers retiennent un créneau entre 3 et 4 heures du matin, dans la nuit du 22 au 23 décembre. Certains articles des journalistes anglais évoquent alors une piste « française », une rencontre secrète de Sophie avec un amant venu de Paris pour la rejoindre. Cette hypothèse qui jette le doute sur la personnalité de la victime et ses relations supposées houleuses avec son mari, est en fait une collection de stéréotypes et d'images d'Épinal sans aucun fondement. Cette piste sera rapidement abandonnée après un voyage éclair à Paris de quelques enquêteurs irlandais... L'enquête semble s'enliser lorsque le 10 février 1997, la police irlandaise prend contact avec la famille de Sophie pour les avertir d'une arrestation imminente.

Le lendemain, on apprend que les enquêteurs viennent d'arrêter un homme qu'ils soupçonnaient depuis le début de l'affaire. Il s'appelle Ian Bailey. C'est un Anglais. Il a une quarantaine d'années. Il vit depuis cinq ans avec une certaine Mme Jules Thomas, anglaise également, dans une ferme située à moins de cinq kilomètres de la maison de Sophie. Il a exercé de nombreux petits boulots dans la région, dont celui de jardinier. Et il est aussi journaliste localier pour quelques publications du coin.

Il est un des premiers à s'être rendu sur les lieux du crime. On dit qu'il y est même arrivé avant la police le 23 décembre. Bailey et sa compagne seront mis en garde à vue et relâchés au bout de douze heures, selon le code de procédure pénale irlandais qui n'autorise que deux gardes à vue de douze heures maximum pour un suspect. Quelques fuites sont recueillies par les journalistes sur cette garde à vue. Jules Thomas n'aurait pas pu fournir d'alibi à son compagnon pour la nuit du 22 au 23, où il serait rentré, dit-on, vers 1 heure du matin après avoir bu quelques verres dans un pub de Schull. Il aurait passé la nuit seul dans une petite maison de leur propriété. Jules Thomas aurait ajouté qu'au matin du 23 décembre, elle aurait remarqué des traces de griffures à vif sur le visage et le front de Ian Bailey. Celui-ci aurait expliqué ces blessures en disant qu'il avait sacrifié quelques dindes pour le repas de Noël et arraché un sapin dont les branches l'auraient égratigné. Il aurait dit ne jamais avoir rencontré Sophie Bouniol qu'il ne connaissait que de vue. Dans les jours et les semaines qui suivent cette garde à vue, Ian Bailey va donner de nombreuses interviews à la presse et participer à des émissions de radio et de télévision. Il ne cessera de se présenter comme une victime de l'acharnement des policiers et de la famille de Sophie. L'année 1997 passera sans aucune autre progression de l'enquête et presque sans contact avec la partie civile française. Malgré de nombreuses interventions diplomatiques, ni la famille de Sophie ni les avocats français n'auront connaissance du dossier d'instruction. Le 19 décembre 1997, à quelques jours de la messe anniversaire organisée à la mémoire de Sophie, Ian Bailey maintiendra ses dénégations.

Les raisons pour lesquelles les policiers irlandais avaient arrêté Ian Bailey étaient fondées d'abord sur le fait que dans ses reportages pour la presse locale et dans ses conversations privées, le journaliste avait fait état à plusieurs reprises d'éléments non publics de l'enquête. Comme par exemple qu'un doigt de la victime avait été sectionné, ce que seuls les enquêteurs et – évidemment – le meurtrier étaient censés savoir. Bailey dira qu'il avait connu ce détail grâce aux confidences d'un reporter-photographe. Plus grave pour lui, le témoignage d'une habitante de Toormore, Marie Farell, qui aurait aperçu Bailey la nuit du meurtre, vers 3 heures du matin, près d'un petit pont proche de la maison de la victime. Était-ce pour se débarrasser de l'arme du crime, une hachette, qui n'a jamais été retrouvée ?

Enfin, un adolescent de 14 ans, Malachi Reed, que Bailey avait pris en stop, affirmera que celui-ci lui avait dit, en parlant de

Sophie : « Je suis allé la voir, elle s'est énervée et je lui ai fracassé le crâne ! »

Malgré ces témoignages troublants, aucune preuve formelle n'a jamais pu être fournie par les enquêteurs, ce qui exclut, en droit irlandais, la possibilité d'inculper Ian Bailey en vue d'un procès. Le procureur en chef d'Irlande refusera donc toute poursuite. Marie Farell, quant à elle, reviendra sur ses déclarations en octobre 2005. Elle dira avoir cédé à des pressions des enquêteurs… Bailey reste le témoin n° 1 de cette affaire non résolue faute de preuve. Mais la famille et les amis de Sophie Toscan du Plantier demeurent mobilisés. Ils se sont longtemps battus pour récupérer le dossier d'instruction irlandais, le faire traduire, et confier l'enquête à un juge d'instruction français. C'est désormais chose faite. Le juge d'instruction parisien Patrick Gachon a pris les choses en main. Le 19 février 2010, ce juge a émis un mandat d'arrêt européen à l'encontre de Ian Bailey, qui fait toujours figure de principal suspect depuis le début de l'affaire. Le samedi 24 avril, une procédure d'extradition a été enclenchée par la justice française à l'encontre de Bailey. Arrêté à son domicile de Schull, il a comparu brièvement devant la Haute Cour de Dublin, qui l'a remis en liberté sous contrôle judiciaire. Et le mercredi 28, la Haute Cour de Dublin a convoqué une audience qui devait se tenir le 2 juin, pour statuer sur la demande française. Les avocats de Ian Bailey ont obtenu ce délai pour contester la demande française. Ils estiment que la procédure d'extradition constitue un abus et une tentative illégale de nier la décision du procureur en chef d'Irlande de ne pas inculper Ian Bailey. Côté français, on souhaiterait évidemment l'interroger et reprendre toute l'enquête de zéro. L'été 2010 marquera peut-être un redémarrage de l'enquête…

BUGALED BREIZH : LA PISTE DU SOUS-MARIN AMÉRICAIN ?

Le jeudi 15 janvier 2004, à la mi-journée, un chalutier de pêche du Guilvinec, le Bugaled Breizh, *sombrait corps et biens en quelques secondes, dans la Manche, à une trentaine de kilomètres des côtes sud-ouest de l'Angleterre. À bord se trouvaient cinq marins. Il n'y a pas eu de survivant. Six ans plus tard, le mystère demeure sur les causes réelles de ce naufrage. Le 1er juin 2010, la chambre de l'instruction de la cour d'appel de Rennes doit décider de continuer l'enquête ou de clore ce dossier par un non-lieu.*

À l'heure où j'écris ces lignes, l'espoir renaît chez les familles des marins disparus, car, selon des sources proches de l'enquête, le rapport demandé fin mars par la cour d'appel de Rennes à l'expert sous-marinier Dominique Salles, pour déterminer « s'il y avait des raisons objectives à la présence d'un ou plusieurs SNA (sous-marin nucléaire d'attaque) dans la zone du naufrage », contiendrait un véritable scoop : la présence, le jour du naufrage, d'un sous-marin nucléaire d'attaque américain en mission secrète.

Que s'est-il réellement passé le jeudi 15 janvier 2004 ? La disparition du *Bugaled Breizh* est-elle la conséquence d'une série malheureuse de facteurs à mettre sur le compte de la fatalité ?

Des conditions météo difficiles, une vague déferlante plus grosse que les autres qui aurait couché le bateau ? La croche du filet de pêche sur un obstacle inconnu au fond de la mer ? Une erreur humaine de pilotage du chalutier ? Ou alors, la combinaison de plusieurs de ces facteurs ? Depuis quelques mois, une autre explication a été avancée. Elle est considérée par l'expert Dominique Salles comme « la cause la plus probable du naufrage ». Selon lui, un sous-marin nucléaire d'attaque se serait pris involontairement dans le chalut et aurait entraîné le navire vers le fond en tentant de se dégager. Il faut dire que la zone où pêchait le *Bugaled Breizh* avait été choisie pour des manœuvres multinationales anti-sous-marines de l'OTAN, qui devaient commencer le lendemain, 16 janvier. Dès la veille, il devait y avoir sous l'eau des sous-marins français, britanniques, allemands et néerlandais… et vraisemblablement aussi, un bon nombre de sous-marins espions, russes, chinois ou américains, venus surveiller cet exercice de grande ampleur. Retour sur le film des événements.

Nous sommes le jeudi 15 janvier 2004. C'est une dépêche du bureau de Londres de l'Agence France Presse qui alerte la première les rédactions. Elle est datée de 15 h 54 temps universel. Elle dit ceci : un chalutier français a coulé jeudi après-midi au large du cap Lizard (sud-ouest de l'Angleterre) et les corps de deux des cinq membres de l'équipage ont été repêchés par les garde-côtes. Une importante opération de recherches maritimes et aériennes a immédiatement été lancée avec notamment deux hélicoptères, deux canots de sauvetage et un remorqueur dépêchés sur les lieux, à environ 25 kilomètres du Cap Lizard. Les garde-côtes de Falmouth ont reçu vers 12 h 38 locales un signal de détresse en provenance du bateau en perdition.

Peu après, un autre bateau français a donné l'alerte… L'un des deux radeaux de survie du bateau coulé a été repéré vide par l'hélicoptère de secours et deux corps ont été repêchés. Le deuxième radeau a ensuite été retrouvé vide lui aussi…

La dépêche indique la source de ces informations, le porte-parole des garde-côtes britanniques, et précise que le chalutier a coulé dans une mer forte avec des creux de plus de sept mètres et des rafales de vent de force 9, ce qui représente à peu près des vents de 90 km/h.

En fin de journée, on apprendra par d'autres dépêches le nom du chalutier de 24 mètres, immatriculé au Guilvinec, en Bretagne : il s'agit du *Bugaled Breizh*. On apprend qu'un autre bateau de pêche français, l'*Eridan*, qui se trouvait à quelques kilomètres du lieu du naufrage, avait alerté les garde-côtes britanniques et appelé les premiers secours. Ce bateau avait rejoint le lieu du naufrage mais il n'avait pu voir que des débris du bateau naufragé et aussi deux radeaux de survie malheureusement vides…

Que s'est-il passé ? Comment expliquer les circonstances du naufrage qui semble avoir été très rapide ? Sylvain Leberre, le porte-parole de la préfecture maritime de Brest, confirme que les circonstances réelles sont encore inconnues, mais il semble exclure *a priori* les conditions météo. Pour lui, la mer était certes agitée, mais pas assez pour inquiéter les marins pêcheurs ni pour leur faire interrompre leurs sorties en mer.

Il faudra attendre le lendemain pour apprendre les noms des marins décédés : Pascal Le Floch, 50 ans, matelot de Riantec ; le commandant en second du *Bugaled*, Yves Gloaguen, 45 ans, qui remplaçait pour cette marée Michel Douce, le propriétaire du bateau, resté à terre pour raison médicale. Leurs deux corps avaient été repêchés par les sauveteurs la veille. Et puis il y avait aussi les autres membres d'équipage qu'on n'avait pas pu retrouver : le chef mécano Le Métayer, 60 ans, et deux autres matelots, Patrick Gloaguen, 35 ans, et Éric Guillaumet, 48 ans. Tous étaient des habitués de la pêche en Manche et en mer d'Irlande… Les journalistes interrogent alors beaucoup de marins pêcheurs pour tenter de comprendre ce qui a bien pu se passer. Les réponses tournent autour de deux hypothèses : soit le bateau a pu être couché par une vague déferlante plus forte que les autres, soit, disent certains, le chalutier a « croché » avec son chalut. Le filet peut en effet se coincer sur un obstacle sous-marin comme un rocher ou une épave, et bloquer le bateau. En cas de mer forte, comme c'était le cas, le chalutier peut se retrouver en danger.

Le samedi 17 janvier, deux jours après le naufrage du *Bugaled Breizh*, on apprend, à nouveau par l'AFP, que des manœuvres multinationales anti-sous-marines de l'OTAN se déroulaient sur zone au moment du drame. Mais, selon l'Agence, la préfecture maritime de Brest avait recueilli auprès des autorités militaires britanniques, responsables des manœuvres, le positionnement précis des navires, notamment des sous-marins, et on pouvait donc exclure l'hypothèse d'une collision avec le chalutier. Les autorités signalent donc qu'il vaut mieux chercher la cause du naufrage avec un navire de surface, probablement, dit-on, un porte-conteneurs, ou un navire de très grosse importance qui naviguait à vive allure. C'est l'hypothèse retenue par le procureur de la République de Quimper, Roland Esch, qui exclut également par ailleurs toute responsabilité d'un sous-marin. Le sous-marin en plongée le plus proche, dit-il au journaliste de *Libération* Pierre-Henri Allain, se trouvait à 60 kilomètres et un sous-marin néerlandais, le *Dolfijn*, se trouvait, lui, en surface à 15 kilomètres. Il s'est d'ailleurs porté au secours du *Bugaled Breizh*, ajoute le procureur. Roland Esch exclut aussi la possibilité d'une « croche » du chalut avec un câble ou un autre obstacle. Pour lui, le *Bugaled* a été éperonné.

L'argument fait immédiatement des remous dans la communauté des marins pêcheurs, notamment au Guilvinec. Ceux-ci trouvent l'explication invraisemblable. Robert Bouguéon, le président du comité local des pêches, assure qu'il est impossible qu'un bateau qui aurait éperonné le chalutier n'ait pas été vu, visuellement ou sur les radars avant et après le choc. Il rappelle qu'il y avait deux autres chalutiers français qui n'ont rien vu de tel. Comme d'ailleurs le sous-marin hollandais, comme aussi les deux ou trois hélicoptères qui ont survolé la zone dès l'annonce du naufrage. La seule hypothèse, ajoute Robert Bouguéon, serait qu'on ait déjà identifié ce bateau voyou et qu'on ne veuille pas révéler son identité tout de suite. Si c'est le cas, dit-il, on devrait le savoir dans les vingt-quatre heures…

C'est au cours du mois de mars suivant, deux mois après le naufrage, que l'enquête soupçonne un gros cargo minéralier philippin, le *Seatle Trader*, d'avoir coulé le *Bugaled Breizh*. Les prises de vue sous-marines du chalutier, qui repose par 90 mètres de fond, ont montré un enfoncement important de la coque qui serait la marque d'un abordage. Le bateau philippin est contrôlé le 16 mars dans un port du sud de la Chine. Des prélèvements de peinture sont faits sur la coque et envoyés en France pour analyse. Il sera mis totalement hors de cause par la suite…

Trois mois après le drame, le 23 avril, trop de zones d'ombre entourent le naufrage du *Bugaled Breizh*. Pour les familles des victimes, l'attente de la vérité est insupportable, l'enquête piétine, elles sont persuadées qu'on leur cache des choses, et pour la première fois elles évoquent la piste d'un sous-marin éperonneur.

Le 9 mai, une manifestation réunit 1 000 personnes dans les rues de Quimper et devant la préfecture. Les manifestants ne comprennent pas que le commandant du sous-marin hollandais n'ait pas été entendu par les enquêteurs. Que cache-t-on aux familles ? demandent-ils. Une banderole se détache des autres. On peut y lire : « Qui a assassiné Yves, Georges, Pascal, Éric et Patrick ? »

Le mois de juin 2004 va apporter un nouveau lot d'hypothèses contradictoires émises par les experts qui ont examiné l'épave du *Bugaled Breizh*. Il aura fallu quatre mois de combat aux familles et à la communauté des marins pêcheurs pour obtenir enfin la décision de renflouer le bateau. Opération coûteuse, mais nécessaire si l'on veut tenter de mener la recherche de la vérité jusqu'au bout. Malheureusement, la décision est tardive et à son annonce, les espoirs sont minces que cela fasse avancer l'enquête. Beaucoup pensent que depuis le temps les indices ont dû s'effacer.

Le 18 juin 2004, Roland Esch, le procureur de Quimper, s'exprime lui aussi, à propos du renflouement du bateau. Il explique à François Coulon, le correspondant d'Europe 1 dans l'Ouest, que la thèse du sous-marin est absurde. Son argument principal: un sous-marin qui touche un bâtiment comme le *Bugaled Breizh* ne peut pas lui-même avoir des avaries techniques qui seraient passées inaperçues. Ce bâtiment aurait dû faire des réparations et cela se serait su, dit-il.

Il faudra attendre juillet 2004 pour que l'épave du *Bugaled* subisse enfin un examen détaillé. On observe alors deux enfoncements des deux côtés du bateau, l'occasion pour Roland Esch, le procureur de Quimper, de changer de discours. Devant l'évidence, il n'exclut plus un choc avec un sous-marin!

Retournement de situation: deux ans plus tard, en novembre 2006, l'enquête du BEAmer, le Bureau Enquêtes-Accidents, conclut officiellement à un accident. Selon son rapport définitif, le train de pêche du bateau se serait enfoui dans le sable, bloquant le navire qui aurait ainsi chaviré dans une mauvaise mer. La porte du poste d'équipage, restée ouverte, aurait permis à l'eau de s'engouffrer, provoquant le naufrage… Les familles des victimes s'indignent de ces conclusions qui leur paraissent totalement fantaisistes, lamentables, disent-elles. Une honte pour la mémoire des marins disparus! Pour elles, il est inconcevable qu'une croche dans le sable puisse expliquer le naufrage. Leur avis est partagé par toute la communauté des pêcheurs. Chacun y voit une volonté de cacher la vérité et de détourner les soupçons contre les sous-marins qui étaient sur zone.

Au fil du temps, d'autres experts remettent leurs rapports aux juges. Le 8 septembre 2007, alors qu'on semble s'orienter vers la perspective d'une clôture du dossier et donc d'un non-lieu à brève échéance, l'expert judiciaire François Théret, technologiste des pêches, affirme « qu'on ne peut pas imaginer une autre possibilité que l'accrochage d'un sous-marin avec un des câbles du chalut, pour expliquer le naufrage ». le 28 décembre de la même année, c'est un rapport de l'IFREMER (Institut de recherche pour l'exploitation des mers) qui remet en cause la thèse de la croche dans le sable avancée par le Bureau Enquêtes-Accidents de l'année précédente. L'institut a réalisé une simulation numérique du bateau et de son train de pêche, dont la conclusion exclut cette hypothèse.

Il va falloir attendre avril 2008, quatre ans et trois mois après le naufrage, pour que la piste du sous-marin, évoquée depuis le début de l'affaire, soit enfin considérée comme sérieuse. Officiellement, on apprend en effet que le juge d'instruction Richard Folzer estime, dans une note remise en février 2008 aux participants d'une réunion à La Haye entre les autorités françaises et britanniques, que « l'hypothèse la plus sérieuse était bien celle d'un sous-marin qui se serait pris dans le filet du chalutier ». On apprend également que le juge a lancé plusieurs commissions rogatoires internationales en direction de la Grande-Bretagne et des Pays-Bas, rappelant que le jour du naufrage les sous-marins britanniques *Turbulent*, *Torbay* et *Trafalgar* se trouvaient sur zone ainsi que le sous-marin hollandais *Dolfijn*.

Malgré tout, aucune preuve ni témoignage formel n'ont pu être recueillis par l'instruction. Les Anglais et les Néerlandais ne répondent pas à certaines commissions rogatoires. Les marines nationales de ces pays se contentent de faire savoir, comme l'a fait la France dès le début, qu'aucun de leurs navires, de surface ou sous-marins, n'est impliqué dans la catastrophe. On est forcés de les croire… ou de penser, comme beaucoup, que les secrets d'État ont eu finalement raison de la vérité.

Nouveau rebondissement dans l'affaire. Courant 2009, on apprend que les juges d'instruction qui ont mené l'enquête depuis le début de l'affaire, ont considéré qu'ils ne pourraient pas aller plus loin. Un autre juge les a remplacés. Le procureur de Quimper, Mme Anne Kayanakis, qui avait toujours exprimé, contre l'avis des juges, sa conviction que le drame était dû, non pas à un sous-marin, mais à une conjonction d'événements naturels (tempête, croche dans le sable et chavirage consécutif), a quitté ses fonctions elle aussi. Fin août 2009, tous les acteurs proches de l'affaire, familles, avocats, experts, se focalisent sur l'explication la plus « probable », celle de la responsabilité d'un sous-marin nucléaire lanceur d'engin. Seul un bâtiment de cette classe possède une puissance et une vitesse de déplacement compatibles avec le naufrage rapide du chalutier, entraîné par le fond en quelques dizaines de secondes. Mais quelle était la nationalité du bâtiment en cause ?

La piste américaine vient d'être envisagée par l'expert Dominique Salles. Elle a le mérite de s'appuyer, non sur des suppositions, mais sur des éléments concrets prouvant la présence d'un sous-marin nucléaire d'attaque américain dans la Manche, le 15 janvier 2004. Dans son rapport, l'expert Dominique Salles estime qu'un sous-marin américain a pu se trouver là pour observer les transports de matières nucléaires entre la France et le Japon. Il préconise de demander aux États-Unis de préciser la position de leurs sous-marins sur la zone le jour du drame, par le biais d'une commission rogatoire internationale.

Selon le rapport communiqué aux parties civiles, la surveillance du convoi vers le Japon anticipait le convoiement des bateaux américains qui devaient acheminer du plutonium de qualité militaire vers Cherbourg en application d'un accord entre la France et les États-Unis, avec un premier transport prévu pour neuf mois plus tard, en octobre 2004.

Le sous-marin américain aurait fait son entrée en Manche le 15 janvier en matinée, jour du naufrage.

L'avocat des familles, Christian Bergot, estime que cette nouvelle expertise ouvre la porte à de nouvelles investigations. Même sentiment pour Michel Douce, le propriétaire du bateau, persuadé que la justice ne peut pas prononcer un non-lieu, compte tenu des conclusions du rapport.

Si la chambre d'instruction de Rennes décide le 1er juin 2010 de poursuivre l'instruction et de lancer une commission rogatoire internationale à destination des États-Unis, les familles des marins disparus reprendraient enfin espoir. Cette décision prouverait également que la justice ne se soumet pas toujours à la raison d'État. Dans le cas contraire…

> À signaler, le livre de Yann Queffélec, *Adieu Bugaled Breizh* (éditions du Rocher). Un véritable réquisitoire, sous forme de docu-fiction, qui accuse les états-majors des marines britannique et hollandaise de cacher la vérité au nom du secret d'État.

ANDRÉ BAMBERSKI : UN PÈRE NE RENONCE JAMAIS

Le 4 mars 2010, la Cour de cassation a ordonné le maintien en détention, jusqu'à son procès, de Dieter Krombach, un médecin allemand retrouvé bâillonné et ligoté dans une rue de Mulhouse le dimanche 18 octobre 2009. Dieter Krombach est accusé depuis 1993 par la justice française d'homicide volontaire sur la personne d'une adolescente de 14 ans, Kalinka Bamberski. Jusqu'à son enlèvement en Allemagne et son retour inopiné et contraint sur le sol français, il y a six mois, il avait réussi à échapper à toutes les poursuites judiciaires pendant vingt-sept ans. Le procès du médecin allemand devrait s'ouvrir avant la fin de l'année 2010, à Paris.

La mort de Kalinka a débouché sur un combat de près de trois décennies, mené par André Bamberski, qui a consacré sa vie à traquer le meurtrier présumé de sa fille, persuadé que la mort de celle-ci n'était pas un accident mais un crime. Il n'est pas question, en ce qui nous concerne, de prendre partie, ni de nous prononcer sur la culpabilité du prévenu. Il faut rappeler que Dieter Krombach demeure présumé innocent jusqu'à l'issue de son procès. En revanche, nous considérons nécessaire de mettre à la disposition du public les éléments qui permettent d'éclairer les nombreuses zones d'ombre de cette affaire. À chacun d'entre nous, ensuite, de nous forger notre propre opinion. Ce récit a été reconstitué sur la base des nombreux articles de presse publiés depuis la mort de Kalinka, le 10 juillet 1982 en Allemagne.

9 juillet 1982. Nous sommes à Lindau, en Bavière, au bord du lac de Constance, sur la côte orientale du lac, tout près des frontières de l'Autriche et de la Suisse. Ce haut lieu touristique doit sa fréquentation à la vieille ville de Lindau qui se trouve sur l'île du même nom. Son port, son phare, le seul de Bavière, et le pont qui la relie à la terre ferme attirent chaque année des milliers de visiteurs. Les eaux du lac sont sillonnées chaque jour par des centaines d'adeptes des sports nautiques, la planche à voile en particulier. Ce jour-là, vers 19 h 30, Kalinka Bamberski, 14 ans, est rentrée au domicile de sa mère française et de son beau-père, le docteur Dieter Krombach, après avoir passé la journée à faire de la planche. C'est son activité favorite lorsqu'elle vient en Bavière pour ses vacances d'été. Elle raconte sa journée à Boris et Diana Krombach, ses demi-frère et sœur. Elle regrette de ne pas bronzer assez vite malgré ses journées passées au grand air et au soleil. Avant le repas, le Dr Krombach lui propose de lui faire une petite injection d'un produit qui facilite, selon lui, le bronzage. Il s'agit d'une préparation qui contient du fer, commercialisée sous le nom de Kobalt-Ferrlecit… La mère de la jeune fille témoignera plus tard qu'elle n'a pas assisté personnellement à cette injection mais qu'elle avait bien vu un sparadrap, plus tard, sur le bras de sa fille. Vers 22 h 30, Kalinka se plaint d'avoir très soif et boit plusieurs verres d'eau consécutifs. À minuit son beau-père lui demande d'éteindre la lumière.

Le lendemain matin, vers 9 h 30, le Dr Krombach appelle sa belle-fille à plusieurs reprises. Inquiet de ne pas avoir de réponse, il entre dans sa chambre et constate qu'elle est mourante. La jeune fille est dans un état critique. Il décide alors de tenter une réanimation d'urgence en lui injectant un certain nombre de produits dont des tonicardiaques, sans succès. La jeune fille meurt. Le médecin attribue son décès à une grave insolation due à sa journée de planche à voile de la veille…

La version des circonstances de la mort de Kalinka qui vient d'être rappelée ne représente peut-être pas la vérité des faits tels qu'ils ont réellement eu lieu. En effet, il s'agit de la première version des événements, donnée par le médecin aux enquêteurs allemands qui viennent l'interroger à la suite du décès de la jeune Française. Le permis d'inhumer n'est pas accordé. Il est décidé de procéder à une autopsie qui aura lieu deux jours plus tard, le 12 juillet, à l'hôpital de Memmingen pour déterminer les causes de la mort. Les médecins légistes feront à cette occasion des constatations troublantes. Des constatations qui conduiront Dieter Krombach à revenir sur ses premières déclarations…

L'autopsie est donc pratiquée à l'hôpital de Memmingen par le Dr Hömann, en présence du commissaire de la police judiciaire de Lindau, du procureur de Kempten et, curieusement, du Dr Krombach lui-même. Le médecin légiste constate d'abord le bon état général de l'organisme de la jeune fille. En revanche, son rapport mentionne « l'état de décomposition extrêmement avancée du cadavre » qu'il qualifiera d'inhabituel, deux jours seulement après le décès. Il notera la présence de débris alimentaires dans l'œsophage, la trachée et les conduits pulmonaires, qui pourraient expliquer que la jeune fille serait morte étouffée par des vomissements importants. Mais le plus troublant était à venir. Selon le rapport, il a été trouvé des traces de sang frais sur l'entrejambe de la jeune fille et des dépôts rougeâtres sur les parties génitales externes, ainsi qu'une « déchirure superficielle d'un centimètre environ de la grande lèvre droite ». Le légiste constate également la présence de substances visqueuses et blanchâtres à l'intérieur du vagin… On n'en saura pas plus car le médecin s'abstient de faire un frottis qui aurait pu prouver la présence de sperme. Le rapport est également muet sur l'existence possible d'un rapport sexuel antérieur et sur le fait de savoir si la jeune fille était vierge.

Le rapport d'autopsie s'intéresse ensuite à la trace d'injection au niveau du bras droit, qui correspond aux déclarations du beau-père. Mais il signale que la piqûre de Kobalt-Ferrlecit ne pouvait en aucun cas provoquer une intensification du bronzage. Il ne se prononce pas sur la cause du décès. Même s'il fait remarquer que ce produit utilisé dans les anémies graves doit être manié avec de grandes précautions. Enfin, s'agissant des trois injections intraveineuses et intracardiaques décrites par le Dr Krombach comme des gestes de réanimation désespérés, il les qualifie d'« étranges et de grotesques » car elles ont été, dit-il, pratiquées après la mort sur un corps en état de rigidité cadavérique. Autrement dit, le récit du beau-père ne correspond pas aux résultats de l'autopsie. Et l'on peut avoir de sérieux doutes sur les compétences professionnelles de Dieter Krombach… Celui-ci revient alors sur ses premières explications. Il indique qu'il a procédé à l'injection de Kobalt-Ferrlecit non plus avant, mais après le dîner, vers 20 h 30. Il ajoute que la piqûre était destinée à soigner l'anémie de la jeune fille qu'il avait trouvée anormalement fatiguée. Il précise aussi que lorsqu'elle s'était plainte d'avoir soif, il avait donné à Kalinka un comprimé de Frisium pour l'aider à s'endormir. Les demi-frère et sœur de Kalinka, Boris et Diana, témoigneront qu'elle était normalement fatiguée, mais sans plus. À l'issue de l'autopsie, les organes génitaux externes de la jeune fille sont prélevés en vue d'analyses ultérieures, mais, pour des raisons inexplicables, ils ne seront jamais retrouvés.

Mis au courant des lacunes et des nombreuses anomalies de cette autopsie, le père de Kalinka, André Bamberski, sollicite auprès de la justice allemande une contre-expertise. Le parquet de Kempten désigne un expert de Munich, le professeur Spann, qui ne procède pas à une seconde autopsie mais à un examen du dossier. Celui-ci estime nécessaire, à la lecture du rapport d'autopsie, de procéder à une analyse toxicologique qui n'a pas été faite et il demande à interroger le médecin légiste sur l'état de l'hymen et, accessoirement, sur le lieu où est conservé l'appareil génital de la victime… qui a disparu. Le Dr Hömann répond d'ailleurs partiellement à ses propres interrogations en signalant que la jeune fille était, selon lui, « *a priori* » vierge mais que l'hymen était suffisamment large pour envisager une pénétration sans laisser de traces. Il n'explique pas la disparition des organes génitaux. Plus tard, il affirmera qu'on lui a certifié que ceux-ci ont été enterrés avec le corps qui a été inhumé en France… Les analyses toxicologiques ne permettent pas de mettre en évidence l'absorption de médicament ou de drogue. L'expert revient sur le fait que l'accélération du bronzage n'a jamais été une indication de l'utilisation du Kobalt-Ferrlecit. Il indique également que le temps écoulé entre cette injection et la mort a été inférieur à celui indiqué par le Dr Krombach, pour des raisons techniques qu'il explicite. Il exclut catégoriquement comme cause de la mort l'insolation, l'infection virale des voies respiratoires ou une septicémie. En revanche, il n'exclut pas l'hypothèse de l'administration d'une substance toxique dont le dépistage après la mort serait impossible. D'autres contre-expertises suivront. Elles aboutiront à la conclusion que l'hypothèse d'une réaction aiguë quasi immédiate à l'injection de Kobalt-Ferrlecit était envisageable et que les vomissements constatés n'ont pu survenir au cours du sommeil, sauf si la jeune fille avait absorbé un anesthésique puissant. L'ensemble de la chronologie du beau-père est donc remis en question. Le nouvel expert penche pour l'idée que la mort est survenue très peu de temps après le repas à la faveur de l'intraveineuse entraînant un choc circulatoire, avec perte de connaissance et régurgitation du contenu de l'estomac non encore digéré. C'est bien, selon lui, la piqûre de Kobalt-Ferrlecit qui a conduit au décès de la jeune fille… La justice de Lindau se contente de ce rapport et le parquet de Kempten classe l'affaire « sans suite », le 17 août 1982.

Les journaux allemands ont consacré de nombreux articles au décès de la jeune Française. Ces articles ont pour première conséquence, une plainte déposée à la justice allemande par les parents de la première épouse du Dr Krombach, morte elle aussi à la suite d'une injection qu'il lui avait administrée. Cette plainte restera sans suite. Depuis la France, André Bamberski, le père de la victime, commence son combat judiciaire par une plainte au tribunal de Paris. L'instruction sera particulièrement lente. Plusieurs juges successifs se transmettent le dossier sans avancée notable. De son côté, l'Allemagne refuse qu'un juge français vienne enquêter sur son territoire. Le 4 décembre 1985, cependant, sur décision de la justice française, le corps de Kalinka est exhumé du cimetière de Pechbusque, à quelques kilomètres de Toulouse, en vue d'une nouvelle autopsie. Première constatation des médecins : le corps est remarquablement bien conservé, contrairement aux indications de l'autopsie réalisée deux jours après la mort de la jeune fille, qui signalait un état de décomposition avancée. Les Dr Bras et Alengrin de l'institut médico-légal de la faculté de Toulouse-Rangueil constatent aussi que les parties génitales internes et externes ont bien été prélevées mais n'ont pas été remises avec le corps…

Trois ans plus tard, trois grands spécialistes français, le professeur Lecomte de l'institut médico-légal de Paris, le professeur Nicolas, cardiologue au CHU de Nantes, et Mme Michèle Rudler, du laboratoire scientifique de la police criminelle, soulignent dans une nouvelle expertise les anomalies et les lacunes de l'autopsie pratiquée en Allemagne. Ils indiquent que la mort est survenue, selon eux, aussitôt après l'injection de Kobalt-Ferrlecit, qu'ils considèrent seule responsable du décès. À propos des substances administrées à Kalinka, selon le témoignage de Dieter Krombach, les spécialistes français relèvent que l'utilisation simultanée des deux produits qu'il dit avoir injectés alors, de la Dopamine et de l'Isoptin, est incompatible avec le vivant ! Malgré les contestations et les protestations du Dr Krombach sur la valeur de ces expertises, Mme Foulon, juge d'instruction au tribunal de grande instance de Paris, fournit aux autorités allemandes un dossier circonstancié et leur demande de signifier au Dr Krombach qu'elle l'inculpe d'assassinat. Nous sommes le 3 août 1991…

Le 8 avril 1993, la chambre d'accusation de Paris clôture l'instruction judiciaire et renvoie Dieter Krombach devant la cour d'assises de Paris, considérant que le médecin allemand a menti sur la chronologie des faits, qu'il a voulu au contraire dissimuler l'origine de la mort de sa belle-fille et que les éléments du dossier constituent « des charges suffisantes laissant présumer qu'il a pratiqué la piqûre mortelle non pas dans un but curatif mais dans l'intention de donner la mort ».

Début mars 1995, fait inhabituel, le président de la cour d'assises de Paris organise un entretien préalable de deux heures avec les deux avocats de l'accusé et l'ambassadeur d'Allemagne, le jour prévu pour l'ouverture du procès. L'avocat d'André Bamberski est empêché d'assister à l'entretien. Il ressort de cette rencontre, que Dieter Krombach refuse toujours de comparaître en France. L'Allemagne récuse toute idée d'extradition et considère que l'accusé a déjà bénéficié d'un non-lieu dans son pays. On ne peut juger deux fois quelqu'un pour les mêmes faits, argumentent les avocats du prévenu. Le procès est alors renvoyé. Il aura donc lieu sans lui. Le 9 mars suivant, le Dr Krombach est condamné par contumace à quinze ans de réclusion criminelle et non à la perpétuité comme le prévoit pourtant la loi dans ce cas de figure : une accusation d'homicide volontaire, une victime mineure et un auteur ayant autorité. Le verdict, singulièrement clément, retient « l'homicide volontaire sans intention de donner la mort » ! Une curiosité judiciaire de plus dans un dossier déjà étrange… La chambre criminelle de la Cour de cassation examinera plus tard cet élément particulier du dossier. Ultime anomalie : après le verdict, la justice française ne lance pas de mandat international pour l'exécution de la sentence. Il faudra attendre 1996 puis 1997 pour qu'enfin, sous la pression de certains médias comme *Le Figaro* qui rend compte régulièrement du dossier à ses lecteurs, le procureur de Paris diffuse le signalement du condamné dans certains pays de l'espace Schengen, pour le cas où le condamné sortirait d'Allemagne. Le 21 février 1997, Interpol lance – enfin – un mandat d'arrêt international élargi à d'autres pays, notamment aux pays limitrophes de l'Allemagne. Un mois plus tard, le Dr Krombach allait refaire parler de lui à l'occasion d'une nouvelle affaire…

17 mars 1997, on apprend que le Dr Krombach vient d'être incarcéré en Allemagne, à la suite d'une plainte déposée par une lycéenne de 16 ans qu'il a violée après lui avoir administré une dose massive d'anesthésique ! Identifié formellement par son sperme, le médecin a reconnu les faits, il a admis qu'il avait des « problèmes sexuels ». Cinq autres de ses patientes affirment également avoir été violées, mais leurs plaintes ne seront pas retenues « faute de preuves » ! Le 9 octobre suivant, Krombach est condamné pour abus sexuel sur mineure par la première chambre pénale du TGI de Kempten. Il risquait jusqu'à dix ans de prison ferme, mais sa peine sera de deux ans avec sursis, assortie d'une interdiction d'exercer la médecine pendant deux ans… Étrange clémence !

Malgré l'indulgence de cette dernière condamnation, le Dr Kromback ne respectera pas l'interdiction d'exercer. Il sera à nouveau condamné, dix ans plus tard, par le tribunal de Coburg pour 28 escroqueries et 19 cas d'exercice illégal de la médecine dans des cliniques privées. Condamné à vingt-huit mois de prison ferme, il sera libéré au bout de dix-huit mois de détention, le 10 juin 2008. Malgré les demandes répétées de la France, l'Allemagne refuse toujours d'extrader Krombach, au motif qu'elle a arrêté toute poursuite sur cette affaire.

André Bamberski, lui, n'a pas baissé les bras. Il continue à accumuler les recours devant la justice française. Sans succès. Il pense cependant que celui qu'il considère comme l'assassin de sa fille bénéficie d'importantes protections occultes et qu'il est en train de gagner la partie d'échecs entamée en 1982. Et puis, en octobre 2009, survient le coup de théâtre : l'enlèvement rocambolesque de Dieter Krombach par un mystérieux commando qui le livre à la France, pieds et poings liés.

Dieter Krombach a été enlevé le samedi 17 octobre 2009 devant son domicile de Lindau, près du lac de Constance, par des hommes en voiture. Il est retrouvé dans la nuit du dimanche, à 3 h 50, ligoté, bâillonné et blessé dans une rue de Mulhouse toute proche du tribunal. Après avoir reçu des soins à l'hôpital de Mulhouse, le Dr Krombach est transféré à Paris. C'est André Bamberski qui a averti les autorités à la suite, selon lui, d'un appel téléphonique reçu à son domicile de Toulouse. Son correspondant lui aurait indiqué l'endroit où avait été déposé Krombach et l'aurait incité à avertir les autorités françaises puis à se rendre lui-même sur place. André Bamberski est arrêté dans sa chambre d'hôtel de Mulhouse et mis en garde à vue. On trouve dans ses affaires une enveloppe contenant 20 000 euros qu'il voulait remettre aux ravisseurs pour les remercier, dit-il. Une information judiciaire pour « enlèvement, séquestration, coups et blessures volontaires et association de malfaiteurs » a été ouverte contre lui, mais il est laissé en liberté. La justice le considère comme le commanditaire de l'opération. Pour sa part, M. Bamberski dit avoir simplement donné son accord le 9 octobre 2009 à une personne rencontrée en Allemagne, pendant quelques minutes seulement, pour que Krombach soit ramené en France afin d'y purger sa peine. L'homme, un certain Anton, lui aurait dit avoir été touché par son histoire et par l'injustice de sa situation. Bamberski n'aurait pas participé à l'élaboration du rapt. Il se serait contenté de donner son aval. Après son inculpation, André Bamberski sort donc libre du palais de justice de Mulhouse. Devant les journalistes, il assume : « Il fallait effectivement que quelqu'un le fasse, dit-il. Je ne sais rien des préparatifs de l'affaire. Mais j'accepte d'être accusé de complicité car j'avais donné mon accord. » Et, lors de son invitation à l'émission « Café Crimes » d'Europe 1, il tient à terminer sur ces mots : « Peu m'importe que la justice juge Krombach coupable ou l'acquitte. Ce que je voulais, c'est qu'il assume un jour ses actes devant un tribunal, ce qu'il a refusé de faire pendant trente ans ! »

*

Dieter Krombach devrait comparaître devant la cour d'assises de Paris avant la fin de l'année 2010. Le médecin allemand, actuellement emprisonné, continue à affirmer que la mort de Kalinka en 1982 a été accidentelle. Rappelons que jusqu'à l'issue de son procès, il bénéficie de la présomption d'innocence.

Pour aller plus loin dans la connaissance de cette affaire complexe, signalons le livre d'André Bamberski, *Pour que justice te soit rendue*, aux éditions Michel Lafon.

CRIMES POLITIQUES

LE TEMPS DES ANARCHISTES RAVACHOL, VAILLANT, HENRY, CASERIO, ET LES AUTRES…

Né des décombres insurrectionnels de la Commune de Paris, le mouvement anarchiste français aura été l'un des plus virulents, et sans doute l'un des plus meurtriers de l'histoire. Cette action politique sans parti ni leader est inspirée des textes du sociologue et journaliste français Pierre-Joseph Proudhon, mort en 1865 à Paris, et fameux pour avoir écrit que « la propriété, c'est le vol ».

Ce qui n'était qu'un vœu de partage deviendra à la fin du XIXe siècle un appel au meurtre des possédants, et culminera en 1894 avec l'assassinat politique du président de la République Sadi Carnot. C'est en France une période de peur et d'insécurité, et les gouvernements de la IIIe République réagiront violemment à ces actes en votant des lois extrêmement sévères à l'encontre des idées révolutionnaires. Leurs journaux sont interdits, ainsi que leurs réunions. L'une de ces lois, réprimant les « menées anarchistes », ne sera abrogée qu'en… 1992.

Nous sommes le 9 décembre 1893. Il est un peu plus de 16 heures. Un homme s'avance jusqu'au bord d'un des balcons du deuxième étage de l'hémicycle de l'Assemblée nationale. Un balcon, situé à la droite du perchoir, qui surplombe le bureau du président de séance. Ce balcon est traditionnellement ouvert aux spectateurs qui veulent suivre les débats et les interventions de leurs députés. Il se trouve tout près de l'espace réservé à la presse. Soudain, l'homme brandit une sorte de marmite qu'il lance au-dessus de la lice. La bombe, car c'en est une, explose avant même de toucher le sol dans un bruit effroyable rapidement couvert par les cris de panique de l'assistance… Quand la poussière qui a envahi l'hémicycle commence à se dissiper, on aperçoit plusieurs corps allongés, couverts de sang. L'Assemblée nationale vient d'être victime d'un attentat. Un attentat anarchiste fomenté par Auguste Vaillant dont le geste spectaculaire fait près de 70 blessés, mais ne tue personne.

Deux mois plus tard, Auguste Vaillant est au pied de la guillotine. Il crie à l'adresse du bourreau qui s'apprête à exécuter la sentence : « Mort à la société bourgeoise et vive l'anarchie ! ».

La France de ces années-là n'est pas tendre pour ses travailleurs. La majeure partie de la population ouvrière survit plus qu'elle ne vit, condamnée à travailler plus de douze heures par jour dans des usines pour un salaire de misère. Et encore est-il recommandé de ne pas se faire remarquer, sous peine de licenciement sans préavis. Les patrons, les bourgeois et la majeure partie de la classe politique n'apprécient que très moyennement le nouvel esprit revendicatif des travailleurs, né des idées socialistes. L'ouvrier doit respecter son patron, accepter ses conditions de travail sans protester. Mais les temps changent. Et les travailleurs ne veulent plus des maigres rémunérations qui leur sont proposées. Ils réclament aussi un peu de considération. Des mouvements de grève s'organisent, comme à Carmaux, dans le Tarn, en 1892, où les mineurs ont cessé le travail parce qu'un des leurs qui venait d'être élu maire de la ville, a été licencié ; la direction lui reprochait ses absences trop fréquentes. Absences pourtant justifiées par ses obligations municipales. Les mineurs demandent la réintégration de leur camarade.

La direction reste sourde aux revendications. Le bras de fer s'engage entre patron et ouvriers. On fait alors appel à l'armée, et plus de 1 500 soldats chargent sans ménagement les manifestants. Le gouvernement, pourtant malmené dans l'affaire du scandale de Panama, a choisi son camp : celui de la bourgeoisie et ses méthodes monarchiques d'un autre temps face à la classe ouvrière, qui malgré sa misère, est de plus en plus instruite. Elle ne comprend pas pourquoi et comment des ministres, des banquiers et des industriels reconnus coupables de corruption ne sont pas traduits en justice, alors que les sommes détournées ont mis sur la paille tant de petits épargnants venus au secours du grand projet de canal interocéanique voulu par Ferdinand de Lesseps en Amérique centrale. Le climat est délétère. La révolte gronde. D'autant que la République et la justice semblent inflexibles. Les frondeurs sont traînés devant les tribunaux, rapidement jugés et condamnés à de lourdes peines.

Face à ce que le peuple considère comme des injustices, les manifestations qui se multiplient vont bientôt donner naissance aux premiers attentats. Dans le même temps, la conscience politique de classe se radicalise. Le socialisme ne suffit pas ou plus pour dénoncer le pouvoir. Les courants anarchistes se développent dans la mouvance du socialisme révolutionnaire…

Auguste Vaillant, celui qui a lancé la bombe dans l'hémicycle de l'Assemblée nationale, le 9 décembre, est originaire des Ardennes. Il a 9 ans quand Napoléon III et ses troupes capitulent devant les forces coalisées allemandes à Sedan, à une trentaine de kilomètres de chez lui, près de la frontière belge. Une débâcle qui ne change pas grand-chose à la vie misérable du gamin. Sa mère garde bien d'autres enfants de temps en temps, mais ce travail d'appoint est insuffisant pour nourrir la famille. Et rien ne s'arrange quand le père les abandonne pour aller occuper un poste de gendarme en Corse. Auguste n'a que 10 ans, mais doit à présent travailler pour manger et faire vivre les siens. Il devient apprenti pâtissier. Il est sérieux, il apprend vite, mais il est limogé sans ménagement au bout de quelques mois seulement, car son patron s'aperçoit qu'il se cuisine de temps à autre un gâteau pour lui. Sans le sou, le gamin pauvre se retrouve seul sur les routes, accepte n'importe quel emploi. Il travaille quelques jours dans une scierie, se fait embaucher pour démolir un des remparts de Charleville, puis il devient cordonnier… La faim ne cesse de le tenailler. Cela lui vaut d'ailleurs sa première arrestation, après qu'il s'est enfui d'un restaurant sans payer. C'est la première fois qu'il a affaire avec la justice. Il a à peine 12 ans…

Quelques mois plus tard, toujours pour échapper à la misère, sa tante le met dans un train, direction Marseille. Mais le jeune Auguste n'a pas de billet et se fait à nouveau arrêter par la police. Son père qui a vent de l'affaire, lui envoie alors les 16 francs nécessaires au paiement de l'amende. Nous sommes en 1873 et, à 12 ans, Auguste Vaillant est à présent autonome. Pour survivre, il vole. La maréchaussée l'envoie à quatre reprises en prison pour quelques petits larcins et aussi pour mendicité. Les années passent et pour fuir cette misère qui lui colle à la peau, Auguste se passionne pour l'astrologie et la philosophie qu'il découvre dans les rares livres qu'il a l'occasion d'avoir entre les mains.

Pour tenter encore une fois de sortir de la pauvreté, il décide de partir comme ouvrier en Algérie. Son avenir, se dit-il, sera peut-être meilleur loin de sa terre natale. À la fin des années 1880, il quitte la colonie pour aller encore plus loin chercher fortune, vers l'Argentine. Là-bas, espère-t-il, une nouvelle vie plus facile sera possible. Après vingt-cinq ans de galère, Auguste Vaillant débarque ainsi dans la province du Chaco, dans le nord du pays, où il est embauché comme fermier. C'est une région de pionniers, principalement peuplée d'Indiens qui refusent de se soumettre aux autorités. De grands propriétaires possèdent des territoires immenses qu'ils consacrent à l'élevage du bétail et à la culture du coton. Le travail ne manque pas. Mais il est harassant, sans repos ou rarement. Ouvrier agricole, Auguste supporte pendant deux ans et demi ce rythme infernal, puis prend conscience que son traitement n'est pas très éloigné de celui d'un esclave. À bout, il décide de revenir en France, à Paris, où il s'installe dans le quartier de Montmartre au début de l'année 1893.

Auguste Vaillant n'est pas plus riche qu'avant son départ pour les Amériques, mais, à Paris, il rencontre enfin l'amour. Il se marie assez vite avec une jeune femme qui donne bientôt naissance à une petite fille, Sidonie. Auguste travaille comme cordonnier à Saint-Denis contre vingt francs par semaine. Beaucoup trop peu pour faire vivre sa femme, et surtout la petite. Alors il va demander une augmentation à son patron. Il lui explique sa situation difficile... La réponse du patron est cinglante : « Je n'ai rien à foutre de votre famille ; c'est vous que j'ai embauché. » Le coup est dur pour Auguste Vaillant, préoccupé par sa survie quotidienne dans un Paris ouvrier où règne une pauvreté abyssale. Que faire, se dit-il, pour changer le cours des choses quand on n'a même pas de quoi manger ?

Il en discute souvent avec certains de ses amis dans quelques estaminets de Montmartre autour de verres de mauvais vin. Il y rencontre quelques socialistes qui tentent de le convaincre de se lancer dans l'action syndicale, mais leurs solutions sont à ses yeux trop politiques alors que d'autres de ses amis affichent de nouvelles idées : celles de l'anarchie. Ceux-là prônent la révolte de la classe ouvrière. Ils disent qu'il faut passer à l'action contre la bourgeoisie à leurs yeux responsable de la misère et des inégalités sociales. Auguste Vaillant se rapproche donc d'un petit groupe, les « Indépendants de Montmartre », qui préconisent ce qu'ils appellent « la propagande par le fait ». Ils ne sont d'ailleurs pas les premiers ! Les gazettes anarchistes qu'il lit chaque jour parlent d'un certain Ravachol. Ravachol, c'est celui qui a osé affronter les puissants et qui a été guillotiné, il y a un an, en juillet 1892. Au fil de discussions passionnées, Auguste Vaillant prend sa décision : il vengera Ravachol.

En cette fin de siècle, Ravachol est devenu un véritable héros dans le petit monde des groupuscules anarchistes de l'époque. De son vrai nom François Koënigstein, né en 1859 dans l'est de la France, Ravachol a commis deux attentats après la répression policière aveugle qui a suivi une manifestation ouvrière, le 1er mai 1891. Ce jour-là, à Fourmies, dans le nord de la France, neuf ouvriers grévistes qui demandaient la journée de huit heures et des augmentations de salaire sont abattus par la police. Près de Paris, ils sont beaucoup moins nombreux, juste une trentaine de manifestants qui battent le pavé et improvisent un défilé entre Levallois-Perret et Clichy en représailles des événements de Fourmies. Une manifestation bruyante et plutôt bon enfant, emmenée par un drapeau rouge, le symbole de la contestation. Vers 15 heures, la manifestation arrive à destination et les participants commencent à se disperser quand le commissaire de police Labussière, qui a suivi le défilé, demande à ses troupes de s'emparer du drapeau rouge. Des incidents éclatent. On entend des coups de feu. Quelques agents sont légèrement blessés et les trois manifestants arrêtés sont conduits au poste et violemment passés à tabac. Leur procès ne traîne pas et se veut sévère, pour l'exemple. L'avocat général Bulot demande même la peine de mort contre l'un d'entre eux. Ils écoperont de peines allant de trois à cinq ans d'emprisonnement.

Un an plus tard, le 11 mars 1892, vers 18 heures, Ravachol pénètre dans un immeuble bourgeois au 136 du boulevard Saint-Germain à Paris. Il grimpe les escaliers et pose une bombe artisanale sur le palier du deuxième étage avant de s'éclipser. L'engin visait le conseiller Edmond Benoît, le président de la cour d'assises dans l'affaire de Clichy. Mais il habite au quatrième étage et sort donc indemne de l'attentat. Un seul habitant de l'immeuble est légèrement blessé. Les dégâts s'élèvent à 40 000 francs de l'époque.

Le 27 mars 1892, quinze jours plus tard, vers 8 heures du matin, Ravachol dépose une nouvelle bombe, cette fois devant la porte du domicile de l'avocat général Bulot, au 39 rue de Clichy à Paris. L'explosion est nettement plus forte que la première et blesse sept personnes. Les dégâts sont très importants. Ils dépassent cette fois les 120 000 francs. Après son forfait, Ravachol prend l'omnibus et se rend boulevard Magenta, au 24, dans un restaurant, « Le Véry ». Là, il discute avec le garçon qui le sert, un certain Jules Lhérot, et comme le garçon ne semble pas porter les militaires dans son cœur, Ravachol s'épanche quelque peu sur la société de l'ordre dans laquelle on vit, évoquant même, en le justifiant, l'attentat qui vient d'avoir lieu le matin même. Or la presse n'a pas – et pour cause – encore parlé de l'événement... Le serveur s'étonne des détails très précis que lui donne son client. Puis il oublie. Trois jours passent et le 30 mars, Ravachol est de retour pour déjeuner au « Véry » où Jules Lhérot est encore de service. Le garçon reconnaît immédiatement celui dont toute la presse parle et fait le lien avec les allusions appuyées de ce client quelques jours auparavant. Lhérot s'absente discrètement du restaurant et va prévenir un gardien de la paix au coin de la rue. La police arrive bientôt avec des renforts et, à grand mal, on passe les menottes à Ravachol qui se débat comme un diable.

Un mois plus tard, la veille de l'ouverture du procès de Ravachol, une bombe explose au restaurant « Le Véry », tuant le patron et un client. Jules Lhérot, le garçon de café, décide de quitter la France pour échapper aux représailles des anarchistes. À la barre, Ravachol endosse toute la responsabilité des attentats et tente de disculper ses compagnons. Il est condamné aux travaux forcés à perpétuité. Mais quelques mois plus tard, à l'issue d'un autre procès, concernant cette fois des actes de droit commun commis avant les attentats, il est condamné à mort. Ce sera la guillotine…

Auguste Vaillant a donc décidé de venger Ravachol, celui qui a osé s'attaquer aux puissants en plaçant des bombes à leur domicile. Des bombes qui n'ont fait que des dégâts matériels certes, mais qui ont eu un énorme impact dans l'opinion, dont une partie de plus en plus importante constate qu'il est possible de faire vaciller les « gens de la haute ». Vaillant veut réaliser un acte à la Ravachol, aussi audacieux que désespéré. Il veut que les dirigeants du pays prennent conscience du désespoir du peuple et de sa misère. Il choisit donc la cible la plus symbolique du pouvoir républicain : ce sera l'Assemblée nationale…

Le 9 décembre 1893, les députés tiennent séance dans l'hémicycle du Palais-Bourbon. L'ambiance est, ce jour-là, studieuse et courtoise. Les débats se déroulent devant les journalistes parlementaires, les chroniqueurs politiques et les caricaturistes assis en tribunes, non loin de celles du public composé en majorité de touristes, curieux de suivre pour un après-midi les travaux de la représentation nationale. Aux alentours de 16 heures, Auguste Vaillant, qui a pu se mêler aux visiteurs grâce à un billet signé d'un député, s'avance au bord du balcon du deuxième étage, situé juste au-dessus des travées réservées aux députés d'extrême droite. Par-dessus la lice il lance sa bombe. La détonation est terrible. En un instant, l'air s'embrume de centaines de morceaux de ferraille et de clous qui virevoltent en tous sens. Une vision d'apocalypse. Des cris de panique fusent de toute part. Des blessés s'effondrent, ensanglantés. Pendant quelques secondes, le temps paraît suspendu. Quand le nuage de poussière et de débris retombe, les députés, les journalistes, les spectateurs se précipitent sur les blessés pour leur porter secours. On les évacue vers les bureaux hors de l'hémicycle. Dans la salle, c'est la pagaille. Les costumes sombres des députés encore présents sont recouverts de poussière. Le président Dupuy, le haut du crâne ensanglanté par l'impact d'un clou, reprend avec beaucoup de sang-froid la séance. « Messieurs, dit-il solennellement, les débats continuent ! » Le vicomte de Montfort, interrompu en plein discours, est toujours à la tribune où il s'exprimait juste avant l'explosion. Les secrétaires recommencent à noter. Déjà, devant les grilles fermées de l'Assemblée, pour empêcher que les auteurs de l'attentat ne s'échappent, se pressent un grand nombre de journalistes. Casimir Perrier, le président du Conseil, accompagné des ministres de la Justice et de l'Intérieur, arrive rapidement sur place, et commence par rendre visite aux blessés les plus touchés...

Moins d'une heure après l'explosion, alors que les secours continuent d'évacuer les blessés, les policiers commencent à interroger les témoins, à la recherche du moindre détail. Ils mettent vite la main sur Auguste Vaillant qui assume d'entrée toute la responsabilité de l'attentat. Un attentat qui n'a tué personne mais qui a fait près de soixante-dix blessés.

Deux mois plus tard, le 5 février 1894, Auguste Vaillant est guillotiné au petit matin. Ses dernières paroles, prononcées d'une voix forte, on les a rappelées plus haut : « Mort à la société bourgeoise et vive l'anarchie ! »

Une semaine plus tard, le 12 février, le jeune Émile Henry lance une bombe au café « Terminus » de la gare Saint-Lazare. Bilan : un mort et une vingtaine de blessés... L'épidémie des attentats anarchistes atteindra son point culminant le 24 juin suivant à Lyon, lorsque l'anarchiste italien Caserio assassinera d'un coup de couteau le président de la République Sadi Carnot. Ce sera le dernier acte de la « propagande par le fait ». Ce sera également le constat d'échec de l'anarchie. La société sans État, sans autorité, annoncée comme inéluctable, n'a pas vu le jour. Les bourgeois tant détestés n'ont pas été détrônés...

Vingt ans plus tard, la boucherie de la Première Guerre mondiale allait faire des dizaines de millions de victimes. Bien plus que les attentats désespérés des militants anarchistes…

> À signaler pour aller plus loin dans la connaissance de ces mouvements anarchistes, l'excellent livre de l'avocat pénaliste Me Thierry Lévy, *Plutôt la mort que l'injustice*, aux éditions Odile Jacob. Il s'agit d'un essai qui raconte, à la lumière des grands procès anarchistes, les parcours de Ravachol, d'Auguste Vaillant, d'Émile Henry, de Caserio, tous inspirés par les théoriciens du socialisme révolutionnaire qui voulait abattre l'État au nom de la liberté absolue pour le prolétariat.

L'AFFAIRE BEN BARKA

Des assassinats politiques ont été commis, en France, au cours des décennies 1960-1980, une bonne vingtaine au total. Certains n'ont jamais été totalement élucidé. C'est le cas pour l'affaire de l'enlèvement et l'assassinat en 1965 d'un des principaux dirigeants du tiers monde de l'époque, le Marocain Mehdi Ben Barka, opposant notoire au roi Hassan II et bête noire de nombreux pays occidentaux qui voyaient en lui un agitateur dangereux, organisateur de la lutte armée en Afrique, en Asie et en Amérique du Sud, au nom de son combat contre l'impérialisme et le néocolonialisme. Le mystère qui entoure encore aujourd'hui, quarante-cinq ans après les faits, la disparition de Mehdi Ben Barka doit beaucoup à la raison d'État et à l'implication de membres des services secrets et des officines policières, comme le SAC, qui menaient à l'époque une traque sans merci contre les représentants de l'extrême gauche.

Aujourd'hui, en 2010, le dossier de l'affaire Ben Barka est encore ouvert sur le plan judiciaire. Une plainte pour assassinat est toujours en instruction à Paris. Me Maurice Buttin, avocat de la famille Ben Barka, et Bachir Ben Barka, son fils, continuent leur combat pour faire éclater la vérité sur cette tragédie.

Nous sommes en 1965. À cette époque, le monde est en pleine guerre froide. L'Est et l'Ouest se regardent en chiens de faïence. L'Algérie est indépendante depuis trois ans à peine. Le général de Gaulle est au pouvoir. Les anciennes colonies françaises d'Afrique noire sont maintenant des pays indépendants.

Ce vendredi 29 octobre au matin, Mehdi Ben Barka, qui a auparavant séjourné au Caire, vient d'arriver à Genève. Il y loue deux appartements mais, se sentant menacé, se fait héberger chez différents amis. Son courrier est adressé à une poste restante du canton. Il dispose, pour ses déplacements dans la capitale suisse, d'une voiture de marque Borgward, de facture allemande et de couleur crème, qu'il enferme chaque soir dans un box, de peur qu'on ne la piège. Car Ben Barka a peur. Au Maroc, il avait déjà échappé à une tentative d'attentat : une voiture de police l'avait doublé dans un virage et l'avait projeté dans un ravin. Il s'en était tiré avec une grave blessure à la colonne vertébrale. Plus récemment, à Genève même, il avait échappé de peu à une tentative d'enlèvement. Il avait réussi à s'engouffrer *in extremis* dans un garage privé à double issue appartenant à un ami vénézuélien. Il avait raconté ensuite, à un autre ami, qu'il avait identifié comme ses agresseurs deux hommes de la police marocaine. Dans la matinée du 29 octobre, des témoins confirment voir Ben Barka au Palais des Nations genevois, discuter avec un fonctionnaire syrien. Il paraissait alors décontracté. Vers 10 heures, il débarque à Orly, sous un nom d'emprunt et muni de faux papiers idoines. Seuls quelques proches sont au courant de cette escapade parisienne. Sa seule erreur sans doute est d'avoir réservé pour le soir même deux places à son vrai nom au théâtre de la Gaîté-Montparnasse où l'on joue *Le Goûter des généraux*, pamphlet antimilitariste écrit par Boris Vian. En attendant, Ben Barka se rend pour déjeuner à la fameuse brasserie Lipp, au cœur du 6e arrondissement parisien. Il y a rendez-vous avec trois hommes, avec qui il envisage de réaliser un grand film sur la décolonisation. Le premier est le réalisateur

Georges Franju, qui doit être accompagné, lui avait-on dit, d'un journaliste, Philippe Bernier, et d'un éditeur de romans-photos, un certain Georges Figon. Ce dernier personnage devait assurer le préfinancement du film. Le titre était déjà trouvé. Ce serait : « Basta ! »

De l'aéroport, Mehdi Ben Barka avait téléphoné à son ami, Thami Azemmouri, étudiant en Histoire, dilettante un peu bohème, qu'il devait présenter aux producteurs du film. Rendez-vous est fixé entre les deux amis à 11 h 30 au Rond-point des Champs-Élysées. De là, les deux hommes devaient rejoindre ensemble le Quartier latin. Mais comme il est trop tôt pour se rendre au rendez-vous, ils décident d'aller prendre un verre au nouveau Drugstore du boulevard Saint-Germain. Un taxi les dépose près de la librairie « La Pochade ». Un peu plus loin sur le trottoir, deux hommes se détachent de la foule des passants. Ils encadrent Ben Barka en brandissant leur carte professionnelle : « Police française ! disent-ils. On doit vous emmener à un rendez-vous ! » Ben Barka est calme. Il demande à examiner les papiers des policiers, puis il accepte de monter à bord de leur voiture, un break 403 de la Préfecture de police, équipée d'un téléphone. Pendant ce temps, d'autres hommes surgis de nulle part entourent l'étudiant qui accompagnait Mehdi Ben Barka. Thami Azemmouri prend peur. Il se précipite rue Serpente, au siège de l'Association des étudiants marocains. Mais n'y trouve personne. Complètement affolé, il se réfugie alors chez un ami. Ce n'est que vers 16 heures que sa femme parviendra à joindre l'étudiant marocain et à lui annoncer que « Mehdi Ben Barka a été arrêté ». Rasséréné, Azemmouri finit par se convaincre que Ben Barka a été arrêté régulièrement par des policiers mandatés. C'est le soir que l'inquiétude augmente.

Théâtre de la Gaîté-Montparnasse, 21 heures. Abdelkader Ben Barka attend son frère, qui ne vient pas. La tension monte, alors Abdelkader se résout à appeler la police. Le samedi et le dimanche se passent sans que rien n'ait été entrepris officiellement pour tenter de retrouver Mehdi. La police confirme seulement qu'il n'y a pas eu d'arrestation officielle, contrairement à la rumeur qui enfle dans les milieux marocains. Mehdi Ben Barka serait donc libre de se déplacer où il veut sur le territoire national. Il n'y a même aucun avis de recherche le concernant. Pourtant, depuis cette date, le leader marocain n'a jamais été retrouvé.

Le lundi suivant, 1er novembre 1965, le frère de Medhi Ben Barka réagit publiquement à sa disparition. Dans un communiqué à la presse, il dénonce le probable enlèvement de son frère. Mais les autorités lui opposent d'emblée un silence assourdissant. Pourtant, l'enquête avance dans le plus grand secret pour faire la lumière sur ce qui a tout lieu d'être, dès le départ, un enlèvement politique.

Dès ce lundi 1er novembre la police a en main une piste sérieuse. Elle sait grâce à de nombreux témoignages que Mehdi Ben Barka avait désigné, et en plusieurs occasions, les noms de ceux qui pouvaient avoir intérêt à le faire disparaître. Un témoin affirme même avoir eu, quelques semaines auparavant, un contact avec un émissaire marocain qui lui aurait proposé une forte somme en vue de recruter des « hommes de main ». Leur tâche aurait consisté à enlever Mehdi Ben Barka et à l'emmener ensuite dans une villa de Seine-et-Oise, à Fontenay-le-Vicomte, sur les bords de l'Essonne. Enfin, les amis de Mehdi Ben Barka, interrogés par la police, n'avaient pas manqué de souligner que le directeur de la Sûreté marocaine, le commandant Dlemi, se trouvait précisément à l'hôtel Astor, à Paris, depuis plus d'une semaine. C'est ce commandant Dlemi qui avait mené l'enquête sur la gauche marocaine soupçonnée d'avoir organisé un complot contre le roi du Maroc en juillet 1963. Dlemi avait désigné Ben Barka comme l'un des organisateurs principaux de ce complot, ce qui avait valu à celui-ci, sans aucune preuve, sa deuxième condamnation à mort par contumace dans son pays. D'autre part, la police ne pouvait pas ne pas savoir que le ministre marocain de l'Intérieur, le général Mohamed Oufkir, était arrivé à Paris le samedi 30 octobre… et qu'il avait repris un avion à Orly le lendemain dimanche 31.

Les soupçons à l'encontre du pouvoir marocain déterminé à se débarrasser d'un opposant remuant se précisent. Il est clair que Mehdi Ben Barka est tombé dans un piège. Le déjeuner chez Lipp était destiné à le faire venir à Paris où une équipe de policiers véreux et de voyous connus de la police comme proxénètes notoires devaient l'enlever et l'éliminer. Dans les jours qui suivent, la police française met la main sur un certain Antoine Lopez, personnage bien connu dans les milieux marocains. Du temps du protectorat français, il était chef d'escale à l'aéroport de Tanger. Il avait fait du trafic d'armes pour le compte des nationalistes. Inspecteur au sein de la compagnie Air Maroc, il avait eu l'occasion de rendre des services à plusieurs ministres marocains. En octobre 1965, il est officiellement chef d'escale à Orly. Mais ce personnage est surtout membre des services secrets français, le SDECE, ancêtre de la DGSE. La police le soupçonne immédiatement d'avoir été le commanditaire de l'enlèvement de Mehdi Ben Barka. Antoine Lopez a d'ailleurs opportunément disparu depuis le jour de l'enlèvement. Mais son nom paraît dans la presse, et dès le 3 novembre, il est retrouvé et arrêté par le commissaire Bouvier, en charge de l'enquête.

La personnalité des trois invités au déjeuner chez Lipp est bien entendu passée au crible. Et si le réalisateur et le journaliste sont mis hors de cause, le pseudo-producteur Georges Figon intéresse particulièrement la police. On lui découvre une solide amitié avec un truand de l'époque, Georges Boucheseiche, ancien gestapiste. Mais les deux hommes sont en fuite. Les journalistes Jacques Derogy et Jean-François Kahn retrouvent les premiers Georges Figon, et publient, en exclusivité dans *L'Express*, le récit hallucinant que le fugitif leur fait de l'enlèvement de Ben Barka. Pour lui, qui fut l'appât, l'organisateur du rapt n'est autre qu'Antoine Lopez, aidé de deux policiers véreux, Souchon et Voitot. Les trois hommes forcent au beau milieu du boulevard Saint-Germain l'opposant socialiste marocain à monter dans leur voiture. Mehdi Ben Barka reste calme, demande à ses ravisseurs si leur intention est bien de l'expulser de France, et leur demande comme un service de faire suivre sa valise, qu'il a laissée à son hôtel.

Mais la 403 dépasse l'entrée d'Orly et continue son chemin. Pour la première fois le prisonnier semble inquiet. « La vérité, lui dit alors un des deux policiers, c'est que le patron veut vous voir discrètement. Nous allons le rejoindre dans un endroit discret. » Après une demi-heure de route, la voiture arrive enfin à destination. Loin d'une adresse officielle ou d'un commissariat, c'est en réalité dans la propriété de Georges Boucheseiche, à Fontenay-le-Vicomte, que Mehdi Ben Barka est déposé.

Immédiatement, l'opposant marocain est drogué, puis conduit dans une chambre à l'étage de la villa. Les ravisseurs s'effacent pour laisser leur proie au fameux commandant Dlemi. « Qu'est-ce qu'on va en faire ? » demande alors Jo Boucheseiche à Dlemi. « On va le liquider », aurait répondu le Marocain…

La suite n'est que tortures. Livré à la fureur de l'aile dure des partisans du roi Hassan II, Mehdi Ben Barka aurait alors subi un tabassage en règle. Figon, toujours présent, raconte même que le général Oufkir, coiffé d'un grand feutre noir, aurait rejoint le terrible Dlemi, et aurait lacéré l'opposant toujours en vie à l'aide d'un poignard. Où, quand, et sous quels coups Mehdi Ben Barka rendra-t-il son dernier soupir ? Aucun des comploteurs ne saurait le dire avec exactitude. Les Français impliqués dans cette exécution politique assurent avoir quitté la scène une fois leur travail de « livraison » terminé.

Le 17 janvier 1966, après quelques semaines de cavale, Georges Figon est retrouvé mort, chez lui, dans le 14e arrondissement de

Paris. Officiellement il s'est suicidé alors que les policiers s'apprêtaient à l'arrêter.

Le 7 juin 1967 se ferme à Paris le procès des ravisseurs de Ben Barka. Souchon, Voitot et Lopez sont condamnés à plusieurs années d'emprisonnement ferme. Ils ont reçu le soutien indirect du général de Gaulle en personne, qui déclare à l'occasion d'une conférence de presse : « Du côté français que s'est-il passé ? Rien que de vulgaire et de subalterne. Rien, absolument rien, n'indique que le contre-espionnage et la police, en tant que tels et dans leur ensemble, aient connu l'opération, a fortiori qu'ils l'aient couverte. » Les Marocains Dlemi et Oufkir, désignés comme les véritables instigateurs du complot, seront condamnés à la perpétuité par contumace.

Fin de l'affaire ? Pas vraiment. En réalité, les vrais responsables sont-ils ceux que l'on croit ? Depuis plus de quarante ans, la question de savoir si le roi Hassan II aurait été le véritable instigateur du complot fait régulièrement surface. Comme celle de l'implication française. Les autorités savaient-elles que l'enlèvement de l'opposant devait avoir lieu ce funeste 29 octobre 1965 ? Pourquoi alors n'ont-elles rien fait pour l'empêcher ?

Le dernier coup de théâtre sur le mystère de l'affaire Ben Barka aura lieu en 2000. Cette année-là, le magazine *Paris Match* publie une enquête sur la mort de Ben Barka, avec le témoignage exclusif d'Antoine Lopez, retrouvé par les journalistes, qui annonce que le corps de l'opposant marocain a été enterré sous la mosquée d'Évry.

Aujourd'hui, quarante-cinq ans après, la recherche de la vérité continue. Une enquête, confiée au juge d'instruction Patrick Ramaël, est toujours instruite au sein du palais de justice de Paris. Des témoins, des acteurs de ce crime sont encore vivants, en France et au Maroc. Des archives existent. Pourquoi cette vérité est-elle encore tellement à craindre ? Pour qui ? Qui sont les assassins ? Où est le corps ? Toutes les responsabilités, fût-ce au plus haut niveau, ont-elles été identifiées ? Faute d'un ultime coup de théâtre, la justice ne sera peut-être jamais en mesure de répondre à ces questions.

L'ASSASSINAT DE PIERRE GOLDMAN

Quatorze ans après l'affaire Ben Barka, un militant d'extrême gauche, Pierre Goldman, était abattu en plein Paris le 20 septembre 1979, par un commando de quatre hommes. Qui étaient ces tueurs ? Qui a décidé et commandité l'élimination de Pierre Goldman ? Beaucoup d'hypothèses ont été émises, parmi lesquelles celle d'un mystérieux commando « Honneur de la police » qui avait d'ailleurs revendiqué l'opération à l'époque : des membres du SAC – une officine politique d'extrême droite – auraient voulu venger l'un des leurs blessé par Pierre Goldman au cours d'un hold-up qui avait coûté la vie à deux pharmaciennes du boulevard Richard-Lenoir, à Paris, quelques années plus tôt. Le révolutionnaire ayant été acquitté par la justice, ils auraient voulu se venger. Près de trente ans plus tard, l'identité de l'un des tueurs présumés a été révélée par le commissaire Lucien-Aymé Blanc, ancien chef de l'OCRB, l'Office central de répression du banditisme. Il s'agissait selon lui d'un de ses indicateurs, Jean-Pierre Maïonne, qui aurait agi pour le compte d'un groupe clandestin espagnol de lutte contre l'ETA avec la bénédiction des RG, les Renseignements généraux. Mais Jean-Pierre Maïonne ayant été lui-même abattu quelques années plus tard, on ne peut guère aller plus loin dans les suppositions. Nouveau coup de théâtre au début de l'année 2010 :

une équipe de l'émission de Canal + « Lundi Investigation » affirme avoir retrouvé l'un des membres du commando et avoir identifié tous les tueurs, ainsi que leur commanditaire. Le journaliste qui a mené l'enquête, Michel Despratx, a raconté comment il avait réussi à rencontrer et à enregistrer le long témoignage de celui qui est le personnage principal de son film Comment j'ai tué Pierre Goldman. *S'agit-il de l'ultime vérité sur cette mystérieuse affaire ? Les confidences tardives de celui qui se présente sous le pseudonyme de Gustavo, à visage caché, avec une voix déformée, n'apportent aucune preuve concrète de ce qu'il avance. Il attribue au chef du SAC, Pierre de Bizet, d'avoir commandité cet assassinat. Le Service d'action civique, de triste mémoire, passe pour avoir effectivement réuni à l'époque des militants politiques de droite et des membres de la pègre dans de nombreuses opérations illégales. Mais les preuves manquent et Pierre de Bizet est mort ! Venant de l'horizon du grand banditisme, Gustavo refuse en revanche de livrer le nom de ses complices dont il dit que certains sont morts ou réfugiés en Amérique du Sud. Seule une réouverture d'information judiciaire, qui a peu de chance de se produire, pourrait éventuellement relancer l'affaire. Mais il n'y a pas de prescription pour la raison d'État, et les plus hauts responsables interrogés par le journaliste de Canal +, dont certains étaient proches de l'Élysée à l'époque, ont nié catégoriquement en savoir plus que le commun des mortels. Il est difficile de s'en étonner. Le mystère continuera donc à planer sur le ou les véritables commanditaires de cet assassinat qui a bouleversé une grande partie de l'opinion du pays.*

Pierre Goldman naît à la fin de la Seconde Guerre mondiale de parents juifs polonais qui participent activement à la Résistance à Lyon. A l'époque, sa mère traversait la ville avec des armes et de la propagande anti-allemande cachées dans son berceau. Plus tard, à l'école, il est un élève plutôt instable, renvoyé de plusieurs établissements pour indiscipline. En classe de seconde, au collège d'Étampes, il se montre extrêmement agité et contestataire.

Admiratif de l'action de ses parents, il adhère aux Jeunesses communistes, et devient responsable du service d'ordre de l'Union des étudiants communistes. Fasciné par la révolution cubaine, par Che Guevara, et par les mouvements de libération d'Amérique du Sud, il part pendant l'année 1968 pour le Venezuela, où il se forme un an dans les rangs de la guérilla. C'est dans ce pays qu'il participe pour la première fois à un braquage de banque. C'est aussi pour cette raison qu'il décide de rentrer en France. Il arrive à Paris en septembre 1969 et commet plusieurs petits hold-up. Son destin bascule l'année suivante, le 8 avril 1970, au Carrefour de l'Odéon à Paris.

Ce jour-là, des policiers en civil entourent un jeune homme de 26 ans et le plaquent au sol devant les passants médusés. L'un des inspecteurs fouille les poches du suspect, qui n'oppose aucune résistance, en sort un passeport vénézuélien. « C'est bien lui ! » dit-il triomphalement. Les policiers qui emmènent Pierre Goldman au Quai des Orfèvres, enquêtent depuis plusieurs mois sur quatre affaires de braquages : l'attaque d'une pharmacie le 4 décembre 1969, rue Ernest-et-Henri-Rousselle. Butin : 500 francs. Un hold-up, le 19 décembre de la même année, dans une pharmacie du boulevard Richard-Lenoir. Bilan : deux morts, la pharmacienne et sa préparatrice, et deux blessés, un client et un policier qui tentaient d'entraver la fuite du braqueur. Suit encore un vol organisé le lendemain, 20 décembre 1969, avec deux autres complices, aux établissements VOG, rue Tronchet. Butin : un peu plus de 22 000 francs. Quatrième affaire : l'agression, le 19 janvier 1970, avec un complice, du payeur de la caisse d'allocations familiales, passage Ramey. Butin : 7 800 francs.

De cet itinéraire criminel, Pierre Goldman nie tout, dans un premier temps, avant de reconnaître sa participation à trois des affaires qui lui sont reprochées, à l'exception du cambriolage de la pharmacie du boulevard Richard-Lenoir qui a fait deux morts et deux blessés. S'il est reconnu comme auteur de ce hold-up, il risque une condamnation à mort. Il le sait. Pour sa défense, Pierre Goldman dira à ses juges que, s'agissant de ce braquage, il était « capable, mais pas coupable ! ». Que s'était-il vraiment passé ce 19 décembre 1969 ?

Ce jour-là, un homme seul, armé, fait irruption à l'heure de la fermeture dans une pharmacie du boulevard Richard-Lenoir et réclame la caisse. Mais rien ne se passe comme prévu. Un client, Raymond Trocard, 57 ans, entre par hasard dans la pharmacie alors que le braqueur menace Simone Delauney et sa préparatrice, Jeanine Aubert. Les deux femmes, qui s'apprêtaient à quitter l'officine, sont terrorisées. Le client tente de raisonner l'agresseur. Une balle dans la mâchoire le neutralise. Il dira plus tard avoir entendu les pharmaciennes supplier le tireur avant de perdre connaissance. Elles seront abattues de sang-froid. À deux pas de là, un jeune gardien de la paix, Gérard Quinet, 22 ans, a entendu les coups de feu. Il comprend qu'il se passe quelque chose de grave. Il n'est pas de service mais il se précipite vers la pharmacie, prend en chasse l'homme qui s'en échappe, le ceinture. Et écope d'une balle dans le ventre.

Deux morts, deux blessés, un tueur en fuite… Un indicateur donnera aux policiers le surnom de l'assassin. Un certain « Goldie », dira-t-il. À partir de cet élément et sur la foi des descriptions données par d'autres témoins, le commissaire Marcel Leclerc, qui mène l'enquête pour le Quai des Orfèvres, remontera jusqu'à Pierre Goldman qu'il finit par interpeller au Carrefour de l'Odéon, à Paris, le 8 avril 1970. Pour le commissaire, l'affaire semble plutôt limpide. Le suspect est formellement reconnu par le client de la pharmacie et par le jeune policier, mais aussi par une jeune femme bousculée par le tueur lors de sa fuite. Ce sont pourtant les seuls éléments dont disposera l'accusation.

« Je suis innocent parce que je suis innocent », lance Pierre Goldman à ses accusateurs. Et il rappelle aussi qu'il ne pouvait pas se trouver physiquement boulevard Richard-Lenoir à l'heure du crime : il était alors, affirme-t-il, rue de Turenne « chez un ami antillais, Joël Lautric ». Celui-ci confirme. Pas d'aveux, pas de preuves. Mais des identifications formelles et un faisceau de présomptions suffisant pour les jurés de la cour d'assises de Paris : le 14 décembre 1974, Pierre Goldman est condamné à la réclusion criminelle à perpétuité.

En prison, Goldman passe une licence de philosophie, une maîtrise d'espagnol et, surtout, il écrit son autobiographie, *Souvenirs obscurs d'un Juif polonais né en France*. La publication de ce livre marquera toute une génération et vaudra à Pierre Goldman de très nombreux soutiens d'intellectuels, de journalistes et d'hommes politiques. De Pierre Barouh à Serge July et Bernard Kouchner, en passant par Pierre Mendès France, Joseph Kessel, Yves Montand, Simone Signoret, Françoise Sagan… Tous persuadés de son innocence dans le meurtre des pharmaciennes, ils dénoncent un procès tronqué, sans preuves réelles. Ils considèrent que le doute n'a pas bénéficié à l'accusé. Coup de théâtre : le verdict est cassé par la Cour de cassation. Un second procès aura lieu deux ans plus tard, devant les assises de la Somme, à Amiens.

Ce deuxième procès déchaîne les passions autour de la personnalité de Pierre Goldman. Défendu par Me Georges Kiejman, il sera condamné à douze ans de prison pour les trois affaires où il a reconnu sa participation. Mais il est acquitté du double meurtre du boulevard Richard-Lenoir, et libéré presque aussitôt, compte tenu des remises de peine.

Pierre Goldman est donc libre. Il lui reste un peu plus de trois ans à vivre. Il sera assassiné par balles, en plein Paris, le 20 septembre 1979, par un commando de plusieurs hommes armés.

Ce jeudi 20 septembre 1979 est une belle journée d'automne. Il est midi. Trois policiers de la 9e brigade territoriale surveillent discrètement depuis leur voiture banalisée l'entrée d'un bar situé tout près de la Poterne des peupliers, dans le 13e arrondissement de Paris. À l'intérieur, une bande de proxénètes lyonnais qu'ils filent depuis plusieurs semaines. On n'est plus très loin de l'interpellation. Les policiers sont nerveux, ils pensent avoir été repérés. Ils ont peur que les malfrats ne tentent de leur échapper en sortant par une porte dérobée. Deux des policiers quittent alors leur voiture et se dirigent discrètement à pied vers le bistrot. Le conducteur, resté au volant, les suit un moment du regard avant d'apercevoir deux hommes, un brun et un blond, vêtus de sombre, assis sur un muret de la place de l'Abbé-Georges-Hénoque. L'un d'eux tient dans sa main un sac en plastique imprimé aux couleurs de la chaîne d'épicerie Félix Potin. Le conducteur met le contact et se rapproche avec la voiture des deux autres policiers postés près du bar. De son nouveau poste d'observation, le chauffeur de la voiture banalisée repère un troisième homme qui arpente la rue de la Colonie. Il paraît nerveux, il fait semblant de lire un journal en marchant, mais son attention est ailleurs. Ses yeux sont aux aguets, extrêmement mobiles et se posent sur le moindre quidam qui passe. Les trois policiers ont trop de métier pour se laisser abuser par l'attitude apparemment désinvolte des jeunes gens. Ces trois-là surveillent les lieux. Mais dans quel but ? Leurs réflexions s'arrêtent là, car, à cet instant, un des Lyonnais vient de sortir du café. Les policiers abandonnent leur voiture sur la place et lui emboîtent le pas.

Midi un quart, Pierre Goldman sort de l'immeuble qu'il habite passage Trubert-Bellier. Il remonte la rue de la Colonie en direction de la place de l'Abbé-Georges-Hénoque. Il est fatigué car il s'est couché aux aurores après avoir passé la nuit à jouer des percussions en compagnie de musiciens antillais qui se produisent à la « Chapelle des Lombards », une boîte parisienne où Pierre Goldman se rend pratiquement tous les soirs… Sa femme Christiane, antillaise elle aussi, n'était pas avec lui ce jour-là car elle vient d'entrer à la maternité où elle s'apprête à accoucher de leur premier enfant. Tout à l'heure il ira la voir pour l'embrasser.

Mais d'abord, il doit se rendre à la poste pour envoyer en Amérique du Sud un mandat destiné à la famille d'un musicien qu'il a accueilli chez lui depuis quelques semaines. L'homme parle mal le français et lui a demandé ce service.

Midi vingt. Pierre Goldman croise sans le voir le jeune homme au journal déplié, qui se retourne sur son passage et fait un signe discret à ses deux complices. Aussitôt, les deux hommes se laissent glisser du muret où ils attendaient depuis la fin de la matinée pour emboîter le pas au militant, futur père de famille. La place est quasiment déserte. Pierre Goldman longe maintenant l'enceinte de l'hôpital de la Croix-Rouge. Il ne fait pas attention aux deux jeunes gens qui s'avancent vers lui à longues enjambées. L'un d'eux sort du sac en plastique qu'il porte à la main une arme de gros calibre. La suite se passe en quelques secondes. Sans prononcer un mot, l'agresseur tend le bras et vide son chargeur. Huit balles de calibre 11,43 mm. La première rate sa cible et va fracasser la façade vitrée d'une banque qui se trouve juste derrière Pierre Goldman. Les sept autres balles atteignent leur but. Goldman est mortellement touché. Il réussit pourtant à faire volte-face et à tenter de s'enfuir en tournant le dos à ses assassins. La dernière chose qu'il voit, c'est le jeune homme qui était posté à l'angle de la rue de la Colonie. Il a laissé tomber son journal et il court vers lui en dégainant une arme de calibre 9 mm. L'homme tire deux nouveaux coups de feu. Pierre Goldman s'effondre, le corps criblé de balles. Un cadre supérieur d'une soixantaine d'années sort au même moment de son bureau pour aller déjeuner. Il a vu toute la scène, il croise les tueurs qui s'enfuient à toutes jambes. Il entend l'un d'eux dire aux deux autres en espagnol : « Por aquí hombre ! » Puis les fugitifs traversent en courant l'hôpital de la Croix-Rouge. Ils y croisent deux infirmières, alertées par les coups de feu, et quittent l'enceinte de l'hôpital sans être inquiétés. Les trois hommes s'engouffrent dans une Renault 5 rouge qui démarre en trombe et disparaît au coin de la rue.

Les infirmières s'approchent de Pierre Goldman. Il est étendu sur le ventre, face contre terre. Deux grosses flaques de sang ne cessent de s'étendre sous lui. Elles se penchent sur le corps. Elles ont déjà compris qu'il n'y a plus rien à faire. Il est midi vingt-cinq. Pierre Goldman est mort. Il avait 35 ans !

Vingt-sept mille personnes assisteront à son enterrement au cimetière du Père-Lachaise. Quelques jours après sa mort, sa femme Christiane, qu'il avait épousée en prison, met au monde leur enfant.

YANN PIAT : LA DÉPUTÉE ASSASSINÉE

Incroyable parcours que celui de la députée Yann Piat, tombée sous les balles d'une bande de malfrats en février 1994, à l'âge de 44 ans. Entrée en politique très jeune, filleule de Jean-Marie Le Pen, Yann Piat est parmi les premiers députés frontistes à gagner l'Assemblée nationale, lors des élections de 1986. Mais un tempérament de fer et une certaine idée de la France vont peu à peu l'éloigner de ses premières convictions pour rejoindre l'UDF. Installée dans le Var, sa région d'adoption, elle y devient une figure locale appréciée pour les uns, source de gêne pour d'autres…

Nous sommes le 25 février 1994. Ce jour-là, on apprend avec stupeur l'assassinat de la députée du Var, Mme Yann Piat, abattue par deux tueurs à moto sur la petite route qui menait à sa villa, sur les hauteurs du « Mont des oiseaux », tout près de la ville d'Hyères, dans le Var. Cette affaire exceptionnelle – car on ne tue pas souvent une élue de la République – va déboucher sur une série de suppositions et de rumeurs, qui ne seront pas retenues par la justice. La thèse officielle restera celle d'un assassinat crapuleux, commandité par une figure du milieu local, proche d'un ancien parrain du Var assassiné l'année précédente, et propriétaire d'un bar, « Le Macama »...

La nouvelle de l'assassinat de Yann Piat fait la une de toute la presse. Dans les heures qui suivent, le film des événements se fait plus clair : le chauffeur et homme de confiance de la députée, Georges Arnaud, dit « Jo », qui a été blessé par une des balles des tueurs à moto, a pu raconter dans le détail aux enquêteurs comment les événements se sont déroulés.

Il est 19 h 45. Yann Piat, 44 ans, mère de deux enfants, députée de la 3e circonscription du Var, quitte les bureaux de sa permanence, installée au 42, avenue des Îles-d'Or, à Hyères. Elle prend place près de Jo à l'avant de sa Clio Baccara. Elle a emporté avec elle les dossiers qu'elle doit encore étudier au cours de la soirée. Comme de coutume, elle se place de trois quarts sur son siège, prenant appui à la fois sur la banquette et sur la porte du véhicule, afin de pouvoir parler de manière plus conviviale avec Jo Arnaud. Ce dernier met en général moins de dix minutes pour franchir les quatre kilomètres et demi qui séparent la permanence du « Mas Bleu » de la maison de sa patronne. L'itinéraire emprunté est toujours le même... La Clio traverse le quartier de la gare coupé par un passage à niveau, grimpe la montée de Costebelle, puis s'engage dans la montée sinueuse, abrupte, tout en lacets et en épingles du « Mont des oiseaux ». Ce soir-là est un soir de pleine lune.

Jo Arnaud conduit tranquillement, à vitesse modérée. Il ne remarque rien d'anormal, du moins jusqu'à l'avenue des Roitelets. Moins d'un kilomètre avant le domicile de sa patronne. Soudain, au dernier virage avant le sommet, dans une épingle très raide qui oblige la voiture à repasser en première vitesse, une moto surgit, « comme un diable de sa boîte » dira Jo. La lunette arrière de la Clio explose... Yann Piat hurle : « Jo, on nous tire dessus ! » La moto et ses deux occupants sont à environ deux mètres derrière la voiture de l'élue. Puis la moto se porte à hauteur du véhicule, côté droit, et le passager arrière tire à nouveau. La vitre de la portière arrière éclate à son tour. Six balles touchent la Clio. Yann Piat s'écroule sur son siège. Jo Arnaud ressent une violente douleur à la cuisse gauche. Sa patronne a été touchée d'abord au poumon droit, puis une balle est venue transpercer l'artère pulmonaire, provoquant une hémorragie massive… La moto, lancée à toute allure, a maintenant dépassé la voiture des victimes. Mais le pilote négocie mal le virage suivant. La moto glisse, s'effondre sur la route, le conducteur est coincé sous la machine. Son passager, lui, a pu sauter à terre. Il se dirige maintenant, à pied, vers la voiture et ouvre à nouveau le feu. Jo Arnaud l'aperçoit dans le faisceau de ses phares. « On aurait dit un extraterrestre », racontera-t-il plus tard aux enquêteurs. « J'ai cru que mon dernier moment était arrivé ! J'ai alors glissé ma jambe blessée contre l'embrayage, puis de mon pied valide, j'ai accéléré comme un fou en marche arrière, j'ai fait une manœuvre dans le virage en épingle et je suis reparti en direction d'Hyères, je pissais le sang… » Aux côtés de son chauffeur, Yann Piat gémit. Jo raconte encore : « Elle s'était ramassée sur elle-même, comme une poupée de chiffons, la tête et le buste penchés en avant. Elle murmurait : “Sauvez-moi, sauvez-moi, je ne veux pas mourir…” »

Il est 20 h 12 précises lorsque la Clio s'engouffre, au bas de la colline, dans la cour d'une caserne de pompiers. Face à l'urgence de la situation, le sergent-chef Ruiz, de permanence ce soir-là, appelle aussitôt le SMUR de l'hôpital d'Hyères. Les médecins arrivent moins d'un quart d'heure plus tard. Malgré un massage cardiaque et une injection d'adrénaline pour tenter de faire repartir le cœur, ils ne peuvent que constater le décès de la députée, suite à une hémorragie interne massive.

Cet attentat frappe de stupeur les autorités, et le public. Première réaction du procureur de la République de Toulon, André Ride : « Il s'agit d'un contrat ! » Il y voit la preuve dans la manière dont les deux hommes ont opéré. La pègre envoie dans neuf cas sur dix des tueurs en moto exécuter ceux dont elle a décidé l'élimination. Le juge Michel a été tué de la même manière par les trafiquants de drogue qui l'avaient condamné à mort…

Les amis et les proches de Yann Piat ne sont pas vraiment surpris. Ils racontent aux journalistes que la députée se sentait menacée depuis de longs mois. Philippe de Villiers, consterné et révolté, le confirmera plusieurs fois.

En réalité, tout le monde savait que la députée Yann Piat était menacée. Tout commence l'année précédente, en 1993, à l'occasion d'un meeting politique. Alors que la députée Yann Piat est à la tribune, des gros bras – identifiés plus tard comme des hommes de main du parrain de la pègre varoise Jean-Louis Fargette – huent, crient, perturbent l'intervention de Yann Piat. Le ton monte quand, quelques semaines plus tard, sa permanence est plastiquée. Yann Piat vivait depuis dans la hantise de nouvelles agressions. Les enquêteurs en charge de l'assassinat apprennent aussi que quinze jours plus tôt, le 11 février 1994, la députée du Var s'était ouverte de ses craintes à Bernard Tomasini, le chef de cabinet du ministre de l'Intérieur de l'époque, Charles Pasqua. Au cours de sa conversation avec le haut fonctionnaire, elle avait dénoncé l'emprise grandissante de la Mafia dans son département, mettant même en cause des élus de son propre camp.

Le 1er mars, les obsèques de la députée assassinée se déroulent dans une atmosphère de très grande émotion. Le cercueil en bois de Yann Piat disparaît entièrement sous les fleurs et sous un grand drapeau tricolore. Au-dessus, le buste blanc de Marianne. Dans l'assistance, beaucoup de ses amis, mais aussi de simples habitants de la ville d'Hyères, qui espéraient qu'elle soit élue à la mairie de leur ville, sont venus manifester leur tristesse et leur colère. Le jour même de ses obsèques, la police opère un vaste coup de filet. 26 personnes sont interpellées dans le cadre de l'enquête. Parmi elles, le grand rival UDF de Yann Piat dans la course à la mairie d'Hyères, Joseph Sercia, et Michel Hamaïde, un conseiller général, ancien suppléant de François Léotard. Ils seront rapidement mis hors de cause et libérés. Le lendemain, seules 6 personnes voient prolonger leur garde à vue sur décision d'André Ride, le procureur de Toulon. Selon l'expression d'usage, elles sont toutes connues défavorablement de la police. Mais relâchées faute de preuve.

Une lettre va mettre le feu aux poudres. Elle a été écrite en 1992, elle est signée de Yann Piat, et découverte à son domicile. Portant sur son enveloppe une mention sans ambiguïté : « à n'ouvrir qu'en cas de mort suspecte ». Les enquêteurs la décachettent. Yann Piat y désigne nommément cinq personnes, à entendre, selon elle, en priorité s'il lui arrivait quelque chose. On y trouvait, dit-on, les noms de représentants du milieu local mais aussi ceux de personnages politiques très haut placés dans la région PACA. Cette piste politique fait les gros titres de la presse. Les mis en cause se défendent comme de beaux diables. Mais après enquête, cette piste sera finalement abandonnée, et les personnes désignées par la lettre posthume de Yann Piat, mises hors de cause.

Le seul commanditaire potentiel du crime ne pourra pas être interrogé, car il a été mystérieusement abattu un an plus tôt, en Italie. Il s'agit de Jean-Louis Fargette, le parrain varois, qui vouait une haine farouche à la députée depuis qu'elle avait décidé de moraliser les pratiques socio-économiques locales en se présentant aux prochaines élections municipales pour être élue maire de la ville d'Hyères.

L'affaire est-elle close ? S'agirait-il d'un simple « contrat » passé entre parrains locaux se sentant menacés dans leurs affaires ? Un rebondissement va néanmoins bientôt permettre aux enquêteurs d'entrevoir la lumière…

17 juin 1994. Lucien Ferri, 24 ans, dit « Lulu », fils d'un gardien de musée, est placé en garde à vue. Celui-ci décide de se « mettre à table » et avoue avoir été le passager de la moto. Pire ! Il dit avoir tiré sur Yann Piat. L'arrestation de Lucien Ferri s'est accompagnée de celle de Marco Di Caro, 23 ans, ex-carreleur, devenu videur de boîte de nuit, soupçonné d'avoir conduit la moto, et de Gérard Finale, 47 ans, dit « le Grand », patron de la brasserie « Le Macama » sur le port d'Hyères. Commanditaire présumé de l'assassinat, Gérard Finale aurait ainsi tenté de gagner ses galons de chef de gang dans le milieu local dont il voulait prendre le contrôle depuis longtemps

Les deux ans d'instruction menée par le juge Thierry Rolland seront émaillés de nombreux coups de théâtre. Les accusés de la bande du « Macama » dénoncent les véritables commanditaires du crime : selon eux, une figure du milieu régional et un homme politique varois. Eux-mêmes n'auraient été que des exécutants. Mais, malgré un certain nombre d'investigations, l'ouverture d'une information supplémentaire, et l'audition de plusieurs représentants politiques locaux, le procès des trois hommes s'ouvre le 4 mai 1998, devant la cour d'assises du Var. Personne d'autre ne les a rejoints sur le banc des accusés, sinon leurs comparses, tous faisant partie de ceux que la presse a baptisé « les bébés-flingueurs du Macama ».

Dès la première journée d'audience, celui qu'on peut considérer comme le principal témoin, Georges Arnaud, le chauffeur de Yann Piat, grièvement blessé lui-même au cours du drame, vient dire à la barre les grandes souffrances psychologiques dont il ne se remet pas. « C'est une vie qui s'arrête », dit-il devant une assistance émue.

Le procès des assassins de Yann Piat va durer six semaines. Le verdict tombe le 17 juin 1998. Après cinq heures de délibération. Lucien Ferri et Gérard Finale sont condamnés à la réclusion criminelle à perpétuité… Marco Di Caro a écopé d'une peine de vingt ans. Les autres membres de leur petite bande d'apprentis-parrains, au courant de l'assassinat, et ayant fourni logistique et assistance, sont eux aussi condamnés à de lourdes peines. Seul un certain Chiarisoli, ancien militaire soupçonné un moment d'avoir été le conseiller technique du guet-apens, est acquitté et sort libre du tribunal.

Où est donc la vérité dans cette affaire Yann Piat ? Quelles autres hypothèses, quel mobile pourraient expliquer qu'un contrat ait pu être lancé sur la tête d'une élue de la République ? La thèse du crime crapuleux, de la vengeance d'une petite bande de voyous locaux est-elle réellement solide ? C'est pourtant celle qui a finalement été retenue par la justice.

COLD CASE

L'AFFAIRE CALAS

L'affaire Calas, considérée comme une des plus célèbres du XVIIIe *siècle, doit sa notoriété au combat mené par Voltaire pendant trois longues années pour obtenir la réhabilitation du condamné. C'est une des premières affaires médiatiques de tous les temps. Toute l'Europe a fini par prendre fait et cause pour Jean Calas, accusé d'avoir tué son fils à Toulouse parce qu'il voulait changer de religion. Calas a été exécuté. Était-il vraiment innocent ? Aujourd'hui encore les historiens et les spécialistes des affaires criminelles continuent à se séparer en deux camps : ceux qui pensent que Marc-Antoine Calas s'est suicidé et ceux qui demeurent persuadés que le père a maquillé le meurtre de son fils en suicide. À vous de juger !*

Nous sommes au soir du 13 octobre 1761, rue des Filatiers, à Toulouse. Le clocher de l'église Saint-Étienne vient de sonner 22 heures. La nuit est paisible. Le quartier semble endormi. Soudain, des cris déchirants brisent le silence. Des habitants réveillés en sursaut se précipitent à leurs fenêtres. On entend : « Au voleur ! À l'assassin ! » Et puis : « Ah ! mon Dieu ! Ah ! mon Dieu ! » Et encore : « Ah ! mon père ! Ah ! mon père ! » La pleine lune éclaire la rue. Jeannette, la vieille servante du riche marchand Jean Calas, que tout le monde appelle « Nanette » dans le quartier, apparaît à la fenêtre de sa cuisine. Elle crie : « Oh ! mon Dieu, on tue quelqu'un ! Jésus où est-il ? » La voisine des Calas, Mlle Pouchalon, aperçoit Nanette à sa fenêtre et lui lance : « Mais c'est chez vous ! » À cet instant, un homme élégamment habillé de gris, portant l'épée, sort de la boutique en courant. C'est le jeune Gaubert Lavaysse qui, ce soir-là, dînait chez Calas. Il court vers la rue du Coq-d'Inde chercher un médecin. Une petite foule s'amasse devant la façade de bois et de briques d'où sont partis les cris. Certains ont une barre de fer à la main, au cas où il se passerait quelque chose d'imprévu. Delpech, un ami des fils de la maison, frappe vivement à la porte. Il veut savoir ce qui se passe… C'est Pierre Calas, le cadet des fils du marchand, qui lui ouvre. Il est livide, il tremble. Il lance à son ami : « Venez voir, mon pauvre frère étendu mort. »

Le mort, c'est Marc-Antoine Calas, âgé de 28 ans. Il vit toujours chez son père, Jean, riche marchand d'étoffes. Très vite, David de Beaudrigue, conseil des capitouls, qui assure à la fois les fonctions de commissaire de police et de juge d'instruction, arrive sur place. Il examine le mort. Il se fait raconter ce qu'il s'est passé et il est rapidement convaincu que le père, Jean Calas, a tué son fils Marc-Antoine avec la complicité de sa famille et de leur invité. Dès les premières constatations en effet, Beaudrigue a remarqué que le corps étendu sur le sol, au travers d'une porte à deux vantaux qui permet aux occupants de passer du magasin à l'arrière-boutique, paraît avoir été déplacé, et même apprêté. Il procède à une arrestation générale. Le lendemain, les membres de la maison sont auditionnés. Cinq mois plus tard, s'ouvre le procès de Jean Calas et des siens. Le 9 mars 1762, par 8 voix contre 5, le Parlement de Toulouse condamne Jean Calas, le père de la victime, à la peine de mort. Le malheureux est condamné au supplice de la roue. Il subit les questions ordinaire et extraordinaire, de longues séances de torture. Il affronte le tourment des brodequins, le chevalet et l'ingestion de plusieurs litres d'eau, mais il n'avoue pas. Jusqu'à son dernier souffle, il clame son innocence. Roué de coups place Saint-Georges, Jean Calas est étranglé après deux heures d'agonie puis brûlé sur le bûcher. Anne-Rose Calas, Gaubert Lavaysse et Jeannette, la vieille servante, sont acquittés après une nouvelle requête. Quant à Pierre Calas, fils du condamné, frère de la victime, il est condamné au bannissement…

Pierre Calas se rend alors en Suisse, à Genève, berceau du calvinisme et haut lieu de la religion réformée, la religion de son père et de toute la famille Calas. Il y rencontre Voltaire. Le philosophe français ne croit pas à l'innocence de Jean Calas. Il rédige d'ailleurs une lettre incendiaire sur le condamné. En voici un extrait : « Vous avez entendu parler, peut-être, d'un bon huguenot que le Parlement de Toulouse a fait rouer pour avoir étranglé son fils. Cependant, ce saint réformé croyait avoir fait une bonne action, attendu que son fils voulait se faire catholique et que c'était prévenir une apostasie. Il avait immolé son fils à Dieu et pensait être fort supérieur à Abraham, car Abraham n'avait fait qu'obéir ; mais notre calviniste avait pendu son fils de son propre mouvement et pour la satisfaction de sa conscience. Nous ne valons pas grand-chose, mais les huguenots sont pires que nous et, de plus, ils déclament contre la comédie. »

Mais la veuve de Jean Calas fait également le voyage de Suisse. Elle est reçue par l'écrivain et elle réussit à le convaincre de l'innocence de son mari. Voltaire change alors d'opinion du tout au tout. Et il entraîne dans sa conviction quelques amis haut placés. Il utilise comme arme principale son ironie corrosive pour que justice soit faite. Pour obtenir la révision du procès, il faut renverser l'opinion, la convaincre… Alors il publie, l'année suivante, en 1763, un ouvrage intitulé *Traité sur la tolérance* à l'occasion du premier anniversaire de la mort de Jean Calas. Grâce a cet acharnement qui durera trois ans, Voltaire soulève la ferveur de ses lecteurs dans toute l'Europe. Le capitoul, soupçonné d'avoir monté de fausses accusations contre Calas, est destitué. Il se suicide peu après. En 1765, Voltaire a gagné son combat. Le procès est révisé. Jean Calas est déclaré innocent. Sa mémoire est réhabilitée par le Parlement de Paris le 9 mars 1765. Quant aux autres membres de la famille ainsi que la vieille Jeannette et l'ami de Pierre, Gaubert Lavaysse, ils sont déchargés des accusations portées contre eux. Ils n'ont pas tué. Ils n'ont pas été complices. Mais alors, que s'est-il vraiment passé ? Cette question reste, aujourd'hui encore, un mystère : Marc-Antoine s'est-il pendu ou l'a-t-on étranglé ? Et dans ce cas, qui fut son assassin ?

Jean Calas avait 64 ans. Il faisait partie des huguenots, les protestants français. Il vivait confortablement à Toulouse de son commerce d'étoffes et de draps, avec sa femme et ses six enfants. Quatre garçons et deux filles…

Le 13 octobre 1761, aux alentours de 17 heures, Jean Calas demande à son fils Marc-Antoine, 28 ans, d'aller échanger pour lui des écus contre des louis. En rentrant de sa course, son fils passe au café des « Quatre Billards » pour faire une partie avant de rentrer chez lui. Marc-Antoine fréquente régulièrement le lieu. Au moment de payer, des témoins rapportent l'avoir aperçu avec une bourse bien remplie de louis. Elle était « gonflée d'or », diront certains. A-t-il alors été repéré par quelque voyou qui l'aurait suivi pour tenter de connaître son adresse afin de le détrousser plus tard ? Cette piste ne sera jamais étudiée par les enquêteurs de l'époque. Et pourtant, elle aurait dû les intéresser. Car, premier mystère de l'affaire, il semble qu'on n'ait pas retrouvé cette bourse sur le corps de Marc-Antoine… Mais, après tout, peut-être l'avait-il remise à son père dès son retour à la maison…

Vers 19 heures, les parents Calas, Marc-Antoine, son frère Pierre et leur invité Gaubert Lavaysse se mettent à table. Le service est fait par la vieille Jeannette qui est de religion catholique romaine. Selon les déclarations unanimes des convives, le comportement de Marc-Antoine est naturel. Il dîne avec appétit et prend part à la conversation. À la fin du repas, toutefois, il quitte la table et il descend seul au magasin qui donne sur la rue. Personne ne s'inquiète de ne pas le voir revenir. Il lui arrive très souvent de passer la soirée hors de la maison paternelle. Peut-être voulait-il retourner aux « Quatre Billards » faire une partie ? Ou avait-il quelque part en ville un rendez-vous galant ? Quoi qu'il en soit, il passe d'abord par la cuisine, s'arrête devant le fourneau où se trouve Jeannette qui se souviendra à jamais de ses derniers mots : « Avez-vous froid, monsieur l'aîné ? » lui demande la servante. « Non, au contraire, je sue », lui répond-il. Et il sort de la pièce. On ne le reverra plus vivant...

Pendant ce temps, au premier étage, Lavaysse et le marchand discutent sur les canapés du salon. Pierre finit par s'assoupir. Anne-Rose Calas brode. Vers 21 h 45, Pierre Calas raccompagne Gaubert qui prend congé de ses hôtes. C'est alors qu'ils découvrent le cadavre de Marc-Antoine dans le magasin. Pierre pousse plusieurs grands cris. Jean Calas, déjà en tenue de nuit, se précipite dans l'escalier et fait, à son tour, la macabre découverte. Dans toute la maison règne bientôt une grande agitation. On crie, on pleure, on appelle au secours. Tout le quartier est bientôt en émoi...

On connaît la suite : le capitoul, David de Beaudrigue, arrive sur place à 23 h 30. Certains aspects de la scène mortelle l'intriguent. La mort de Marc-Antoine ne lui semble pas naturelle. Est-ce un meurtre ? Mais alors, comment se fait-il qu'il n'y ait pas de désordre dans le magasin ? Comment se fait-il que le corps ne porte aucune trace de lutte ? Le policier note même un détail qui renforce le mystère de cette mort : la coiffure du jeune homme est impeccable, comme s'il s'était coiffé juste avant de mourir. Autre élément troublant : en regardant autour de lui, Beaudrigue remarque que la veste de nankin et l'habit bleu de la victime sont minutieusement rangés sur le comptoir. Marc-Antoine se serait-il suicidé ? Mais alors, comment aurait-il fait pour s'étrangler lui-même ? Se donner la mort, c'est possible par pendaison, mais s'étrangler soi-même, c'est déjà plus compliqué. Encore une constatation étrange : la cravate noire. Le chirurgien qui examine le cadavre enlève une large cravate de taffetas noir enroulée autour de son cou. Stupéfaction du médecin, lorsqu'il enlève celle-ci, les marques d'une corde, d'un nœud coulant, apparaissent. Le capitoul en déduit que la scène de crime a été maquillée. Le déclarations de Jean Calas, le lendemain de la mort de son fils, le conforteront dans cette hypothèse. Pour le magistrat, il ne fait aucun doute que l'assassin est devant lui. D'ailleurs, ce soir-là, l'avocat Lavaysse, le père du jeune Gaubert, dira avoir entendu dans la foule une voix anonyme qui criait : « Le sieur Calas a lui-même tué son fils en haine de ce qu'il devait le lendemain faire, une abjuration publique. » Voilà, sans preuve, la terrible accusation lancée.

Il est vrai qu'à cette époque, les tensions sont vives entre les catholiques et les protestants. La famille Calas est protestante depuis longtemps et ne s'en cache pas. Le problème c'est qu'en cette année 1761, l'édit de Nantes qui reconnaissait le droit de culte aux protestants, vient d'être révoqué. La loi les contraint à revenir dans la religion catholique, sinon c'est l'exil voire pire : la mort. Mais ni Jean Calas ni sa femme ne veulent abandonner leur religion. Et c'est là que les choses s'obscurcissent encore. L'un de leurs fils, Louis, s'est déjà converti au catholicisme. Son père et ses deux frères l'ont aussitôt renié. Louis s'est enfui de la maison paternelle. Il s'est installé chez Capéran, un marchand de la même rue, pourtant ami de son père. Les relations entre le fils et le père sont tendues. Beaucoup de bruits courent à leur sujet.

La vérité, qui alimente les ragots, c'est que le père Calas est fou de colère depuis la conversion de son fils Louis. Il lui a, comme on dirait aujourd'hui, « coupé les vivres ». Une situation qui dure depuis près de cinq ans. Et Louis meurt réellement de faim. Pour sortir de cette situation, il a fini par adresser un placet, une supplique, à M. de Saint-Priest, intendant du Languedoc. Dans cet écrit, il demande officiellement que son père lui verse la pension alimentaire, « qu'il lui refusait, écrit Louis, en haine de sa conversion ». M. Amblard, le délégué à Toulouse de M. de Saint-Priest, est saisi de l'affaire. Il enverra bientôt son rapport à son supérieur : « Le père Calas, écrit-il, est un homme fort riche et je ne puis dissimuler que je l'ai trouvé fort dur à l'égard de son fils. C'est un jeune homme sage et pieux et, depuis cinq ans qu'il a quitté la maison paternelle, le père n'a donné autre chose à son fils que cinquante francs pour son entretien. J'ai travaillé, mais inutilement, à concilier les parties. » Ce n'est que le 9 septembre 1761, contraint et forcé par une nouvelle démarche extrêmement pressante, et même menaçante de M. de Saint-Priest, que Jean Calas verse enfin le premier terme de cette pension. Un mois plus tard, Marc-Antoine Calas, le fils aîné, qui manifeste à son tour l'intention de se convertir au catholicisme, est retrouvé étranglé.

Entre Marc-Antoine et son père, l'entente n'était pas non plus spécialement cordiale. Jean Calas se servait de son fils comme homme à tout faire. Marc-Antoine voulait devenir avocat, mais il avait dû abandonner son projet à cause justement de sa religion ! Une raison de plus pour abjurer lui aussi afin de pouvoir envisager un avenir plus brillant… Le père Calas n'est pas non plus très généreux avec son aîné. Marc-Antoine ne mène pas vraiment la vie d'un fils de bourgeois. Un jour, une cliente sera témoin d'une scène violente entre les deux hommes : elle voit le sieur Calas père tenir son fils au collet dans un coin du magasin en lui disant : « Coquin, il ne t'en coûtera que la vie… » Marc-Antoine avait volé des étoffes dans le magasin pour tenter de les monnayer pour son propre compte… Un autre témoin à charge, le boutonnier Bergerot, déclarera au procès : « Le sieur Calas père disait dans sa boutique que si Marc-Antoine ne changeait pas, il n'aurait pas d'autre bourreau que lui… » Plus tard, il précisera même que la phrase exacte était « s'il ne changeait pas de religion ». Malgré ces témoignages concordants, on doit à la vérité de dire qu'aucune preuve formelle n'a jamais démontré que Marc-Antoine comptait changer de religion. On peut alors se demander pour quelle raison le capitoul David de Beaudrigue avait eu la certitude de la culpabilité de Jean Calas et des siens dans l'assassinat de Marc-Antoine.

Revenons maintenant à la date du 14 octobre 1761, soit le lendemain de la mort de Marc-Antoine Calas. Ce jour-là, le chirurgien remet son rapport au capitoul. La conclusion est sans appel. Marc-Antoine est décédé par pendaison. Voici le passage le plus important de ce rapport : « Le corps du défunt avait rendu, écrit le médecin, de la morve et de la bave par le nez et par la bouche, et avait la face livide, ce qui nous a fait juger qu'il a été pendu encore vivant, ou par lui-même ou par d'autres, avec une corde double qui s'est divisée sur les parties latérales du col et y a formé les deux branches livides que nous avons dites y avoir observées. »

Le lendemain, 15 octobre, coup de théâtre : tous les accusés avouent avoir menti lors de leur première audition. Le corps de Marc-Antoine, disent-ils, n'était pas étendu par terre, mais pendu à une potence !

On leur demande alors de montrer l'endroit où, précisément, il s'était pendu. À cette question Jean Calas répond que le désespéré avait placé un billot de bois rond utilisé pour enrouler les étoffes, en travers des deux battants de la porte séparant le magasin de l'arrière-boutique. Il se serait alors pendu après avoir accroché une corde à ce billot. Les trois hommes qui ont découvert le corps l'ont descendu, dit-il, de sa potence. Mais alors, demandent encore les interrogateurs, pourquoi avoir menti ? Il faut savoir qu'à l'époque, les suicidés subissent un traitement infamant, on transporte leur cadavre dans la rue sur une claie, une sorte de grand plateau en osier. Les Calas n'ont pas voulu salir l'honneur de la famille. Alors pour camoufler le suicide, Jean et Pierre l'avaient dépendu. Ils avaient rangé le billot, détruit la corde à nœud coulant et placé ensuite une cravate autour du cou du défunt pour cacher les traces de strangulation…

La nouvelle version des faits, pourtant rapportée dans les mêmes termes par les accusés, semble peu crédible aux yeux du capitoul. Et il a une bonne raison pour cela. Il a en effet intercepté plusieurs lettres envoyées par les avocats aux accusés dans leur prison. Les avocats avaient pris le dîner avec leurs clients la veille, dans leurs cellules, pour préparer leur défense. Le capitoul est persuadé, en lisant ces lettres, que la nouvelle version des accusés, la pendaison de Marc-Antoine et le maquillage du suicide en crime, a été imaginée de toutes pièces par les avocats. Il faut admettre que le passage qui suit est, de ce point de vue, assez troublant… Il s'agit de l'une des lettres adressées à Gaubert Lavaysse par son avocat : « N'oubliez pas de dire dans quel état vous avez trouvé le cadavre et, si vous ne l'avez pas déclaré dans votre première déposition, ce fut de crainte que la famille fût déshonorée parce qu'on traînait le corps des suicidés sur une claie. Rappelez-vous si vous n'entendîtes crier : “Ah ! mon père ! Ah ! mon père ! Ah ! mon Dieu !”, car il y a des voisins qui ont entendu crier ainsi et, pour prévenir toute équivoque, il convient d'indiquer celui qui criait. Il est inutile que je signe cette lettre, car vous vous rappellerez que je vous parlai hier soir à votre souper. »

David de Beaudrigue se rend avec deux collègues rue des Filatiers dans le magasin du riche commerçant pour procéder à une reconstitution. Les enquêteurs trouvent sur place une corde à deux nœuds derrière un comptoir. Mais celle-ci est intacte et à peine longue de 45 centimètres, contrairement aux déclarations faites par Jean Calas qui disait l'avoir coupée. La reconstitution du supposé suicide est, quant à elle, accablante pour les accusés.

Le bâton rond, le billot, est posé vingt fois sur les battants de la porte à demi ouverte. À chaque essai, il roule et refuse de rester en place dès qu'on se suspend à la corde. Les enquêteurs ont aussi constaté avant la reconstitution que sur le dessus des battants, se trouvait une couche de poussière intacte, ce qui contredit la thèse du suicide à cet endroit. De même, on ne trouve pas de chaise sur les lieux. Marc-Antoine aurait dû sauter en l'air depuis le sol, la corde déjà au cou, en tenant le billot derrière la tête avec ses deux mains, pour l'accrocher en haut de la porte entrouverte… Et pour comble de tout, le malheureux aurait fait tout cela dans l'obscurité, aucune chandelle n'ayant été retrouvée à proximité. Les magistrats concluent que la thèse du suicide est physiquement impossible à réaliser. D'ailleurs, se disent-ils, pourquoi Marc-Antoine se serait-il suicidé ? On peut retourner la question : à l'inverse, pourquoi Jean Calas aurait-il tué son fils ? Le seul mobile cohérent serait celui du refus de le voir abjurer sa religion. Mais là encore, on n'a trouvé nulle part de preuve qui attesterait ce projet supposé de Marc-Antoine ! Dernière piste éventuelle, la thèse du cambriolage et du vol de la bourse aux louis d'or. Plusieurs témoins affirment avoir aperçu un homme en bleu sortir du magasin cette nuit-là. Les magistrats ne vérifieront jamais cette version, la considérant comme trop fantaisiste.

Pendant l'instruction, Calas s'entête à soutenir la thèse du suicide. Cette obstination va causer sa perte. Et il n'arrangera pas ses affaires en accumulant de nombreux petits mensonges sur des points de détail. L'hypothèse du suicide est donc assez vite écartée par les magistrats. Le 9 mars 1762, Jean Calas est condamné au supplice de la roue et à la torture. À la fin de l'interrogatoire, il réaffirme son innocence et celle de son entourage : « répond qu'étant innocent il n'a point de complices », notera le greffier. Puis il subit la question ordinaire, c'est-à-dire par l'étirement, et extraordinaire, par l'eau, sans changer de réponse.

Jean Calas était-il innocent ? C'est ce que Voltaire va s'efforcer de démontrer durant trois ans. Le philosophe est ainsi le premier écrivain français à s'engager publiquement dans la révision d'une affaire judiciaire. Son *Traité sur la tolérance* aura atteint son but. Jean Calas et les siens seront réhabilités et lavés de tout soupçon. Dans le premier chapitre de ce *Traité sur la tolérance* il écrit ceci : « Il paraissait impossible, que Jean Calas, vieillard de soixante-huit ans, qui avait depuis longtemps les jambes enflées et faibles, eût seul étranglé et pendu un fils âgé de vingt-huit ans, qui était d'une force au-dessus de l'ordinaire ; il fallait absolument qu'il eût été assisté dans cette exécution par sa femme, par son fils Pierre Calas, par Lavaysse, et par la servante. Ils ne s'étaient pas quittés un seul moment le soir de cette fatale aventure. Mais cette supposition était encore plus absurde que l'autre : car comment une servante zélée, catholique, aurait-elle pu souffrir que des huguenots assassinassent un jeune homme élevé par elle, pour le punir d'aimer la religion de cette servante ? Comment Lavaysse serait-il venu exprès de Bordeaux pour étrangler son ami dont il ignorait la conversion prétendue ? Comment une mère tendre aurait-elle mis les mains sur son fils ? Comment tous ensemble auraient-ils pu étrangler un jeune homme aussi robuste qu'eux tous, sans un combat long et violent, sans des cris affreux qui auraient appelé tout le voisinage, sans des coups réitérés, sans des meurtrissures, sans des habits déchirés. Il était évident que, si le parricide avait pu être commis, tous les accusés étaient également coupables, parce qu'ils ne s'étaient pas quittés d'un moment ; il était évident qu'ils ne l'étaient pas ; il était évident que le père seul ne pouvait l'être ; et cependant l'arrêt condamna ce père seul à expirer sur la roue. »

L'ÉNIGME DE BRUAY-EN-ARTOIS

Lorsqu'on tente d'analyser les raisons pour lesquelles une affaire criminelle n'a pas pu être résolue, on est souvent confronté à une série de paramètres très divers plus qu'à une cause unique. L'absence de témoins peut se conjuguer avec une mauvaise gestion de la scène de crime qui la rend inexploitable. Il arrive aussi que les policiers ou les gendarmes oublient les principes élémentaires de l'enquête et se focalisent sur une piste unique qui leur paraît évidente, au détriment de l'exploitation d'autres indices qui malheureusement ne « collent pas » avec le scénario qu'ils ont imaginé. Parfois l'emballement médiatique autour d'une affaire, associé à la pression hiérarchique qui exige des résultats rapides, pollue la sérénité des enquêteurs et les conduit à l'échec. Et puis, les plus fins limiers le savent : le facteur chance joue souvent un rôle essentiel dans la résolution d'une affaire. « La chance fait partie du talent », me disait un jour un membre de la célèbre brigade criminelle du 36, quai des Orfèvres !

Parmi les trop nombreux cas de crimes non élucidés, l'affaire de Bruay-en-Artois est un exemple malheureux d'une enquête difficile rendue impossible à résoudre en raison du contexte politique, social et médiatique de l'époque : une victime issue d'un milieu populaire et ouvrier, un « présumé coupable », symbole de l'arrogance de la caste des notables, un « petit juge » que ses idées politiques portaient à critiquer une justice « de classe », et enfin, l'irruption idéologique d'une extrême gauche prolétarienne, née dans les soubresauts de Mai 1968. Le tout, raconté et amplifié chaque soir par le miroir déformant des caméras de télévision. Ce premier grand fait divers de l'ère télévisuelle a littéralement coupé la France en deux. C'était il y a trente-huit ans. À cette époque, George Pompidou est président de la République. La France résonne encore, un an et demi après la mort du général de Gaulle, des échos des événements de Mai. Les mines de charbon du nord de la France commencent à fermer, puits par puits. Les mineurs sont inquiets pour leur avenir…

Nous sommes le 5 avril 1972 à Bruay-en-Artois, en plein pays minier, une ville ouvrière de 25 000 habitants, dans le département du Pas-de-Calais. Ce soir-là, vers 19 h 30, une adolescente de 15 ans et demi, la petite Brigitte Dewèvre, quitte la maison de ses parents, rue de la Comté, pour aller dormir, comme elle le fait presque chaque soir, chez sa grand-mère qui habite rue du Languedoc… Quelques minutes plus tard, on l'aperçoit rue de Ranchicourt, en train de discuter avec un homme d'environ 1,75 mètre, qui porte un pull bleu à col roulé. C'est la dernière fois qu'on la voit vivante…

Le lendemain, 6 avril, en début d'après-midi, des gamins qui jouent au ballon découvrent le corps de la petite Brigitte, dans un terrain vague qui sépare les corons des quartiers bourgeois de la ville. Elle est partiellement vêtue, d'un chemisier écossais et d'un soutien-gorge. Elle n'a pas été violée. On l'a étranglée, puis le corps a été traîné sur une centaine de mètres… Elle a ensuite été mutilée à coups de hachette et abandonnée, là où on l'a trouvé, à neuf mètres très exactement de la haie d'une villa blanche, celle de Monique Béghin-Mayeur, la fille du plus gros marchand de meubles de Bruay… Mme Béghin-Mayeur est en instance de divorce. Depuis dix-huit mois, elle est devenue la maîtresse d'un notable de la petite ville, le notaire des Houillères du Nord et des riches propriétaires de la région. Il est membre du Rotary Club, c'est un homme respecté, assez hautain, et même cassant… Il s'appelle Pierre Leroy. Il a 37 ans. Pour l'heure, il habite encore chez sa mère, en attendant de pouvoir épouser Monique. Pour ne pas la compromettre, lorsqu'il lui rend visite, il ne gare pas sa voiture devant la villa, mais derrière, côté jardin, à quelques mètres de l'endroit où l'on vient de découvrir le corps de l'adolescente assassinée.

Le 11 avril, Pierre Leroy est interrogé sur son emploi du temps le soir du meurtre. Pour ne pas impliquer sa maîtresse, il s'embrouille dans ses explications, donne cinq versions différentes de son emploi du temps dans la soirée du 5 avril. Il ne peut donner aucun alibi pour un trou de vingt minutes, entre 20 h 10 et 20 h 30, le soir du crime…

Le 13 avril, il est inculpé d'homicide volontaire et incarcéré sur décision du juge d'instruction chargé de l'affaire, le juge Henri Pascal, qui est l'un des fondateurs du tout nouveau Syndicat de la magistrature et qui ne fait pas mystère de ses opinions de gauche. Toutes les conditions sont désormais réunies pour faire de l'assassinat de Brigitte Dewèvre un « crime de classe ». Une véritable joute va s'engager publiquement entre les deux notables : le juge et le notaire vont désormais s'affronter dans un face-à-face inégal.

Le juge Pascal est un personnage « médiatique ». Ce Méridional un peu rondouillard aime la presse, il parle volontiers de son instruction, évoque ses hypothèses personnelles devant les micros et les caméras. Il est soutenu dans son combat par la presse de gauche et par une association locale, le « Comité pour la Vérité et la Justice », qui s'est créé sous l'impulsion de la Gauche Prolétarienne, un mouvement qui réunit d'anciens maoïstes de 1968 qui veulent mener une « enquête populaire » ! Ils sont persuadés de la culpabilité du notaire et de sa compagne. Leur journal, *La Cause du Peuple*, ne fait pas dans la dentelle, on peut y lire par exemple ceci : « Un bourgeois qui mange des steaks d'une livre quand les ouvriers meurent de faim ne peut être qu'un assassin d'enfant. » L'affrontement prend de telles proportions que le philosophe Michel Foucault, inquiet d'une telle hystérie, invite Jean-Paul Sartre, qui soutient le comité Vérité-Justice de Bruay, à réfléchir aux limites de la « justice populaire ». Il lui demande officiellement de calmer ceux qui appellent au lynchage du notaire.

Le 27 avril, une reconstitution du crime a lieu en présence de plusieurs milliers de personnes. La fiancée du notaire y assiste ; elle est insultée par la foule. Le lendemain, l'avocat de Pierre Leroy, mais aussi le procureur de Béthune, ce qui est relativement inhabituel, demandent la mise en liberté du notaire qui ne cesse de clamer son innocence. Les parents de la victime, les Dewèvre, sont opposés à la mise en liberté du notaire qu'ils considèrent comme l'assassin de leur fille.

Après un suspense assez bref, la demande conjointe de libération du notaire est finalement rejetée par la chambre d'accusation de Douai qui soutient ainsi le petit juge dans son combat. Henri Pascal, qui n'a pourtant pas recueilli de preuves concrètes de la culpabilité du notaire, fonde ses décisions sur l'intime conviction que les déclarations contradictoires de Pierre Leroy quant à son emploi du temps le soir du crime sont suffisantes pour justifier son maintien en détention. Les avocats du notaire déposent alors une requête en suspicion légitime et demandent le dessaisissement du juge Pascal. Ils renouvellent leur demande de mise en liberté de leur client. La décision doit être rendue par la cour d'Amiens avant le début des vacances judiciaires… Sur la foi de nouveaux témoignages, pourtant, le juge Pascal, qui sait qu'une course contre la montre est désormais engagée, organise reconstitutions sur reconstitutions pour vérifier la cohérence des témoignages. Enfermé dans sa logique, il va encore plus loin. Au soir du 13 juillet, après trois heures d'interrogatoire, il inculpe Monique Béghin-Mayeur de complicité d'homicide volontaire. Le juge et les policiers l'accompagnent chez elle pour prendre quelques affaires, elle s'effondre en larmes. Le fourgon cellulaire l'attend pour l'emmener à la prison pour femmes de Loos-lez-Lille. Quelques minutes plus tard, Henri Pascal organise un point de presse devant la villa. Frédéric Pottecher, le chroniqueur judiciaire d'Europe 1, s'étonne de la mise en détention d'une femme pour qui, dit-il, un simple contrôle judiciaire aurait suffi. Le juge lui répond qu'il ne peut courir le risque qu'un témoin capital soit influencé. Le long week-end du 14 juillet commence. Les vacances judiciaires approchent. Le dimanche, une foule considérable se retrouve autour de la tombe de Brigitte Dewèvre. Tragique coïncidence, c'est aussi le jour de son 16e anniversaire…

Une semaine plus tard, le 18 juillet au matin, la chambre d'accusation de la cour d'appel d'Amiens répond favorablement aux demandes des avocats et du parquet de Béthune, concernant la mise en liberté du notaire. Pierre Leroy est libre, mais il reste cependant inculpé d'homicide volontaire. Les poids sur la balance de la justice changent de plateau. Le 20 juillet, la cour de cassation de Douai rend son arrêt sur l'autre volet de l'affaire, la demande de dessaisissement du juge Pascal. La cour rejette la demande en suspicion légitime. Mais, dans le même temps, elle ordonne le dessaisissement du dossier concernant le meurtre de Brigitte Dewèvre, de tous les juges d'instruction de la circonscription de Béthune, « dans l'intérêt d'une bonne administration de la justice » ! le juge Pascal doit communiquer son dossier au juge Sablayrolles à Paris. C'est lui qui instruira désormais l'affaire. Dans la foulée, le commissaire Auguste Ollier et la police judiciaire lilloise se voient retirer l'enquête au profit des policiers de la rue des Saussaies, siège de la Direction nationale de la police judiciaire. À Bruay-en-Artois, c'est la consternation et la colère.

Le juge Pascal est mis sur la touche sans avoir pu présenter ses arguments. Il fait une dernière déclaration publique dans laquelle il laisse transparaître sa colère. Il part, dit-il, la tête haute en vacances. « L'âme tranquille et la conscience sereine, ajoute-t-il, car j'ai mené ce dossier à un tel point de non-retour que je ne peux pas penser que justice ne sera pas faite. »

Quelques jours plus tard, une marche populaire sur Béthune réunit, dans une ambiance houleuse, plus de 2 000 personnes à l'appel du comité Vérité-Justice qui annonce sa décision de poursuivre « l'enquête populaire » avec l'aide des habitants de Bruay-en-Artois… La justice populaire va désormais prendre le relais du combat perdu du petit juge. Le comité propose qu'une importante délégation se rende place Vendôme à Paris pour accompagner Léon Dewèvre qui a reçu une offre d'audience de la part du garde des Sceaux. Arrivés à Paris, les cars affrétés par les militants maoïstes qui écrivent dans *La Cause du Peuple* sont bloqués par la police. Dix-huit manifestants sont arrêtés. Huit personnes seront autorisées à accompagner les parents Dewèvre jusqu'au ministère. Mais ceux-ci décident finalement de ne pas rencontrer le ministre. C'est le retour à Bruay, le moral en berne. L'épisode des manifestations de masse s'achève. Désormais le comité Vérité-Justice va tenter de continuer son enquête populaire à ciel ouvert, et prendre à témoin l'opinion publique du pays en reliant entre elles toutes les affaires non élucidées sur lesquelles plane, disent-ils, un soupçon de collusion entre la justice et la bourgeoisie.

Le juge Sablayrolles de Paris, qui a donc maintenant la charge d'instruire le dossier de Bruay-en-Artois, découvre l'étendue du travail qui l'attend : près de 1 000 pièces de procédure, des centaines de procès-verbaux, 3 600 pages. À reprendre de zéro. Les policiers parisiens travaillent dans une ambiance tendue. Au commissariat de Bruay, comme au SRPJ de Lille, l'arrivée des collègues parisiens est vécue comme un affront. Malgré leur amertume, les policiers locaux collaborent avec eux, ils connaissent le terrain, et la population leur fait confiance. L'enquête gagne en sérénité. La presse doit ronger son frein. Désormais, plus de déclarations fracassantes du juge chargé de l'affaire. Le secret de l'instruction reprend ses droits ! La nouvelle équipe réinterroge systématiquement tous les acteurs de l'affaire, à commencer par le notaire et son amie Monique Mayeur qui a également retrouvé la liberté. Le 29 novembre, l'inspecteur principal Devigne rend son rapport de synthèse au magistrat instructeur. Dans ses conclusions, il fait ressortir le cas étrange d'un jeune homme, Jean-Pierre, qui est depuis le début un membre actif du comité Vérité-Justice. Or ce jeune homme a, par le passé, considérablement varié sur son emploi du temps le soir du meurtre. Ses propos semblent contradictoires. Il a admis s'être trouvé sur le parcours de la victime entre 19 h 45 et 20 h 10, mais personne ne l'a vu à l'endroit qu'il a désigné. Autre élément troublant pour les enquêteurs : son attitude le 6 avril lorsque le petit frère de Brigitte vient lui annoncer qu'un corps est étendu dans le terrain vague. Il préfère regarder la télévision et ne se rend sur les lieux qu'après le film, lui qui est si curieux d'habitude... Enfin, il a prétendu avoir retrouvé trois copains le soir du meurtre, vers 19 h 30. Or, ceux-ci sont formels. Ils ne l'ont pas vu la veille du meurtre. Où était-il vraiment ?

Le 18 avril 1973, dans la soirée, flash spécial sur toutes les radios : Jean-Pierre est en garde à vue au commissariat de Bruay. Il s'accuse du meurtre et donne plusieurs versions successives du scénario de son crime. Les policiers perquisitionnent à son domicile et retrouvent une paire de lunettes qui appartient à Brigitte. Une paire de lunettes vainement recherchée depuis le meurtre car Brigitte ne s'en séparait jamais...

Le comité Vérité-Justice réagit aussitôt et laisse entendre que le jeune Jean-Pierre, qui a le même âge que Brigitte, a été manipulé, qu'il a même peut-être été payé pour endosser la responsabilité du meurtre. Une nouvelle reconstitution a lieu le 1er mars 1974, puis une autre le 3 avril. Elles ne donneront rien. Le jeune homme tient des propos peu cohérents, mais il est maintenant le suspect numéro 1.

En septembre 1974, un non-lieu est prononcé en faveur de Pierre Leroy et de Monique Mayeur qui se sont mariés entre-temps.

Le 30 avril 1975, après deux ans d'incarcération et d'enquête, Jean-Pierre apprend qu'il va être jugé par le tribunal pour enfants de Paris, sous l'inculpation d'homicide volontaire. Son procès aura lieu le 27 juin 1975 avec un nouveau coup de théâtre : les parents de Brigitte Dewèvre ont décidé de ne pas se porter partie civile ! Ce jour-là, interrogé par les journalistes sur la culpabilité du jeune homme, le juge Pascal revient sur les trois versions du meurtre de Brigitte, livrées par Jean-Pierre. Selon lui, ces trois versions ne sont pas plus crédibles les unes que les autres car les détails qu'il donne sur la manière dont il aurait tué la victime et traîné son corps dans le terrain vague ne correspondent pas aux constatations des policiers de l'identité judiciaire.

Quant à la sœur de Jean-Pierre, elle lit au micro d'Europe 1 une lettre de son frère dans laquelle il clame son innocence : : « Je suis innocent. Ils ne pourront me juger que sur des faits que je me suis rétracté et dont je ne suis pas coupable… » dit-il dans son style malhabile.

Jean-Pierre sera finalement relâché le 15 juillet 1975 au bénéfice du doute et définitivement relaxé par décision de la cour d'appel de Paris le 26 février 1976.

L'affaire est classée sans suite en 1981. Le juge Pascal est mort en 1989, Pierre Leroy en 1997… Le crime, lui, a été définitivement prescrit en 2005.

Aujourd'hui, la ville de Bruay-en-Artois n'existe plus, elle est devenue, par rapprochement avec la commune voisine, Bruay-la-

Bussière. Le terrain vague a laissé place à un lotissement de maisons blanches, bien alignées, où le souvenir de l'affaire est maintenant enfoui. Le meurtre de Brigitte Dewèvre n'aura jamais de coupable !

À lire pour en savoir plus : *Il n'y a qu'un bourgeois pour avoir fait ça*, de Pascal Cauchy, maître de conférence à Sciences Po Paris, aux éditions Larousse.

LE BERGER DE CASTELLAR

Les affaires non élucidées sont souvent à mettre au compte de l'habileté diabolique de certains criminels parfois servis par le hasard. D'autres sont le résultat d'enquêtes bâclées ou menées uniquement à charge, les services de police ou de gendarmerie n'explorant pas immédiatement toutes les pistes possibles. Et ce qui n'a pas été fait dès le début d'une enquête résiste souvent à toute investigation ultérieure. Tous les enquêteurs le savent, le temps joue cruellement contre eux. Plus les semaines, les mois et les années passent, plus les preuves et les témoins éventuels disparaissent, la mémoire des faits s'estompe, le mystère s'installe. À ces cas de figure, il faut ajouter les aléas judiciaires, les acquittements en appel qui reconnaissent parfois bien tardivement l'innocence de celui ou de celle qui était apparu comme coupable idéal. Mais alors, qui ? Lorsque s'éteignent les feux de l'actualité, les familles de victimes restent seules avec leur malheur et leurs questions restées sans réponse… L'affaire qui suit en est un exemple.

Nous sommes le samedi 17 août 1991, à Castellar, un petit village de 500 habitants, perché sur les hauteurs de Menton, face à la mer Méditerranée. Le jour se lève à peine. Il est 6 h 15 du matin quand Pierre Leschiera, un berger de 33 ans, quitte sa maison située au cœur du village. Il rejoint comme tous les matins, en moto, son troupeau de 900 moutons à l'oratoire Saint-Joseph, situé sur les pentes du mont Grammont. Le bruit de son engin résonne dans le silence de la montagne. Dans un virage, au lieu-dit Saint-Joseph, Pierre Leschiera ralentit. Un coup de feu claque. Il s'écroule, gravement touché dans le dos par une cartouche de chevrotines. Son agresseur l'achève alors d'un deuxième projectile tiré à bout portant en plein visage. C'est un promeneur qui découvre le corps sans vie de Pierre Leschiera peu de temps après. À 8 h 15, les gendarmes sont informés qu'un jeune homme vient de se tuer en moto sur le chemin Saint-Bernard. Francis, le père du berger, également prévenu, arrive sur les lieux du drame. Il découvre le corps de son fils en plein milieu de la route avec un gros trou dans le dos, puis crie aux pompiers déjà présents : « Surtout ne bougez pas, ne touchez à rien, laissez tout comme c'est ! » Une fois les gendarmes sur place, Francis rentre chez lui. D'un simple regard, sa femme comprend. Il lui dit : « On nous a tué le petit… »

Aucun témoin n'a assisté à l'assassinat. Les habitants les plus proches du lieu du crime sont un couple de Danois qui habitent une maison isolée, un peu plus bas. Ils diront avoir entendu du bruit dans les broussailles du maquis après les coups de feu. Les gendarmes retrouveront, à proximité du cadavre, des cartouches de Winchester calibre 16. Mais l'arme du crime ne sera jamais retrouvée. Selon les premières constatations, ces cartouches, vieilles de plus de quinze ans, sont parfois utilisées par quelques vieux chasseurs. Le berger aurait-il été victime d'une balle perdue ? se demandent les enquêteurs. L'hypothèse sera vite écartée. La chasse était fermée à cette date. La victime n'a pas été tuée par hasard. On lui a tendu une véritable embuscade. Des traces de pas relevées sur les lieux montreront que le ou les tueurs se sont échappés par le maquis, ce qui laissera penser aux enquêteurs qu'ils connaissaient bien le coin. Il reste maintenant à trouver qui a froidement exécuté le berger de Castellar. Et pour quel mobile.

Ce samedi 17 août, le village prépare la fête qui doit réunir en soirée tous les habitants, comme chaque année, autour d'une gigantesque soupe au pistou. La municipalité a acheté pour l'occasion plus de 750 kg de légumes ! Mais, dès que la nouvelle du meurtre du berger se répand dans les rues du village, tous les préparatifs s'arrêtent… Castellar est en état de choc. La municipalité annule la fête patronale. La rumeur d'une exécution enfle dans les petites rues du village montagnard ! À Castellar, tout le monde sait que Pierre Leschiera et la famille Verrando se livrent une vraie guerre de clans depuis plusieurs années. La presse évoque très rapidement l'hypothèse d'un guet-apens. L'exécution brutale du berger ne surprend vraiment personne. « Ça devait finir comme ça », estiment à voix basse un certain nombre de gens du coin, témoins des affrontements entre le clan des chasseurs, mené par la famille Verrando, et le clan des bergers. L'assassinat de Pierre Leschiera est ressenti comme l'aboutissement dramatique d'une guerre qui aura duré huit ans.

Pierre Leschiera avait toujours rêvé de devenir berger à Castellar. Il avait grandi non loin de là, à Monaco. Il était le fils d'un carabinier du prince Régnier. L'été, il passait toujours ses vacances au village. C'est là que sa vocation était née. Pierre était passionné par ce métier. Avant le drame, il jouissait d'une excellente réputation, au point d'être reconnu comme l'un des meilleurs bergers de la région. Il avait même appris l'occitan, pour pouvoir échanger avec les vieux bergers. Son rêve d'enfant se concrétisait enfin…

Pierre s'était définitivement installé au village en 1983. Mais dès le début, par sa présence, Castellar s'était en quelque sorte coupé en deux. Ceux qui l'aimaient bien et ceux qui le considéraient comme un gêneur. Ses détracteurs – on pourrait dire ses ennemis – le trouvaient ambitieux et arrogant. Sa réussite avait provoqué chez eux plus de jalousie que d'admiration. Son exploitation se développait trop rapidement à leurs yeux... Et quand il avait commencé à emmener paître son troupeau de moutons sur les terres jusqu'alors réservées à la chasse, le clan des chasseurs avait commencé à voir le développement de son exploitation d'un très mauvais œil. Surtout que Pierre refusait de déplacer ses moutons pendant la période de chasse. Ce sera l'étincelle qui mettra le feu aux poudres...

La chasse, à Castellar, n'est peut-être pas une religion, mais c'est le loisir numéro un des habitants. Et le clan des chasseurs est sous la coupe des trois frères Verrando, qui se montrent de plus en plus agacés par l'attitude du berger. Les trois frères sont maçons. Ils ont construit la plupart des maisons du village. Ils s'y sentent chez eux. Castellar, c'est un peu leur territoire... Ils décident qui chasse avec qui et à quel endroit. Et personne n'oserait pénétrer sur leur territoire, fouler aux pieds leurs prérogatives, sans accord préalable. Pierre Leschiera, lui, ne joue pas le jeu. Il a estimé qu'il n'avait pas besoin d'autorisation pour emmener ses brebis ou ses chèvres sur des terres qui n'appartenaient finalement à personne... Grand et costaud, du haut de son 1,90 mètre, il avait, sans état d'âme, bousculé le pouvoir exercé depuis toujours par la famille Verrando. Ce sera le début de ses ennuis et la source d'une cascade de malveillances...

Un matin d'été, Pierre monte rejoindre son troupeau qui paît sur ces terres communales. Il découvre un véritable massacre. Dix de ses chèvres ont été tuées à la chevrotine de gros calibre. Les cadavres ont été ensuite soigneusement alignés en rang. Dans les mois qui suivent, les incidents se multiplient. En novembre 1985, une meute de chiens qui accompagnaient des chasseurs a attaqué ses moutons. Bilan : 25 bêtes tuées. En huit ans, les chiens de Castellar lui massacreront 150 brebis.

Le berger est furieux. Il décide de riposter par tous les moyens pour protéger ses bêtes. Leschiera abattra ainsi plusieurs chiens menaçant son troupeau. Alors la presse locale dénoncera son attitude et le surnommera même dans un article consacré à cette guerre larvée, le « tueur de chiens ». Les incidents ne s'arrêteront pas là. Du matériel agricole sera vandalisé, les ruches d'un de ses amis apiculteur, Christian, seront détruites à plusieurs reprises… À la suite de ces incidents, l'escalade de la violence ne va cesser de grandir. Les deux clans continuent à s'affronter de plus en plus violemment, comme le montre l'anecdote suivante.

Pour rejoindre sa bergerie, Pierre doit passer sur un bout de chemin longeant la maison des Verrando. Alors ceux-ci décrètent qu'il s'agit d'un chemin privé, et refusent dorénavant au berger le droit de passage. Il faudra une décision de justice pour obliger les Verrando à laisser le berger accéder librement à son domicile. Au fil des semaines et des mois, les tensions s'aggravent encore entre les deux camps. On en arrive aux insultes et aux menaces. Personne ne veut céder, ni faire la paix. Chacun s'estime dans son bon droit.

Quinze jours avant le drame, Jean-Claude Mangin, un chasseur ami des Verrando, se confie à un proche : « Il y en a un qui va finir avec de la chevrotine dans le dos ! » dit-il. Selon lui, la situation ne pouvait qu'empirer et déboucher un jour ou l'autre sur un drame… Peu après, Pierre Lescheria racontera à son père et à un ami, qui en témoigneront au procès, qu'il s'était trouvé face à une rangée de chasseurs armés barrant littéralement son chemin. Malgré sa peur, il avait continué à avancer. Au moment où il les avait dépassés, les chasseurs avaient armé et pointé leur fusil dans son dos. La scène l'avait profondément marqué. Il avait confié à son ami Christian et à sa mère que cette fois-ci, il en était certain, le clan adverse était proche du point de non-retour. « Je suis condamné à mort par le clan Verrando, avait-il dit. Si je peux me défendre je me défendrai, mais s'ils veulent m'abattre ils m'abattront. » Le berger était convaincu qu'il allait mourir et que ses jours étaient comptés.

Pourtant il ne voulait pas céder. Il avait tant rêvé de cette vie de berger… Il était hors de question pour lui de quitter cet endroit qu'il avait construit de ses mains. Trois jours avant le drame, un dernier incident avait encore fait monter la tension d'un cran. Ce jour-là, le patriarche du clan Verrando, Paul, et son frère Alain empêchent le passage d'un engin de chantier qui vient effectuer des travaux dans la bergerie de Pierre. « On t'aura ! » menace Paul… Et Jérôme, le neveu d'Alain, alors âgé de 16 ans, ajoute : « Un jour, je lui mettrai une balle dans la tête ! » Pierre Leschiera se rend aussitôt à la gendarmerie y faire enregistrer une main courante pour menaces de mort. Le 17 août, il est assassiné sans témoin.

Quelques heures après la mort de Pierre, les soupçons des gendarmes se portent naturellement sur la famille Verrando, qui vit à deux pas des lieux du drame. La haine opposant cette famille de chasseurs au berger était de notoriété publique… mais les gendarmes vont être confrontés à une véritable omerta, un mur de silence absolu, de la part des dizaines de témoins qu'ils vont entendre. Personne ne veut parler, personne ne veut aider les gendarmes, même pour confirmer des détails insignifiants.

Deux heures après la découverte du cadavre du berger, les enquêteurs placent en garde à vue Jérôme Verrando, le jeune homme qui avait menacé le berger trois jours plus tôt de lui mettre une balle dans la tête ; ainsi que son père, Paul. Mais les deux Verrando sont vite relâchés car ils ont un alibi incontestable : la veille du drame, ils avaient organisé une fête chez eux, qui avait duré jusqu'à 5 heures du matin. Leurs compagnes jurent que les deux hommes sont allés ensuite se coucher et qu'ils n'ont pas bougé de la maison. Alain Verrando est également placé en garde à vue, puis relâché faute d'élément matériel. Les membres du clan nient farouchement être à l'origine de l'assassinat.

Les gendarmes procèdent tout de même aux relevés de traces de poudre, sur une quinzaine de personnes au total. Ils veulent vérifier si l'un d'entre eux a utilisé une arme à feu ce fameux 17 août. Les résultats des analyses tombent quelques semaines plus tard. Quatre personnes présentent des traces de poudre sur les mains et les avant-bras. C'est le cas d'Alain Verrando et de son frère Paul, mais aussi du jeune Jérôme et d'un ami de la famille.

Le père, le fils et leur ami sont rapidement disculpés. Explication : ils avaient tiré en l'air la veille du drame pour faire la fête au village. Pour Alain Verrando, les choses sont moins claires. Son alibi semble plus fragile. La veille du crime, il avait quitté la fête organisée chez son frère Paul vers 3 heures du matin. Il a raconté aux enquêteurs qu'il était aussitôt rentré chez lui. Et qu'il se serait levé vers 6 h 50 pour aller travailler. Mais sa compagne qui dormait ne l'a pas entendu partir. Il a également précisé qu'il avait apporté du café à ses parents à l'étage du dessus mais ils ne s'en souviennent pas. En fait, personne n'a vu Alain ce matin-là avant 7 h 10. Ensuite, ses collègues maçons le voient arriver vers 8 h 30 sur son chantier. Pour expliquer la poudre présente sur ses mains, Alain se souviendra que ce matin-là il avait manipulé un coffre dans lequel il rangeait de la dynamite pour ses chantiers, mais aussi des fusils et des vêtements de chasse.

L'ensemble de ses déclarations paraît peu convaincant et peu crédible. Le 11 décembre 1991, quatre mois après le crime, Alain Verrando est mis en examen pour assassinat. Il est incarcéré trois mois à la prison de Nice et, au terme d'une longue instruction, finalement renvoyé devant la cour d'assises des Alpes-Maritimes. Il sera innocenté le 26 avril 2002 au bénéfice du doute. Alain avait en effet révélé, au cours des débats, qu'il avait utilisé le matin de l'assassinat un pistolet pour planter des clous dans le béton, outil qui produit des traces comparables à celles d'une arme à feu. Les experts, face à ce nouvel élément, n'avaient pas pu trancher. L'intime conviction des jurés a fait le reste.

En janvier 2004, coup de théâtre. L'affaire est relancée. les soupçons se portent cette fois sur Jérôme, le neveu ! Treize ans après la mort du berger et deux ans après l'acquittement d'Alain Verrando, Jérôme Verrando est mis en examen pour homicide.

Deux éléments ont joué un rôle déterminant dans cette décision tardive de la justice. Le premier demeure dans les traces de poudre relevées par les enquêteurs en 1991. Ceux-ci se demandent si les témoins, qui confirment avoir vu le jeune homme tirer en l'air lors de la fête du village, ont dit la vérité. Ils envisagent la possibilité de pressions du clan Verrando pour obtenir des témoignages de complaisance. Mais ils n'ont aucune preuve pour étayer leur conviction. Le second élément, lui, constitue un fait nouveau qui concerne l'emploi du temps du jeune homme le matin du meurtre. Jérôme Verrando avait affirmé à l'époque qu'il n'avait pas bougé de chez lui ce matin-là. Mais un ami présent dans la maison ce samedi 17 août 1991, met maintenant en cause cet alibi. Il affirme que ce matin-là Jérôme était parti très tôt, vers 5 h 15, pour accompagner en moto sa fiancée à la gare de Menton. Il aurait donc pu se trouver sur les lieux du meurtre vers 6 heures... C'est un véritable rebondissement.

Renvoyé devant la cour d'assises, Jérôme Verrando sera finalement acquitté le 6 avril 2007 au soir. Me Gilbert Collard, l'avocat de la famille Leschiera, est indigné : « Depuis que ce drame a éclaté, dit-il, la justice s'est couverte de honte. » Et le ténor du barreau de dénoncer violemment les ratés de l'enquête, les pistes non suivies, les témoins envolés, les pièces à conviction disparues...

Quelques jours plus tard, le Parquet fait appel du jugement et renvoie conjointement – ce qui est une première judiciaire – l'oncle et le neveu pour être à nouveau jugés, ensemble cette fois, devant la cour d'assises d'Aix-en-Provence.

Ce nouveau procès s'ouvre le 12 novembre 2008, dix-sept ans après l'assassinat du berger ! Héléna, la femme de Jérôme, viendra dire à la barre que ce feuilleton judiciaire interminable constitue une véritable torture pour les accusés. La fille du berger assassiné, Laure, est également appelée à témoigner au cours du procès. Elle parle de sa double peine, celle d'avoir perdu son père, et celle d'être face à une justice qui n'a pas été capable de trancher depuis d'aussi nombreuses années. Elle dit aussi qu'elle n'a jamais voulu quitter le village après le drame et qu'elle y restera, qu'elle ne veut pas en être chassée…

C'est ensuite l'avocat général qui prononce son réquisitoire. Il demande la relaxe pour Jérôme ! Le seul coupable du meurtre, dit-il, ne peut être qu'Alain Verrando. Le verdict tombe le 22 novembre 2008 après dix jours de débats et deux petites heures seulement de délibération : acquittement général ! Le doute a profité aux accusés.

Le crime qui a coûté la vie à Pierre Leschiera ne sera donc jamais élucidé. Ses parents, sa famille continueront chaque 17 août à fleurir le petit monument de pierres qu'ils ont érigé à l'endroit où leur fils est mort, « victime de la bêtise humaine », comme le dit une petite pancarte posée entre les herbes folles, au bord du chemin. Des herbes aussi folles que cette tragique histoire…

LE CRIME DU SULKY-BAR

Chacun d'entre nous s'est un jour posé la question suivante : comment expliquer que sur la base du même dossier, donc des mêmes faits, un tribunal de cour d'assises puisse innocenter en appel quelqu'un qui a été reconnu coupable lors de son premier procès ? Ou l'inverse : condamner une personne reconnue innocente dans un premier temps. Comment la balance de la justice peut-elle pencher deux fois de suite dans des directions inverses ? Y a-t-il une loterie judiciaire ? La réponse, tous les pénalistes le confirmeront, est que le système actuel de l'appel des procès de cour d'assises est un bon système puisqu'il donne une chance supplémentaire à un justiciable de voir modifier en appel une décision qui était avant l'année 2000 définitive. Il faut ajouter que, si le dossier d'instruction et les conclusions de l'enquête sont bien les mêmes, notre conception de la justice en cour d'assises veut que les jurés n'aient pas accès aux pièces du dossier et que, seule, l'oralité des débats prime. Les jurés doivent fonder leur intime conviction à partir de ce qui se dit et non à partir de ce qui est écrit. En France, on ne juge pas uniquement un délit ou un crime, on juge avant tout une personne. C'est la raison pour laquelle, en général, les premiers jours d'audience sont toujours consacrés à l'examen de la personnalité de l'accusé(e). Et c'est grâce à l'appel qu'une personne innocente peut avoir une seconde chance de se voir définitivement acquittée, malgré une première condamnation… Il est également possible que, d'un procès à l'autre, l'avancée des connaissances scientifiques, ou de la police technique, permette de corriger des théories erronées. C'est exactement ce qui s'est passé pour Jacqueline Ponthieux, accusée d'avoir commandité l'assassinat de son mari, en 1997. Cette « autopsie » d'un fait divers tragique est l'histoire d'une enquête mal faite et mal dirigée par des policiers et des magistrats qui ont mis treize ans à reconnaître l'innocence de cette femme : assassinat du mari en 1997 ; près de vingt-sept mois d'incarcération provisoire ; premier procès en 2003, procès renvoyé pour supplément d'information en 2005 ; condamnation à quinze ans de prison ; appel ; troisième procès en 2008, renvoyé à la suite d'un nouveau témoignage capital ; acquittement (enfin) par la cour d'assises d'Amiens le 26 mars 2010 ! À l'issue de ce feuilleton morbide, presque unique dans les annales judiciaires de notre pays, il reste une femme brisée et ruinée, une famille fracassée. C'est l'histoire de ce gâchis policier et judiciaire que nous allons découvrir maintenant dans le détail.

Tout commence, le lundi 22 septembre 1997, par une dépêche de l'Agence France Presse. Elle est titrée « Creil/Divers meurtre/ Un cafetier tué lors d'une agression à son domicile dans l'Oise » : Un cafetier de Nogent-sur-Oise, près de Creil, a été tué chez lui de plusieurs coups de couteau, dans la nuit de dimanche à lundi, par un homme qui s'est emparé de la recette de la journée, soit environ 150 000 francs, a-t-on indiqué de source policière et judiciaire. Selon les premières indications, l'homme, le visage dissimulé par une capuche, s'est introduit dans le logement du premier étage au-dessus du bar-tabac-PMU et, surprenant dans son sommeil le cafetier, Gérard Ponthieux, 49 ans, et le menaçant d'un couteau posé sur sa gorge, a exigé la recette. L'épouse du cafetier est alors allée chercher le produit du PMU et l'a apporté au malfaiteur qui en a exigé davantage, l'obligeant à redescendre pour apporter le fonds de caisse du bar. Selon ses déclarations, remontant avec une petite somme supplémentaire, elle a découvert son mari mortellement blessé de plusieurs coups de couteau tandis que le meurtrier avait disparu. Elle affirme n'avoir entendu aucun bruit de lutte, ce qui laisse entendre que la victime n'a pas cherché à se défendre ; selon les enquêteurs, il se pourrait qu'il ait eu affaire à un habitué de l'établissement et qu'il l'ait reconnu. Le parquet de Senlis a chargé de l'enquête la section criminelle de la police judiciaire qui a mené dans la matinée une opération de police technique sur les lieux du drame mais ne dispose que d'indications succinctes sur le signalement du meurtrier. On s'apercevra, treize ans plus tard, qu'à part certaines erreurs infimes, cette dépêche publiée quelques heures après le drame correspondait bien à la réalité des faits...

Deux mois et quelques jours plus tard, le mercredi 26 novembre, coup de théâtre, une nouvelle dépêche de l'AFP titre : « Meurtre d'un cafetier à Nogent : son épouse mise en examen. » Le rédacteur indique que le procureur de la République de Senlis vient de mettre en examen Jacqueline Ponthieux, 41 ans, pour assassinat et qu'elle vient d'être placée sous mandat de dépôt, c'est-à-dire incarcérée. Le magistrat indique à la presse que les policiers de la PJ de Senlis ont relevé plusieurs contradictions dans le récit de Jacqueline Ponthieux, qu'elle a été mise en garde à vue et qu'elle a reconnu les faits après une trentaine d'heures de détention[1].

Que s'était-il vraiment passé dans la nuit du 21 au 22 septembre au bar « Le Sulky » ?

1. Contrairement à cette affirmation, Jacqueline Ponthieux n'a jamais avoué le meurtre, ni « reconnu les faits ». Au contraire, elle a toujours clamé son innocence.

Dimanche 21 septembre 1997, il est 19 heures. Gérard Ponthieux ferme les portes de son bar-tabac PMU situé sur la place de la République à Nogent-sur-Oise. La journée a été longue et faste pour le patron et toute son équipe. En ce beau dimanche ensoleillé, le « Sulky » a tourné à plein régime toute la journée. Le bar-tabac est resté exceptionnellement ouvert en raison d'une course cycliste organisée sur cette place. Il fallait, ce jour-là, jouer des épaules pour se frayer un chemin vers le bar où Gérard Ponthieux et ses employés multipliaient les tournées. La journée est maintenant terminée, les derniers clients sont partis. Gérard Ponthieux et son épouse Jacqueline remontent dans leur appartement situé juste au-dessus du café, au premier étage. Ils prennent alors l'apéritif. Gérard avale l'un derrière l'autre deux grands verres à limonade de whisky. Pendant ce temps-là, Jacqueline prépare le dîner. Au menu, un plat de jambon-coquillettes qu'ils dégustent en regardant un épisode de *Derrick* à la télévision. À 22 heures, épuisé par sa journée de travail et par une sérieuse consommation d'alcool, Gérard va se coucher, suivi de sa femme. Ils s'endorment paisiblement. Vers 2 heures du matin, Jacqueline se réveille en sursaut. Elle entend sa chienne Maya aboyer. Elle ouvre les yeux et aperçoit, du côté du lit où dort son mari, un homme, debout, le visage dissimulé par une capuche, menaçant : « L'argent, vite », dit l'homme. Jacqueline est paniquée. Elle se lève, contourne le cambrioleur pour attraper les sacs de la recette du bar dans la table de nuit de Gérard. L'homme, qui ne semble pas être armé, lui demande également la recette du PMU. Elle descend alors dans la réserve du bar où se trouve cet argent. Mais, par mégarde, elle déclenche le système d'alarme. Et la sirène retentit. Lorsqu'elle remonte l'escalier du premier étage, elle aperçoit le cambrioleur qui s'enfuit par les toits. Elle se précipite dans la chambre et pousse un long hurlement. Jacqueline vient de découvrir son mari en travers du lit, le visage ensanglanté. Elle appelle immédiatement à l'aide. Elle crie encore : « Gérard est en train de mourir ! »

Julien, 13 ans, le dernier fils de Jacqueline, deux de ses camarades qu'il avait invités chez lui ce soir-là, et Gilbert, un employé du bar, qui dorment tous au grenier, entendent les cris de Jacqueline. Ils descendent en courant et se précipitent dans la chambre. Il est 2 h 40 du matin, le corps de Gérard gît en travers du lit. Gilbert appelle tout de suite les secours. Les pompiers arrivent huit minutes après. Ils constatent que Gérard « gaspe », c'est-à-dire qu'il est encore secoué par les spasmes de l'agonie. Mais son cœur a cessé de battre. Il est mort, tué de douze coups de tournevis ou de ciseau à bois. L'arme du crime ne sera officiellement jamais retrouvée.

Les policiers de Creil, dirigés par le commissaire principal Nicolas Jolibois, arrivent au « Sulky ». Selon les premières déclarations de Jacqueline, l'inconnu qui venait de tuer son mari semblait connaître parfaitement les lieux et les habitudes du cafetier. Il se serait introduit dans les appartements situés à l'étage du « Sulky », en passant par une fenêtre, pour surprendre le couple dans son sommeil.

À 9 heures du matin, les constatations et les vérifications sur place s'enchaînent, mais le cambrioleur n'a laissé aucun indice probant derrière lui. Toutefois, le scénario de l'agression intrigue les policiers. Ils se demandent pourquoi le cambrioleur se serait fait remettre la caisse de la journée d'une valeur de 12 000 € avant de réclamer la recette du PMU conservée dans le coffre-fort au rez-de-chaussée. Et pourquoi il n'a pas attendu l'argent du PMU qui s'élevait à près de 7 600 €, avant de s'enfuir.

Trois jours après le drame, le 25 septembre, les enquêteurs ratissent le quartier pour retrouver l'arme du crime. Sans succès. Deux mois plus tard, Jacqueline Ponthieux est entendue en garde à vue par les enquêteurs, sur commission rogatoire du juge d'instruction.

L'une des raisons principales de cette décision de mise en garde à vue n'a pas été communiquée à la presse à l'époque. En fait, les policiers sont persuadés que Jacqueline Ponthieux a commandité le meurtre de son mari après l'avoir drogué ! Ils s'appuient sur les résultats de l'analyse toxicologique du sang de la victime. Analyse qui révèle que Gérard Ponthieux a été drogué au GHB, la fameuse « drogue des violeurs », que les chimistes ont mis en évidence dans son sang. Pour eux, c'est Jacqueline qui a introduit la drogue dans la nourriture de son mari. Tout la désigne car elle était la seule personne présente à ses côtés à partir de la fermeture du bar-tabac, vers 19 heures. Et c'est elle qui a préparé le dîner. Autre élément sur lequel les policiers fondent leur certitude de la culpabilité de Jacqueline, son passé : les enquêteurs savent qu'elle s'est mariée à deux reprises. Qu'il y a eu de multiples séparations et retrouvailles entre Jacqueline et Gérard Ponthieux. Pour eux, elle voulait s'approprier, après la mort de son mari, le produit de la vente du « Sulky »...

Le 26 novembre, après avoir passé une deuxième nuit dans les locaux de la PJ de Creil, Jacqueline Ponthieux est conduite au palais de justice de Senlis. Elle est mise en examen et incarcérée pour complicité dans le meurtre de son mari. Elle va passer deux ans et demi en détention provisoire. Elle sera remise en liberté le 11 février 2000, dans l'attente de son procès.

Jacqueline Ponthieux a-t-elle sauvagement poignardé de douze coups de tournevis son mari Gérard ? A-t-elle confié la tâche à un complice puis maquillé l'assassinat en cambriolage ? Ou bien est-elle, comme elle le dit, la victime d'un voleur sanguinaire qui, après s'être fait remettre la caisse de son commerce, s'est acharné sur son mari ? Entre ces trois scénarios, la justice hésitera longtemps. Il va falloir 13 années de procédure, 20 rapports d'expertises et 4 procès d'assises, dont deux interrompus pour cause de révélations fracassantes, avant qu'elle soit enfin acquittée par la cour d'appel de la Somme à Amiens le 26 mars dernier. Retour sur les rebondissements successifs de l'affaire...

Le premier grand rebondissement après la mise en examen de Jacqueline Ponthieux fin novembre 1997 et après deux ans et demi de détention provisoire, intervient durant le procès de décembre 2003. Gilbert Pépin, l'éminent expert en toxicologie et en pharmacie dont le rapport semblait prouver que la victime avait été droguée au GHB, est appelé à venir témoigner à la barre. Au deuxième jour du procès, vers 16 heures, alors que les débats ronronnaient autour de la personnalité complexe de Jacqueline Ponthieux et du déroulement de la dramatique soirée, Gilbert Pépin lâche une véritable bombe. Ce spécialiste, qui a effectué cinq expertises sur le corps de Gérard Ponthieux en 1997, vient dire à la barre qu'il n'est plus possible, six ans plus tard, d'affirmer scientifiquement que la victime a été droguée avant de recevoir les coups mortels ! Un pan entier de l'accusation s'effondre. Le procès bascule. La présidente de la cour, Cécile Simon, déclare, stupéfaite, que « là, il faut avouer que l'on ne peut que rester coi ! ».

Gilbert Pépin justifie ses nouvelles conclusions par les avancées récentes de la science à propos de cette drogue. L'expert explique que « les cinq rapports de 1997 ont montré un taux de 8 mg de GHB par millilitre de sang dans le corps de Gérard Ponthieux. Ce puissant narcotique, dit-il, utilisé depuis 1950 en anesthésie, interdit à la vente aujourd'hui, mais dont le mode de fabrication est accessible sur Internet, a été utilisé dans de nombreux cas de soumission pour des viols, d'où son surnom. Mais, dès 2001, des scientifiques ont émis l'hypothèse d'une possibilité de création naturelle de GHB après la mort » ! L'expert raconte qu'il a assisté à un colloque à Melbourne, en Australie, où 800 experts mondiaux en toxicologie étaient rassemblés. Lors de ce colloque, les scientifiques ont établi l'existence de deux GHB totalement différents. Le premier, c'est un produit qui peut être absorbé. Le deuxième, c'est une molécule qui est créée physiologiquement dans le corps après la mort. Pour savoir si le GHB qui était présent dans le corps de Gérard a été administré ou non, il faut en déterminer la quantité. À partir de 50 mg par millilitre de sang, c'est une drogue absorbée. En dessous, c'est le corps qui a sécrété la molécule. Dans le sang et les urines de Gérard Ponthieux, il n'a été retrouvé que 8 mg par millilitre de sang. « Ces découvertes, conclut Gilbert Pépin dans un grand silence, permettent donc de supposer, six ans après les faits, qu'il n'y a pas eu prise ni absorption de GHB dans cette affaire. » Après ce coup de théâtre qui fait tomber une grande partie de l'accusation, le procès est renvoyé dans l'attente de nouvelles expertises complémentaires…

Jacqueline Ponthieux comparaît une nouvelle fois en 2005, devant la cour d'assises de Beauvais. Elle arrive presque sereine. Mais à l'audience, nouveau coup de théâtre. Cette fois-ci, ce n'est plus l'empoisonnement qui est remis en cause mais l'heure de la mort de son mari ! Un nouveau trio d'experts composé d'un gastro-entérologue, d'un neuropsychiatre et d'un légiste, affirme que Gérard Ponthieux n'est pas mort à 2 h 40, mais à 23 h 30, donc trois heures avant l'agression ! Les coquillettes à peine digérées dans son estomac l'attestent, disent-ils. La victime a été tuée peu après son dîner. La conséquence de ce nouveau rebondissement est désastreuse pour Jacqueline Ponthieux. La conclusion des experts incite l'accusation à affirmer qu'elle a tué son mari près de trois heures avant d'appeler les secours. Elle est condamnée à quinze ans de prison. Elle fait appel.

Le troisième procès de Jacqueline Ponthieux s'ouvre en juin 2008. Nouvelle audience, nouveau rebondissement. Le témoignage d'un pompier remet catégoriquement en cause les certitudes des experts de 2005 sur l'heure de la mort. « À notre arrivée au “Sulky” à 2 h 48, raconte le secouriste à la barre du tribunal, Gérard Ponthieux agonisait. Je suis persuadé que les faits venaient de se produire. » La thèse de l'accusation, déjà deux fois réécrite, s'effondre à nouveau. Le procès est renvoyé. Il a eu lieu en mars 2010.

Ce quatrième procès s'ouvre devant la cour d'appel d'Amiens. Les avocats de l'accusée, Hubert Delarue et Franck Berton, sont optimistes. « Il n'y a plus rien contre Jacqueline Ponthieux dans ce dossier », disent-ils. La suite des débats va leur donner raison.

Après un nouvel examen de la personnalité et du passé tumultueux de l'accusée, on appelle à la barre les principaux policiers qui ont mené l'enquête. Après leurs témoignages, il ne restera plus aucun argument à l'accusation pour faire condamner Jacqueline Ponthieux. L'enquête, qu'ils décrivent en détail à la demande du président, est un véritable naufrage...

L'un des enquêteurs, chargé des différentes perquisitions, raconte : « Je ne suis pratiquement pas rentré dans la chambre sur les lieux du crime. Je n'avais rien à faire dans cette histoire ! » Le président interroge : « Le lendemain du crime, on vous signale une chemise tachée de sang dans un buisson près des lieux du crime. Qu'avez-vous fait ?

– Rien...

– Et le mégot retrouvé dans la cuisine ? Il apparaît sur une photo. Sur la suivante, il a disparu ! Qu'est-il devenu ? »

Le policier décomposé se cherche des excuses :

« C'était il y a treize ans...

– Je sais ! tonne Me Berton, l'un des deux avocats de Jacqueline, en pointant du doigt l'accusée, tassée dans le box. Pour elle aussi, ça fait treize ans ! Treize ans qu'elle se demande pourquoi on l'accuse ! Elle a passé 806 jours en prison. »

Pas d'aveux, pas d'arme du crime, pas de témoins, pas de preuves matérielles. Après quatre jours de procès, et à peine une heure de délibération, Jacqueline Ponthieux est déclarée non coupable du meurtre de son mari Gérard par les jurés de la cour d'assises d'appel de la Somme...

Depuis son acquittement, Jacqueline a repris son travail d'agent d'entretien à la mairie de Liancourt. Elle a retrouvé son fils, Julien, pour entamer enfin « une nouvelle vie. Une vie de bonheur », a-t-elle déclaré en sortant du tribunal, « sans avoir peur de retourner un jour en prison ». Une vie qu'elle souhaite paisible, même si le meurtre de son mari demeure à jamais une énigme…

QUI A TUÉ KATIA LHERBIER ET GÉRALDINE GIRAUD ?

Le 20 février 2010, Jean-Pierre Treiber se suicidait dans une cellule de la prison de Fleury-Mérogis. Cet ancien garde-chasse emportait avec lui tout espoir de découvrir un jour la vérité sur la ténébreuse affaire Giraud-Lherbier, du nom des deux victimes retrouvées cachées dans le puisard de sa propriété de Villeneuve-sur-Yonne, cinq ans plus tôt.

Ultime rebondissement d'une enquête qui n'en fut pas avare. Alors que tout accable Jean-Pierre Treiber, les policiers mettent à jour l'éventuelle implication de Marie-Christine Van Kempen, cantatrice fantasque et belle-sœur du comédien Roland Giraud. Commanditaire présumée, elle sera même un temps incarcérée avant que la justice ne l'innocente totalement. C'est alors que Jean-Pierre Treiber, qui doit répondre seul des deux crimes, parvient à s'évader de la prison d'Auxerre de façon rocambolesque : en se cachant dans un carton. Repris deux mois plus tard par le célèbre RAID, il clame son innocence jusqu'à son geste fatal.

Treiber était-il coupable ? A-t-il agi seul ou avec des complices ? Quel était son véritable mobile ? On ne le saura jamais. J'ai choisi de revenir ici sur les circonstances de la disparition des deux jeunes femmes et sur l'enquête qui allait aboutir, vingt-deux jours plus tard, à l'arrestation de Jean-Pierre Treiber, jusqu'à la découverte des deux corps, le 9 décembre 2004.

Nous sommes le lundi 1er novembre 2004, fin du week-end de la Toussaint, à une centaine de kilomètres au sud-est de Paris. Il est un peu plus de 20 heures. Deux jeunes femmes d'une trentaine d'années, Géraldine et Katia, quittent la grande demeure familiale de la famille du célèbre comédien Roland Giraud, « La Postolle ». Elles prennent place dans une Peugeot 206 grise. On ne les reverra jamais vivantes.

Géraldine est la fille unique du comédien Roland Giraud, qui, en cet automne 2004, est à l'affiche du Théâtre des Variétés, à Paris, avec la pièce *Avis de tempête*, dans laquelle il donne la réplique à Véronique Jeannot. C'est un triomphe, la salle est pleine tous les soirs. La veille, entre les deux représentations dominicales, le comédien a parlé à sa fille au téléphone. C'est une tradition familiale immuable chez les Giraud. On s'appelle au moins une fois par semaine et c'est toujours le dimanche ! Le père et la fille ont échangé quelques banalités : penser à bien fermer la maison à l'issue du week-end, rappeler que la femme de ménage passera mardi… S'assurer que tout va bien. Un coup de fil comme il y en a eu tant d'autres… Au téléphone la voix de la jeune femme de 36 ans est claire, posée, optimiste. D'autant qu'elle vient de passer ce week-end avec son nouvel amour, sa nouvelle passion : une femme… Il y a bien longtemps que ses préférences sexuelles ne posent plus de problèmes à personne dans l'entourage. Géraldine a fait les honneurs de « La Postolle » à Katia Lherbier, une jeune musicienne dont elle a fait la connaissance moins de trois semaines auparavant. Un véritable coup de foudre réciproque ! Katia a 32 ans. Elle travaille à Sens. Géraldine l'a rencontrée lors d'une visite à la sœur de sa mère, Marie-Christine Van Kempen, qui loue une chambre depuis peu de temps à la jeune artiste.

Depuis cette rencontre, Géraldine et Katia sont devenues inséparables. Lorsqu'elles ne sont pas ensemble, elles ne cessent de s'appeler sur leurs portables ou de s'envoyer des SMS. Pour ce long week-end de la Toussaint, elles avaient décidé de rester ensemble à « La Postolle », la maison de famille des Giraud près de Sens, jusqu'au lundi soir. Leurs corps seront retrouvés près d'un mois et demi plus tard non loin de [illegible] dans un puits en contrebas du jardin d'un pavillon habité par... Jean-Pierre Treiber. Un ancien garde-chasse, peu bavard, qui a toujours farouchement nié avoir tué les deux jeunes femmes...

À l'époque de sa disparition, Géraldine Giraud s'est fait depuis une quinzaine d'années un prénom apprécié dans le monde du spectacle. Elle a d'abord tenté sa chance comme chanteuse avec le groupe Totem. Son premier 45 tours a été un joli succès d'estime. Puis elle s'est inscrite à des cours de théâtre et a commencé à courir le cachet et les petits rôles sous le pseudonyme de Géraldine Gassler, un nom aux consonances néerlandaises qui rappelle celui de sa mère, la comédienne Maïke Jansen, dont le véritable nom est, en réalité, Van Kempen. En 1989, elle est retenue pour le doublage d'un dessin animé diffusé dans le « Club Dorothée » sur Antenne 2. Le doublage, c'est sa véritable voie. Elle aime ça. Et elle va désormais en faire son métier. Cela lui permet de bien gagner sa vie tout en profitant de nombreux moments de loisirs. Elle a un peu plus de 30 ans au début des années 2000, une petite notoriété dans le milieu, et un agenda rempli de fêtes souvent tardives, surtout au « Pulp », une boîte de nuit des Grands Boulevards à Paris, réservée aux femmes, où elle multiplie les rencontres et les aventures d'un soir. Et puis, il y a ces longs week-ends partagés avec ses parents dans la maison de campagne, à « La Postolle » dans l'Yonne. Là-bas, elle se ressource et fait du sport, son autre passion avec la moto. Elle est charmante, séductrice, avec un brin d'impertinence et beaucoup d'élégance. « Elle tient ça de Roland », disent ceux qui connaissent la famille. Mais elle sait aussi être dure parfois, rugueuse, excessive. Un tempérament qui peut devenir destructeur et inquiétant lorsqu'elle boit ou fume plus que de raison, ce qui est arrivé souvent.

Le 10 octobre 2004, Géraldine se rend, comme elle le fait à peu près un dimanche par mois, à la réunion familiale des Van Kempen. Une sorte de clan d'une quinzaine de personnes réunies autour de Christina, la grand-mère. Ce jour-là, venant de Paris, elle fait un crochet par Sens pour aller chercher sa tante Marie-Christine qui n'a jamais eu son permis de conduire. Arrivée chez elle, rue Beaurepaire, Géraldine croise le regard d'une jolie jeune femme brune, les cheveux tirés en arrière, qui les observe derrière la fenêtre. « Elle s'appelle Katia. Je lui loue une chambre depuis quelques semaines, dit Marie-Christine, ça allège mon loyer. » Géraldine, subjuguée, ne quitte pas Katia des yeux. Marie-Christine monte dans la 206 de Géraldine qui démarre, toujours accompagnée du regard par Katia derrière la vitre. Les deux jeunes femmes vont se revoir très vite, c'est sûr. Elles vont s'aimer passionnément. Une passion qui ne durera pas plus de trois semaines.

Quatre jours plus tard, le jeudi 14 octobre, les deux jeunes femmes se retrouvent lors d'un dîner organisé chez elle par Marie-Christine Van Kempen à la demande expresse de Géraldine. Marie-Christine, une ex-diva, qu'on surnomme « la cantatrice » dans la région, donne maintenant des cours de chant pour gagner sa vie. Elle a d'ailleurs eu Katia comme élève quelques mois auparavant. Mais Katia a dû arrêter les cours faute de moyens. Les deux femmes se sont perdues de vue jusqu'au mois dernier, en septembre. Katia cherchait un appartement à louer pas trop cher. Marie-Christine lui a proposé une chambre dans sa maison de la rue Beaurepaire. Katia lui apporte un complément pour le loyer. En retour, Marie-Christine lui donne des cours de chant, gratuitement.

Katia Lherbier a toujours vécu dans la région, avec ses quatre frères et sœurs. D'abord à Villeneuve-sur-Yonne, et depuis l'an 2000 au Grand Vau, à quelques kilomètres de là. Son père est chauffeur-livreur après avoir été routier à l'international, donc souvent absent. Elle a été élevée par sa mère, Rosina, d'origine tahitienne. Adolescente, Katia a tout d'un garçon manqué et obtient de meilleurs résultats en sport qu'à l'école. Quand elle ne pratique pas l'athlétisme, elle joue de la batterie, son autre passion. Elle intègre d'ailleurs vers l'âge de 16 ans un petit groupe de Villeneuve. C'est à cet âge qu'elle se découvre davantage attirée par les filles que par les garçons ; un choix respecté par sa famille. D'autant que Katia est une bonne nature. Une fille simple. Joviale, bonne copine, elle attire immédiatement la sympathie. Sa gaieté et sa bonne humeur sont d'ailleurs contagieuses et elle n'a aucun mal à décrocher des petits boulots dans des associations, ou des MJC (maisons des jeunes et de la culture) où elle anime des cours de chant, mais aussi de théâtre et d'expression corporelle. Au cours de ce dîner du 14 octobre, les deux jeunes femmes découvrent leurs passions communes pour la musique, le chant, le spectacle. Elles semblent faites l'une pour l'autre. C'est le début d'une idylle qui se terminera tragiquement quelques semaines plus tard.

Le week-end suivant, Géraldine et Katia le passent naturellement ensemble. Le samedi 16, elles écument les boutiques à Paris, et sortent le soir en boîte de nuit. Le lendemain, elles passent leur journée à la fête à Neu-Neu. Puis Géraldine raccompagne Katia à Sens. Les deux jeunes femmes ne veulent pas se quitter, et Géraldine invite Katia à dîner au « Sénon », une institution gastronomique de la ville de Sens. Ce soir-là, l'atmosphère un peu compassée du grand restaurant va laisser place à un petit scandale. Katia et Géraldine ont forcé sur le vin. Elles s'esclaffent bruyamment, parlent fort, font des remarques désagréables aux clients et aux serveurs. Elles finissent par s'embrasser à pleines bouches, ce qui finit de choquer leurs voisins de table. Géraldine et Katia sont priées de quitter l'établissement, ce qu'elles font dans un grand éclat de rire. Quand Marie-Christine Van Kempen les voit revenir chez elle, dans un état quelque peu alcoolisé, elle invite Géraldine à passer la nuit sur le canapé plutôt que de prendre des risques en rentrant avec sa voiture à Paris. Ce week-end est un des derniers que Géraldine et Katia passent ensemble. Deux semaines plus tard, elles disparaîtront toutes les deux, pour toujours.

Les deux jeunes femmes se sont donné rendez-vous le jeudi 28 octobre. Après les frasques du week-end précédent, elles ont décidé de rester sagement entre elles à « La Postolle », la grande maison des Giraud, entourée d'un jardin, peuplé de vastes massifs de fleurs.

Le lundi 1er novembre, dernière journée de leur vie, Katia envoie un texto à sa sœur Sonia, pour lui dire qu'elle ne la rejoindra pas comme c'était prévu dans l'après-midi, pour aller au cinéma. Katia préfère rester avec Géraldine. À 14 h 40, la jeune musicienne appelle Michel Carpentier, le père d'un de ses amis dont elle est très proche. C'est à lui qu'elle se confie toujours quand elle a un problème ou quand ça ne va pas fort. Aujourd'hui, tout va bien. Elle veut simplement partager son bonheur tout neuf avec Michel. C'est pour cela qu'elle l'appelle. Peu après 16 heures, c'est au tour de Géraldine de passer un coup de fil. Elle est à la recherche d'un restaurant indien pour le soir et elle croit appeler le « Taj Mahal », un restaurant indien de Sens, pour savoir s'il est bien ouvert. Erreur de numéro. Éclat de rire. L'homme qui répond est un habitant de la Guadeloupe. On le dérange sans arrêt, dit-il, pour réserver une table. Il est excédé : « Le numéro dans l'annuaire n'est pas le bon, au revoir madame », dit-il avant de raccrocher.

La fin de l'après-midi est paisible et harmonieuse, consacrée à ranger la maison et à préparer le départ. Aux alentours de

20 heures, tout est fin prêt. Géraldine referme la porte de « La Postolle » et elle rejoint Katia qui l'attend dans la 206. À 20 h 08, elle reçoit un appel de Frédérique, une de ses bonnes amies. Géraldine entame la conversation, tout en commençant à rouler sur les petites routes de campagne. Mais la liaison passe mal entre les petites collines de l'Yonne. La liaison est interrompue. Il est précisément 20 h 10. À partir de ce moment-là, Géraldine Giraud et Katia Lherbier disparaissent. Plus personne n'aura de nouvelles des jeunes femmes…

Ce même lundi 1er novembre 2004, à 21 h 52, la caméra de surveillance du Crédit Mutuel de Villeneuve-sur-Yonne enregistre des images floues d'une femme effectuant un retrait de 250 € avec la carte bancaire de Géraldine. Mais les images sont de trop mauvaise qualité pour confirmer qu'il s'agit bien d'elle.

Le lendemain, 2 novembre, Katia Lherbier ne se présente pas à l'association d'aide aux immigrés pour laquelle elle travaille. Elle n'a pas prévenu de son absence. À midi, c'est Géraldine qui ne se rend pas à un déjeuner prévu de longue date avec une de ses amies…

Les parents des deux jeunes femmes et nombre de leurs amis tentent de les joindre en vain. Les portables sont sur répondeur. Les boîtes vocales seront vite saturées. Elles ne rappellent pas. Les premières hypothèses envisagées sont rapidement abandonnées par leurs proches. Géraldine et Katia auraient-elles décidé de fuguer quelques jours pour vivre leur nouvelle passion sans prévenir personne ? Cela semble peu crédible. On pense à un accident de la route… Roland Giraud a appelé lui-même les gendarmeries de la région et les hôpitaux. Sans succès. Alors, un enlèvement ? La fille d'un comédien célèbre serait une bonne monnaie d'échange pour des ravisseurs. Mais aucune demande de rançon n'est réclamée aux parents…

Le 3 novembre, Roland Giraud est fou d'inquiétude. Il décide de prévenir la police. Discrètement des recherches s'engagent dans la région autour de « La Postolle », de Sens et de Villeneuve-sur-Yonne. Sur place, la gendarmerie mène plusieurs battues, des plongeurs sondent les étangs et les rivières et un hélicoptère survole les bois et les forêts. Sans résultats. Ni le premier jour, ni les suivants. Pourtant, un fait intrigue les enquêteurs : les cartes bancaires des deux jeunes femmes continuent d'être utilisées quasi quotidiennement pour de petites sommes et cela, toujours dans la région de l'Yonne ou de la Seine-et-Marne. En tout, une douzaine de retraits d'espèces et de règlements variés pour un peu moins de 2 000 €.

Le mercredi 17 novembre, cela fait plus de quinze jours qu'on est sans nouvelles de Géraldine et de Katia. Ce jour-là, les policiers tiennent une première piste sérieuse. La carte de crédit de Géraldine Giraud a été utilisée pour payer des achats dans un supermarché de Carré-Sénart en Seine-et-Marne. 325,85 €, de la nourriture, des vêtements, des couches pour bébé, des cannettes de bière et des bouteilles d'alcool… Michel Cunault, de la PJ d'Auxerre, qui dirige l'enquête, appelle immédiatement Roland Giraud et l'invite à le rejoindre sur place pour visionner les caméras de surveillance du supermarché. Il y en a 117 ! Pendant que les images défilent sur les écrans, on appelle la caissière où les achats ont été payés. En consultant le ticket de caisse, elle se souvient du Caddie. Et surtout, de celui qui a réglé par carte de crédit. Elle confirme qu'il s'agissait d'un homme qu'elle décrit sommairement. Les caméras s'arrêtent sur un client au crâne dégarni. « C'est lui ! » dit la caissière. Roland Giraud se tourne vers le policier. Il a une terrible intuition. « Ma fille est morte », murmure-t-il avant de reprendre sa voiture pour rentrer à Paris où il joue au théâtre.

Le lendemain, Michel Cunault et ses hommes débarquent dans une station-service de Seine-et-Marne. La carte bancaire de Géraldine a de nouveau été utilisée, pour payer de l'essence cette fois. Les images de la vidéo sont de piètre qualité, mais il ne fait pas de doute qu'il s'agit du même homme que celui déjà aperçu au supermarché. Dans un angle de l'image, on aperçoit le capot d'une voiture. Une 205 de couleur claire, un modèle d'avant 1991 si l'on en croit le dessin des phares. Malheureusement, le numéro de la plaque d'immatriculation n'est pas visible entièrement. La seule chose certaine, c'est qu'il se termine par « 77 ». Le numéro du département. Les fichiers informatiques de la police délivrent une première liste de plus de huit cents cartes grises. Après avoir éliminé tous les véhicules qui ne sont pas de couleur blanche ou beige, l'étau se resserre. Huit voitures répondent à la description. Les policiers vont vérifier systématiquement les identités des différents propriétaires. L'une des cartes grises correspond à une 205 blanche vendue par une femme qui s'appelle Patricia Darbeaud à un certain Jean-Pierre Treiber, dont l'adresse n'est même pas indiquée. Mais, en faisant quelques recherches sur les fichiers des impôts, les enquêteurs localisent ce Treiber, dans une ferme à quelques kilomètres de Melun. Pas de chance ! Treiber n'y travaille plus depuis longtemps, mais une employée de la ferme le reconnaît sur les mauvaises photos tirées des vidéos de surveillance que lui montrent les policiers. Michel Cunault se rend ensuite dans un bar du Châtelet-en-Brie, en Seine-et-Marne, fréquenté de temps en temps par Treiber. Des consommateurs le reconnaissent et signalent qu'il passe régulièrement devant l'établissement…

Le mardi 23 novembre au petit matin, trois voitures banalisées sont en planque sous le commandement de Michel Cunault. Peu après 7 heures, la 205 blanche est en vue. La filature s'engage sur les petites routes de campagne, jusqu'à l'intersection de la Départementale 47 et de la Départementale 408. Une des trois voitures de police double la 205 et s'arrête devant elle à un stop. La 205 suivie de deux autres véhicules est coincée. Neuf policiers se précipitent sur la voiture, éjectent sans ménagement le conducteur de la 205 qui ne se débat pas. « Vous êtes Jean-Pierre Treiber ? » « Oui », répond l'homme qui parvient à garder son calme. Dans son portefeuille, trois cartes bancaires dont deux appartiennent à Géraldine Giraud et une à Katia Lherbier. Jean-Pierre Treiber reconnaît spontanément les avoir utilisées. « Je vous expliquerai », dit-il tranquillement aux policiers qui lui passent les menottes. La voiture est rapidement fouillée. Dans le coffre, la police met la main sur un couteau taché de sang… Les analyses révéleront qu'il s'agissait de sang animal et non de sang humain. Jean-Pierre Treiber est incarcéré, mais continue à nier toute implication dans la disparition des deux jeunes femmes. Sans pour autant donner une justification valable au fait qu'il détient les cartes bancaires des deux disparues.

La police tient enfin son suspect numéro 1, mais les deux jeunes femmes restent introuvables. Deux perquisitions sont effectuées chez Jean-Pierre Treiber dans la maison qu'il habite depuis un an environ à Villeneuve-sur-Yonne. Deux perquisitions qui permettent de mettre la main sur des coques de téléphones portables et sur un trousseau de clés qui ont visiblement été jetées dans un grand feu derrière la maison. Ces téléphones et ces clés appartiennent à Géraldine Giraud. Mais Treiber reste muet. C'est lors de la troisième perquisition, le 9 décembre 2004, que les enquêteurs découvrent les corps de Géraldine et de Katia sous un amas de pierres dans un puits en contrebas du jardin. Jean-Pierre Treiber, penché au-dessus du puits, entouré des policiers, lâche alors ces mots : « Putain, l'enculé, il les a butées. » Les deux corps retrouvés, le principal suspect sous les verrous, l'enquête paraît bouclée. Elle ne fait que commencer.

Pour mieux comprendre la dimension de cette affaire hors norme, le livre-enquête des journalistes Stéphane Munka et Christophe Gautier : *L'Affaire Giraud, une histoire de femmes*, éditions Flammarion.

ESPIONS

Le grand philosophe Emmanuel Kant disait qu'il n'y aurait de paix mondiale et durable qu'à une condition : que les États s'appliquent à eux-mêmes les lois qui régissent leurs propres sociétés.

Un citoyen qui vole son voisin, qui pratique le chantage, qui élimine ses concurrents en s'attaquant à leur réputation, et, pire, qui n'hésite pas à tuer quelqu'un pour se venger ou pour devenir propriétaire de ses biens, est considéré comme un délinquant. Il est mis en garde à vue, présenté à un juge d'instruction et, la plupart du temps, déféré devant la justice qui le punit en l'envoyant en prison pour quelques années ou pour toute sa vie.

Un espion qui compromet un fonctionnaire ou un scientifique étranger dans le but de le faire chanter s'il ne transmet pas les informations qu'il détient, qui imagine une opération d'intoxication pour tromper l'adversaire, qui vole des secrets d'État en cambriolant une ambassade étrangère, qui coule un bateau, fait exploser un avion ou élimine physiquement un membre d'un autre service secret pour protéger un site sensible, est en général félicité par ses chefs. Il arrive même qu'on le décore en petit comité pour services rendus à la nation ! À une condition : que personne ne le sache. Qu'on n'en parle pas, que le secret soit total. Pas vu, pas pris !

On l'a compris, le code de procédure pénale ne s'applique pas à ce monde sans morale où règne la loi du plus fort. Je vous propose une petite incursion dans ce monde de l'ombre et de la raison d'État. Ne cherchez pas la morale des quelques histoires qui suivent. Il n'y en a pas !

FAREWELL

Le nom de code « Farewell » a été choisi par les services de contre-espionnage français pour laisser penser, en cas d'échec, que cette opération secrète avait été imaginée par les Américains… Cette affaire est une des plus belles opérations réussies de l'après-guerre.

Nous sommes à Moscou, le lundi 22 février 1982. Quartier de Yassenevo. Il est 18 heures. Une Lada conduite par Vladimir Vetrov, membre du KGB, spécialiste de l'espionnage industriel et technologique de l'Union soviétique à travers le monde, se gare quelques instants le long du trottoir enneigé et glacé devant le siège du PGU, Première Direction générale du Comité de sécurité d'État, le centre nerveux de l'espionnage extérieur soviétique. Une jeune femme emmitouflée dans un grand manteau monte à bord. Elle s'appelle Ludmilla, elle est traductrice dans le même service que son amant qui lui a proposé de la ramener chez elle au nord-ouest de la capitale russe. La voiture démarre et prend la direction du boulevard périphérique. Quelques kilomètres plus loin, juste après la croisée de la route de Roublevo, la chaussée s'élargit pour former une sorte de parking, souvent vide la nuit, mis à part quelques rares voitures dont les occupants sont en général des couples illégitimes venus passer quelques moments d'intimité avant de regagner leurs domiciles. Ce soir-là, l'endroit est désert. À droite, un bois bordant des résidences secondaires. Une centaine de mètres plus loin, un arrêt de bus. Des voitures passent à un rythme régulier sur la gauche, éclairant quelques secondes l'intérieur de la Lada. Vladimir Vetrov vient de déboucher une bouteille de champagne français. Il verse le précieux liquide dans deux gobelets en carton. Les amants trinquent en bavardant… Soudain, Vladimir frappe Ludmilla de toutes ses forces avec la bouteille à moitié pleine. Il ouvre la boîte à gants de la Lada, s'empare d'un pic à égorger les porcs et vise la gorge de sa compagne qui se défend comme elle peut. Elle est blessée. Le sang gicle sur les vêtements et le visage de son agresseur qui semble pris d'une crise de folie furieuse… À ce moment, une ombre s'approche et frappe à la vitre de la voiture. « Fous le camp, toi ! » hurle Vetrov. Mais l'homme tente d'ouvrir la portière. Il a vu que le couple, à l'intérieur, n'est pas en train de s'adonner aux ébats amoureux qu'il avait cru surprendre. Vetrov ouvre la portière d'un coup d'épaule, descend, et poignarde l'homme d'une cinquantaine d'années à l'aide d'un couteau de chasse à la lame très effilée. L'homme s'écroule, mortellement blessé. Pendant ce temps, Ludmilla a réussi à ouvrir la portière de son côté et s'échappe en courant et en hurlant « à l'aide ! », vers l'arrêt de bus où se trouvent maintenant quelques voyageurs. Vetrov remonte dans sa voiture, démarre sur les chapeaux de roue et tente de la faucher en pleine course. Mais un camion arrive à cet instant sur le parking. La Lada l'évite de justesse, et reprend le périphérique où elle se perd dans le flot de la circulation.

Le vendredi suivant, Patrick Ferrand, attaché militaire à l'ambassade de France, se rend au rendez-vous prévu avec l'informateur du KGB qui a fourni en quelques années à la DST, pour laquelle il travaille, 3 500 documents secrets de la plus haute importance qui ont littéralement consterné les services secrets occidentaux en révélant l'ampleur de la pénétration soviétique au cœur de l'Occident. Vladimir Vetrov n'est pas là. La « taupe » française du KGB ne se rendra plus jamais à aucun rendez-vous. L'affaire Farewell se termine ainsi par un drame passionnel que les services secrets français et américains ne découvriront que plusieurs mois plus tard... lorsqu'ils apprendront que Vetrov a été condamné à douze ans de camp. Il a été condamné dans le plus grand secret et envoyé en Sibérie. Tout avait commencé au début des années 80.

Bien avant de le baptiser du nom de code « Farewell », le service français de contre-espionnage que l'on appelait encore DST à l'époque, avait fiché un espion russe, sous sa véritable identité. C'était en 1965. Il s'appelle Vladimir Ippolitovitch Vetrov. Il vient de s'installer à Paris. Il est affecté à l'ambassade d'URSS comme attaché commercial, autant dire comme espion. Il a 33 ans, une jolie femme et un petit garçon. L'homme a un bel avenir devant lui ! Ancien athlète de haut niveau, il est diplômé d'une grande école d'ingénieurs : deux qualités qui lui ont ouvert les portes du KGB. La DST ne le lâche pas d'une semelle pendant son séjour en France. Les filatures prouvent que Vetrov approche à plusieurs reprises des ingénieurs français travaillant dans des secteurs de haute technologie pour des sociétés françaises et américaines. Il tente de se procurer à n'importe quel prix des matériels interdits d'exportation vers l'Union soviétique ; sa mission semble être d'obtenir des informations et des équipements de pointe qui font défaut à son pays. Au cours de ce séjour, Vetrov se fait un ami, Jacques Prévost, cadre supérieur chez Thomson-CSF, qui l'invite souvent dans les meilleurs restaurants et lui donne parfois quelques informations soigneusement choisies. Prévost émarge discrètement à la DST dont il est, comme on dit, un « honorable correspondant », un collaborateur occasionnel. Un jour, Prévost a rendu un énorme service à Vetrov à l'occasion d'un accident de voiture que celui-ci avait eu en état d'ébriété. La voiture de service de l'ambassade est très abîmée. Il sait que s'il avoue avoir eu cet accident, c'est le retour assuré à Moscou. Un agent du KGB se doit d'être irréprochable. Il doit donc cacher l'incident à ses supérieurs. Mais comment faire ? Son « ami » Prévost contacte Vetrov pour lui dire qu'il a trouvé une solution. Il fait réparer la voiture d'urgence, en quelques heures et, cerise sur le gâteau, il règle la facture ! Vetrov lui offre en retour un samovar. Il a désormais une dette de reconnaissance envers lui… C'est exactement ce que souhaitaient les services français. Pourtant, quelques semaines plus tard, Vetrov est rappelé à Moscou sans explications. À Paris, au siège de la DST, un billet manuscrit est agrafé à son dossier. Il dit ceci : « En cas de demande de visa, ne pas refuser et avertir immédiatement R41, quelle que soit la durée du séjour demandée ». En 1973, son dossier est complété et actualisé. Vetrov occupe maintenant une fonction importante au ministère de l'Industrie soviétique. Sa fiche précise : « Il serait un membre important du KGB et il s'est plaint au cours d'une conversation avec un technicien français en stage à Moscou de ne pouvoir revenir en France car les autorités lui refusent systématiquement tout visa. » On peut penser que l'histoire de son accident est venue aux oreilles de son service et que par peur qu'il soit approché par les services français, on ait décidé de ne jamais le renvoyer en France. Pourtant, quelques années plus tard, lorsque Vladimir Vetrov décide de changer de camp, c'est toujours à la France qu'il pense… et à son sauveur parisien.

Courant novembre 1980, Jacques Prévost reçoit à Paris une carte postale postée en Hongrie par le beau-frère de Vladimir Vetrov. Le texte est anodin et prudent : « Cher Jacques, Par l'occasion j'ai la possibilité de t'envoyer une petite lettre et de te rappeler que nous, ma femme et moi, sommes sains et saufs. » Il demande également à son ami de bien vouloir lui passer un coup de téléphone. Prévost montre la carte à la DST qui décide de ne pas bouger. En 1981, un mot manuscrit de Vetrov est rapporté à Prévost par un ingénieur français. Vetrov le lui a remis discrètement au cours d'une visite à un salon d'électronique. Le texte, cette fois, est plus explicite : « N'as-tu pas compris que pour moi c'est une question de vie ou de mort ? » L'affaire Farewell vient de commencer…

À la DST, on a compris que Vetrov cherche à entrer en contact avec les Français. L'occasion est trop belle pour la laisser passer, mais comment faire ? La DST ne dispose d'aucun agent en URSS. Elle est un service de contre-espionnage intérieur. Prévenir le SDECE (service de recherche et de documentation extérieur) et laisser filer une belle affaire n'est pas non plus la solution. Raymond Nart, nom de code R41, sous-directeur de la DST, décide alors par l'intermédiaire de Prévost, de confier le contact au chef de l'antenne moscovite de Thomson, Xavier Ameil, un polytechnicien qui n'est pas du tout membre des services secrets mais qui a bien compris que son chef direct, Prévost, doit fréquenter « la grande maison ». Il accepte d'aller au contact de Vetrov, pensant qu'il s'agissait juste de faire passer un message… L'entrevue a lieu à la tombée du soir en pleine rue à Moscou, le 5 mars 1981. À l'heure dite, Vetrov monte dans sa Renault 20 garée au bord d'une place tranquille. « On m'a chargé de vous dire que si vous voulez passer à l'Ouest, les frontières vous sont ouvertes », dit Xavier Ameil. Réponse immédiate de Vetrov : « Mais je ne veux pas quitter mon pays. Je veux travailler pour vous. J'ai des documents à vous transmettre. Beaucoup de renseignements de la plus haute importance. » Et Vetrov entame une série de rendez-vous clandestins (six au total) avec un « espion malgré lui », un amateur français qui va recueillir, par la « taupe » de Moscou, plus de détails sur l'espionnage soviétique que l'ensemble des services secrets occidentaux n'ont pu en réunir depuis la fermeture du rideau de fer ! À Paris, on découvre des noms, des chiffres, des listes d'objectifs, des centaines de pages de rapports secrets du KGB aux plus hautes instances soviétiques, que Xavier Ameil photocopie le soir ou le week-end avant de les transmettre aux émissaires de Thomson qui passent par Moscou. Au siège de la DST, où l'on traduit les documents au fur et à mesure de leur arrivée, on reste pantois. Le directeur de la DST, Marcel Chalet, sait qu'il tient enfin avec Vetrov dont le nom de code est désormais « Farewell », la « taupe » dont tous les services secrets avaient rêvé depuis le début de la guerre froide.

Le 15 mai 1981, la DST décide de passer la main à un professionnel de l'espionnage. Xavier Ameil a pris beaucoup de risques, il n'a pas de passeport diplomatique. S'il était pris, il risquerait le goulag, voire même une exécution sommaire ou un faux accident de voiture qui l'aurait fait disparaître avec son épouse…

Son successeur s'appelle Patrick Ferrand, il est attaché militaire adjoint à l'ambassade de France. C'est un spécialiste de l'action clandestine. Farewell exige tout d'abord de rencontrer la femme de Patrick Ferrand, moins voyante, moins détectable selon lui par les services de contre-espionnage russe qu'il craint. Il lui donne rendez-vous sur un marché aux légumes de Moscou fréquenté par tous ceux qui veulent se procurer de la nourriture fraîche qui manque cruellement dans les magasins d'État. C'est ainsi qu'il glissera presque chaque semaine, ses documents secrets dans le cabas à provisions d'une certaine « Marguerite », le nom de guerre de l'épouse de l'attaché militaire. Il y aura ainsi en tout dix-huit rendez-vous successifs entre Farewell et Marguerite. Puis, les rendez-vous sur le marché seront remplacés au fil du temps par des rencontres plus brèves, dans la rue, dans des magasins ou des jardins publics, au cours desquelles Marguerite récupérera des rouleaux de pellicule. Les documents secrets sont désormais photographiés par Vetrov grâce à un tout petit appareil que lui a fourni Patrick Ferrand. Parfois, Vetrov se sert de « boîtes à lettres mortes ». Il dépose sa pellicule dans un endroit convenu à l'avance et Marguerite passe plus tard pour récupérer les pellicules. Cette procédure permettra d'espacer les contacts directs à haut risque dans une des capitales les plus surveillées du bloc de l'Est.

À Paris, chaque envoi de Farewell continue d'émerveiller les agents de la DST. Vetrov leur fait ainsi parvenir le bilan d'activité du KGB pour les années 1979-1980. Un document qui révèle tous les objectifs de l'espionnage soviétique dans le monde, les moyens engagés et les résultats obtenus ! Il a également recensé de sa main une liste de 215 agents de Moscou dans le monde avec les noms, les adresses et les numéros de téléphone. Clairement, Farewell voulait causer au KGB des dégâts irréversibles et peser sur l'équilibre des forces entre l'Est et l'Ouest. Il écrit d'ailleurs à Prévost un mot où il explique qu'il déteste ce régime totalitaire qui, dit-il, écrase la personnalité. « Ici, il n'y a rien. Rien que de la pourriture… »

Parmi les documents en provenance de Farewell, se trouve la preuve que les Soviétiques connaissent les secrets de toute la couverture radar des forces américaines sur le territoire des États-Unis ainsi que les codes qui servent à transmettre les informations les plus secrètes depuis les ambassades américaines dans le monde entier à destination du Pentagone ou du Département d'État. Les Français décident alors d'avertir les Américains et donc de dévoiler l'existence de la « taupe » française du KGB. Le président français est mis dans la confidence par le directeur de la DST, Marcel Chalet, lors de la garden-party de l'Élysée, le 14 juillet 1981. Mitterrand gère des relations tendues avec les Américains qui jugent sévèrement la présence de ministres communistes en France. Il décide donc de communiquer les documents de Farewell directement au président Reagan. Celui-ci découvre avec stupéfaction que les Russes sont informés des recherches militaires américaines les plus sensibles, y compris les dispositifs de sécurité de la Maison-Blanche. Il découvre aussi l'étendue des carences du système soviétique qui consacre un tiers de son Produit Intérieur Brut aux équipements militaires, et qui laisse l'espionnage industriel prendre le pas sur sa propre recherche scientifique. En conséquence, Reagan décide de durcir sa politique envers l'URSS. Il lance son programme de « guerre des étoiles », sachant qu'il mettra ainsi les Russes à genoux financièrement. L'URSS ne pourra pas suivre les dépenses gigantesques qu'un tel projet nécessite. Toujours grâce aux informations de Farewell, l'Amérique fera une formidable opération de désinformation, laissant filer en URSS des logiciels piégés par des bugs informatiques, des sortes de bombes virtuelles qui donneront lieu, en Sibérie, à une formidable explosion dans des installations gazières et pétrolières, la plus forte explosion industrielle non nucléaire de tous les temps… Un désastre !

Quant à la France, elle ordonnera l'expulsion brutale de quarante-sept diplomates soviétiques. Tous, sauf un, se trouvaient sur une liste fournie à la DST par Farewell. La réaction de l'ambassade soviétique à Paris est immédiate. Elle proteste vigoureusement contre la décision totalement infondée et arbitraire des autorités françaises, selon la phraséologie habituelle, et Moscou expulse immédiatement quelques chargés d'affaires français par mesure de rétorsion. En réalité, les Russes sont consternés et inquiets. Ils cherchent à savoir qui a informé les Occidentaux. Le hasard va leur donner une information capitale qui permettra au KGB d'identifier la « taupe » qui vient de leur faire tant de mal.

Ce que personne ne sait ce jour-là, c'est qu'un fonctionnaire du ministère des Affaires étrangères français chargé de notifier l'expulsion des quarante-sept diplomates à un représentant de l'ambassade soviétique, a brandi devant lui le document original transmis par Farewell à la DST. Le diplomate a pu lire le numéro de dossier du document. À Moscou, le KGB a dressé la liste restreinte de ceux qui avaient pu y avoir accès dans le cadre normal de leurs habilitations professionnelles. Le nom de Vladimir

Ippolitovitch Vetrov était l'un d'entre eux. Quelques jours plus tard, dans son goulag de Sibérie, où il se trouve à la suite d'un simple fait divers, Vetrov découvre la nouvelle de l'expulsion des diplomates soviétiques dans un journal. Il ne pourra pas s'empêcher de s'écrier : « Ah ! les connards, ils m'ont grillé... » L'un de ses codétenus informera la direction du camp de cette réaction.

Vladimir Vetrov sera condamné à mort, pour trahison, au cours d'un procès secret. Quelques mois plus tard, il recevra une balle dans la tête dans les sous-sols du siège du KGB à Moscou.

Pour aller plus loin : *Adieu Farewell*, aux éditions Robert Laffont. L'auteur de ce livre, Éric Raynaud, a été le scénariste du film de Christian Carion, *L'Affaire Farewell* (en 2009), avec Emir Kusturica et Guillaume Canet dans les principaux rôles.

L'ESPION AU PARAPLUIE

Les gadgets à la James Bond ne servent pas que dans les films... Depuis longtemps, les services « action » utilisent un certain nombre d'objets spécialement mis au point pour faciliter la réussite des missions d'espionnage et pour protéger la sécurité des agents secrets. Cela va des stylos, montres, réveille-matin, montures de lunettes avec micros et caméras miniaturisés aux chaussures-poignards à lames rétractables dans la semelle, en passant par des pistolets démontables qu'on peut reconstituer avec des objets aussi innocents qu'un briquet, un étui à cigarettes, des boutons de manchette et un stylo... Les services techniques des grandes centrales d'espionnage continuent à fabriquer à l'unité tout ce qui peut faciliter le travail des hommes de terrain. La Russie soviétique avait même un laboratoire spécialisé dans la mise au point de poisons redoutables ne laissant aucune trace à l'autopsie. Les gadgets rivalisent d'astuce et d'inventivité. Pour ceux qui douteraient de la réalité de ces affirmations, voici un exemple concret.

Nous sommes à Londres, le 7 septembre 1978, jour de l'anniversaire du dictateur communiste bulgare, Todor Jivkov... Ce jour-là, un homme marche sur le pont de Waterloo qui enjambe la Tamise. Il s'appelle Georgi Markov. C'est un écrivain et dissident bulgare, violemment anticommuniste, qui est passé à l'Ouest depuis plusieurs années. Il traverse maintenant le pont pour rejoindre un arrêt d'autobus. Il se rend comme chaque matin à son bureau de la BBC, où il travaille comme chroniqueur à Radio Free Europe, une antenne de propagande occidentale diffusée sur l'ensemble des pays de l'Est, de l'autre côté du rideau de fer. Markov attend le bus avec une poignée d'autres voyageurs, lorsqu'un homme de forte corpulence, coiffé d'un chapeau de feutre qui dissimule en partie son visage et portant au bras un parapluie, comme presque tous les Londoniens, s'approche de lui, le bouscule comme s'il voulait lui griller sa place… puis il grommelle une vague excuse avec un fort accent étranger. Son parapluie a heurté la jambe du dissident qui ressent une piqûre douloureuse au mollet. L'homme semble pressé, il fait signe à un taxi en maraude, saute dans la voiture et disparaît dans la circulation.

Lorsque Georgi Markov arrive à son bureau de la BBC, il remarque qu'une petite boursouflure rouge s'est formée à l'endroit où il avait ressenti la piqûre de la pointe du parapluie de l'inconnu. Georgi raconte à un collègue l'incident de l'arrêt du bus. Quelques heures plus tard, il est pris d'un accès de fièvre tel, qu'il quitte son bureau pour se rendre à l'hôpital afin de se faire examiner car sa douleur à la jambe devient de plus en plus vive. Il commence à penser qu'il a peut-être été victime d'une tentative de meurtre. Les médecins des urgences décident de l'hospitaliser. Trois jours plus tard, Markov meurt subitement sans qu'on ait pu identifier les raisons de son décès. Scotland Yard, prévenu de ce trépas suspect par l'administration de l'hôpital, ouvre une enquête et ordonne qu'on procède à une autopsie. Le médecin légiste trouve, à l'endroit de la blessure au mollet, un petit morceau de platine sphérique d'environ un millimètre et demi. Examiné au microscope, le petit projectile montre deux minuscules orifices formant une cavité à l'intérieur de laquelle on découvre des traces de ricine, un poison violent pour lequel on ne connaît pas d'antidote. L'analyse démontre également que ces trous gros comme une tête d'épingle avaient été recouverts d'une substance mielleuse qui maintenait la ricine dans la cavité. Cet enrobage avait la particularité de fondre à 37°, la température du corps humain. C'est de cette manière que le poison était passé dans la circulation sanguine de la victime… L'élimination du dissident était bien le cadeau d'anniversaire offert par ses services secrets au dictateur communiste Todor Jivkov, maître absolu de la Bulgarie.

Les spécialistes des services secrets britanniques pensèrent que l'homme qui avait bousculé Markov à l'arrêt du bus s'était servi d'un parapluie truqué muni d'un bouton déclencheur dissimulé dans la poignée. En appuyant sur cette gâchette, un ressort percutait une capsule de gaz ou d'air comprimé à l'intérieur du parapluie dont la pointe creuse permettait au projectile empoisonné d'être éjecté comme une microscopique balle de pistolet. L'affaire du parapluie bulgare fit le tour des services secrets occidentaux, et, à Paris, le SDEC découvrit que dix jours avant ce meurtre, un autre dissident bulgare avait été victime du même procédé. Vladimir Kostov, un transfuge des services bulgares réfugié à Paris, attendait, lui, sur le quai d'une station de métro lorsqu'un voyageur l'avait bousculé par-derrière. Il avait ressenti une vive douleur dans le dos. Les médecins d'un hôpital parisien avaient découvert la même sorte d'objet métallique dans sa peau. Mais Kostov avait eu plus de chance. L'enrobage de la capsule de poison n'avait pas fondu totalement après l'injection et seule une toute petite quantité de produit toxique s'était répandue dans son organisme. Il n'avait souffert que d'un fort accès de fièvre pendant quelques jours…

La Bulgarie nia ses grands dieux être responsable de ces tentatives de meurtres. Il fallut attendre la fin du régime communiste pour découvrir que les dossiers concernant Markov et Kostov avaient été opportunément détruits. Mais les confidences d'un ancien membre du KGB ont permis d'apprendre que l'opération avait bien eu lieu avec l'aide des services russes. On sait maintenant que le nom de code de Markov, l'écrivain dissident, était « Vagabond » et que son tueur, l'agent « Picadilly », était vraisemblablement un Italien, Francesco Gullino, manipulé par les services bulgares qui avaient facilité son installation au Danemark juste avant la chute du communisme. Selon les archives de l'État bulgare, il aurait reçu 30 000 dollars pour prix de ses services et aurait bénéficié d'une décoration et de plusieurs congés payés après la mort de Markov, lorsqu'il était encore en Bulgarie. Gullino a été arrêté en 1993 à Copenhague, mais il a réussi à s'évader du poste de police où il était interrogé. Il aurait été aperçu ces dernières années à Budapest et en République tchèque. Mais il semble encore bénéficier d'une protection très efficace. Quant aux autorités bulgares actuelles, elles viennent de décider de rouvrir l'enquête et de prolonger la période de prescription de cette affaire à vingt-deux ans, soit jusqu'en 2030. Pour l'instant, l'énigme du parapluie bulgare est résolue, mais le mystère sur l'identité de ses véritables commanditaires demeure…

Pour faire la part entre les fantasmes et la réalité à propos de ces armes secrètes utilisées par les services secrets, je vous recommande la lecture du livre de Jacques Baud, ancien officier des services de renseignements suisses, auteur de *L'Encyclopédie du renseignement et des services secrets*, publiée aux éditions Lavauzelle. Le journaliste Thierry Wolton, historien de la guerre froide et spécialiste du système communiste et des services secrets russes, donne également certaines informations passionnantes sur le sujet dans son livre *Le KGB au pouvoir. Le système Poutine*, aux éditions Buchet-Chastel.

LA BELLE DE PÉKIN

En Chine, depuis les temps les plus reculés, on considère l'espionnage comme un art martial. L'histoire qui suit témoigne de l'incroyable raffinement d'un piège pervers mis au point par les services secrets chinois pour recruter une « taupe » au sein des services français. L'espion français sera condamné en 1986 à six ans de réclusion pour « intelligence avec une puissance étrangère ». Son histoire a inspiré le film Madame Butterfly.

Paris, 30 juin 1983, 11 h 40. Un diplomate français, Bernard Boursicot, est arrêté près de la station de métro École militaire, par une équipe de policiers qui l'embarque au siège de la DST, au numéro 7 de la rue Nélaton, dans le 15e arrondissement. Le diplomate est emmené au deuxième sous-sol du bâtiment. Il redoute le pire. Les enquêteurs, dirigés par les commissaires divisionnaires Raymond Nart et Yvan Bassompière, se relaient pour l'interroger. Pour eux, c'est une belle affaire d'espionnage chinois qui permet de décrypter le fonctionnement du nouveau service secret de la Chine communiste, le Guo-anbu. Les questions fusent sur la disparition d'une centaine de documents à l'ambassade de Pékin puis à la représentation d'Oulan-Bator au temps où Boursicot était en poste en Mongolie. Mais une autre question brûle les lèvres de Raymond Nart : « Qui sont, demande-t-il, ces Chinois qui habitent chez vous, boulevard de Port-Royal, monsieur Shi Peïpu et son fils Shi Dudu ? »

Aux deux questions, Bernard Boursicot, presque soulagé, répond : « Je n'ai rien fait pour de l'argent ! »

« Mais qui est donc Shi Peïpu ? » demandent les limiers de la DST. Le diplomate hésite, car son grand secret n'est pas l'espionnage au profit de l'empire du Milieu, mais plutôt une histoire d'amour exceptionnelle.

« Shi Peïpu n'est pas un homme, c'est une femme..., avoue-t-il. D'ailleurs, Shi Dudu est mon fils ! » À ce stade de la discussion, il est clair qu'il n'a plus rien à cacher. Il a été obligé trop longtemps d'agir dans la dissimulation, pour ne pas s'expliquer franchement. Les gens de la DST vont comprendre ce qui lui est arrivé, pense-t-il. Il n'a jamais rien fait de grave. Il va enfin pouvoir vivre au grand jour avec sa femme chinoise et le fils qu'elle lui a donné. On le relâchera, sans doute, pense-t-il, avec un blâme du Quai d'Orsay... Deux jours plus tard cependant, le juge d'instruction Bruno Laroche inculpe Bernard Boursicot d'intelligence avec des agents d'une puissance étrangère...

L'instruction de cette affaire d'espionnage allait révéler une incroyable manipulation des services secrets chinois assortie d'un coup de théâtre final qui constitue certainement un événement unique dans les annales du renseignement mondial. L'affaire avait commencé en Chine à la fin des années 60...

Dans ces années-là, à Pékin, les services secrets chinois tentent de recruter des « taupes » dans les ambassades occidentales. Dans ce type d'opération, on cherche avant tout le maillon faible. Dans la représentation française, le maillon faible, repéré par les espions chinois, c'est un certain Bernard Boursicot, né à Vannes en 1944 dans une famille modeste. À 18 ans, en 1963, il est enseignant de français dans l'Algérie nouvellement indépendante. Ce Breton, de modeste extraction, se distingue par une grande sensibilité et un grand appétit de culture, notamment par sa passion pour le cinéma.

Après l'Algérie, Bernard Boursicot est venu à Paris car on lui a indiqué l'existence d'un concours extérieur permettant d'entrer dans la carrière diplomatique comme contractuel. Lui qui n'a qu'un BEPC en poche, le voici donc, en 1964, au Quai d'Orsay, au moment où le général de Gaulle décide, après le rétablissement des relations diplomatiques avec la Chine, d'ouvrir la première ambassade de France à Pékin. Boursicot devient comptable à l'ambassade, située dans le quartier de San Li Tun.

Les diplomates occidentaux ont tendance à rester entre eux en général, mais le jeune Breton brûle de connaître cette Chine en mouvement, ces gens du peuple, dont il est lui-même issu. Le petit comptable n'a qu'une hâte : enfourcher sa bicyclette pour découvrir la capitale. Parfois, il est invité à des cocktails où sont présents quelques rares Pékinois autorisés à fréquenter des étrangers. Quelques jours avant la Noël 1964, il rencontre un jeune homme étrange, svelte, de petite taille, superbe dans son costume à col Mao, avec un visage troublant… Shi Peïpu, c'est son nom, est membre de l'Union des écrivains car il écrit des livrets d'opéra et des pièces de théâtre. Comme il parle merveilleusement le français, il est également le précepteur des enfants du chargé d'affaires français. Bernard Boursicot est irrésistiblement attiré par cet artiste lyrique qui a été formé par un acteur mondialement connu de l'Opéra de Pékin pour ses grands rôles féminins traditionnellement interprétés par des hommes…

Dans les mois qui suivent, Boursicot se laisse entraîner par son nouvel ami dans un voyage de découverte touristique et culturelle sur les hauts lieux de la Chine antique, celle des dynasties du dernier empereur mandchou, de la Cité interdite. Coup de théâtre : en mai 1965, lors d'une promenade dans Pékin, le jeune

Chinois lui prend la main et lui révèle qu'il est en réalité… une femme !

Née en 1938 dans la province nordiste du Shandong, elle a été élevée, explique-t-elle, comme un garçon dans une famille aristocratique, pour une raison simple : sa mère, Li Liu-lan, avait déjà donné naissance à deux filles. Elle craignait que sa belle-mère, qui, selon la tradition, régentait la maison, exige que son fils prenne une troisième épouse, en cas de nouvelle naissance de fille. Car il faut un descendant mâle dans toute famille qui se respecte. Si une épouse ne donne que des filles, le mari doit en prendre une autre… Et c'est Peïpu qui était venue au monde ! Alors, avec la complicité de la sage-femme, la mère de Peïpu avait mis au point une supercherie : la petite fille serait habillée et éduquée comme un garçon !

Au fil des ans, la Chinoise s'est habituée à cette confusion des sexes qui, dans le milieu du théâtre et de l'opéra, était largement répandue. Aussi supplie-t-elle le Français de garder le secret et de n'en parler à personne. « Cette révélation a changé toute ma vie », expliquera vingt ans plus tard Bernard Boursicot au spécialiste français des services secrets chinois Roger Faligot. Et il avait ajouté : « Il m'est devenu impossible, dès ce moment, de concevoir la vie sans Peïpu. »

Quelques semaines plus tard, la Chinoise devient la première femme que le jeune diplomate français connaît charnellement. Elle aussi était vierge. Il y a du sang sur les draps. « Désormais, vous êtes ma femme… » lui glisse-t-il à l'oreille, fou de joie. C'est si vrai qu'en décembre 1965, quand le Quai d'Orsay décide de faire rentrer Boursicot en Europe, les deux amants se donnent rendez-vous pour passer une dernière soirée ensemble. Rencontre romantique et dramatique à la fois : Shi Peïpu, en pleurs, lui apprend qu'elle est enceinte.

« Ce sera un fils, et nous l'appellerons Bertrand… Car je vais bientôt revenir, c'est juré », lui dit Bernard, le cœur brisé.

Après un séjour à l'ambassade française en Arabie saoudite puis au Quai d'Orsay à Paris, le voilà de nouveau nommé à Pékin, en septembre 1969. Bernard Boursicot occupe désormais le poste d'archiviste, préposé à la valise diplomatique, un poste subalterne sur le plan administratif mais sensible, car tous les secrets de l'ambassade de France passent entre ses mains.

La Chine qu'il retrouve cette année-là est en pleine Révolution culturelle. Mao Tsé-toung veut reprendre le pouvoir à ses rivaux. Petit livre rouge au poing, les gardes rouges ont attaqué le quartier général du Parti communiste et destitué ses principaux responsables, présentés comme les tenants de la « ligne capitaliste ». Le président Liu Shaoqi, le secrétaire général du Parti, Deng Xiaoping, le chef de l'armée Luo Ruiqing sont balayés…

Dans les chancelleries, on commente ce séisme politique avec passion, mais aussi avec inquiétude. Les diplomates de l'ambassade anglaise sont pris à partie. Les journalistes aussi : le correspondant de l'agence Reuter, Anthony Grey, est suspecté d'espionnage et assigné à résidence pendant deux ans… Pendant ce temps, son confrère Jean Vincent, de l'AFP, est mis en prison, puis expulsé de façon humiliante, hué par des rangées de gardes rouges vengeurs, qui crachent sur lui, alors qu'il traîne sous un soleil de plomb ses lourds bagages sur le tarmac de l'aéroport de Pékin pour rejoindre son avion.

Malgré ce chaos, Bernard Boursicot se déguise en costume Mao, sillonne Pékin à vélo, et retrouve enfin Shi Peïpu, la mère de son enfant, dont il était sans nouvelles depuis deux ans. Il veut savoir ce qu'est devenu son fils dans cette tourmente. « Il est élevé par des paysans à qui je l'ai confié, au Xinjiang », lui dit-elle. Et elle ajoute : « C'est dangereux de se voir maintenant… Mais je vais trouver une solution. »

Et Shi Peïpu trouve effectivement la solution : elle demande officiellement aux autorités l'autorisation d'enseigner le chinois ainsi que les pensées du président Mao, au diplomate sinophile qu'elle vient de retrouver. La suite de l'histoire a été racontée dans un rapport secret, rédigé plus tard par le commissaire Raymond Nart de la DST… Voici un extrait de ce rapport :

« Un soir, une semaine après avoir retrouvé Shi Peïpu, alors que Bernard Boursicot se trouvait chez elle, les masses populaires du quartier ont fait irruption dans l'appartement, se sont emparées de Shi Peïpu puis l'ont emmenée vers une destination inconnue… Ce n'est qu'à la fin du printemps 1970 que le diplomate français la retrouve. À la même époque, il fait également la connaissance d'un nommé Kang, un fonctionnaire du ministère de la Sécurité publique, c'est-à-dire du ministère de l'Intérieur. Shi Peïpu avait dit à Bernard Boursicot qu'un de ses amis qui travaillait à la municipalité de Pékin, serait heureux de le rencontrer. Il s'agissait de ce monsieur Kang qu'il rencontre donc un soir du mois de juin 1970 dans l'appartement de Shi Peïpu. Le Français lui remet, de sa propre initiative, une lettre scellée qu'il avait subtilisée à l'ambassade. Il pensait ainsi qu'il pourrait préserver ses relations avec la jeune femme et surtout la sécurité de cette dernière et de leur enfant. Ainsi commence sa collaboration avec un fonctionnaire du ministère de l'Intérieur chinois… Bernard Boursicot vient de mettre la main dans l'engrenage qui finira par le broyer… »

Naturellement, les services secrets chinois avaient monté eux-mêmes ce traquenard. Shi Peïpu annonce bientôt à Bernard Boursicot que deux membres de la municipalité de Pékin vont désormais la remplacer comme « enseignants ». L'un d'eux sera « Kang », qu'il connaît. L'autre se présente sous le nom de « Zhao ». En réalité, les deux hommes appartiennent au service de renseignement du Comité central du Parti communiste chinois, qui possède une section spéciale pour compromettre et recruter des étrangers en poste en Chine, une section qui existe toujours aujourd'hui. « Kang a été mon officier traitant de 1970 à 1981 », expliquera plus tard Boursicot à Roger Faligot. « Il était musulman. Je me souviens qu'il ne mangeait pas de porc. Zhao était le commissaire politique et m'apprenait le marxisme-léninisme. En 1981, Kang m'a dit : “Heureusement qu'on t'a recruté car on n'avait plus grand-chose comme service de renseignement pendant la Révolution culturelle.” Par la suite je sais que Kang est monté très haut dans l'appareil. »

Selon les interrogatoires ultérieurs de la DST, Bernard Boursicot a remis des documents diplomatiques aux Chinois du printemps 1970 à mai 1972, date à laquelle il quitte la Chine à nouveau pour devenir archiviste chiffreur à Dublin, en Irlande. Il reprendra son travail de « taupe » pour les Chinois, d'avril 1979 à mars 1981, lors de son affectation à l'ambassade fantomatique de Mongolie extérieure. Faute de locaux appropriés, Boursicot travaille dans une suite de l'hôtel Gengis Khan d'Oulan-Bator dont le coffre-fort abrite les archives de la diplomatie française…

Bernard Boursicot raconte : « Pendant l'interrogatoire, Raymond Nart, le responsable de la DST, m'a dit : “Vous auriez dû venir à nous, on vous aurait donné des faux documents à leur livrer. Au lieu de vous retrouver devant un tribunal, vous auriez eu la Légion d'honneur !” Mais franchement, est-ce que j'aurais eu moins d'ennuis en devenant agent double ? Bien sûr, je n'avais pas l'envergure d'un Richard Sorge, mais je me suis engagé politiquement. Je pensais sincèrement aider ce pays à sortir de son isolement. »

Grâce à sa pêche aux documents secrets, en échange, Boursicot peut enfin voir son fils Bertrand, qu'il surnomme Dudu, et même passer des vacances avec lui et avec sa mère. Les documents qu'il livre à ses officiers traitants proviennent d'autres ambassades françaises à travers le monde, du Quai d'Orsay ou des ambassades dans lesquelles il est employé. Lorsqu'il se retrouve à Oulan-Bator, les Chinois se montrent de plus en plus gourmands en documents sur la puissance militaire de l'URSS. Mais Boursicot est un espion amateur. En réalité, il découpe des articles du *Figaro*, les recopie à la machine à écrire à sa manière et – subtilisant le tampon encreur de l'ambassadeur – les orne d'un magnifique tampon « SECRET » à l'encre rouge. Les agents de Mao sont comblés ! Ils reçoivent aussi des notes un peu plus sérieuses sur l'économie soviétique, le renouveau du militarisme japonais, les élections indiennes, les problèmes ethniques en Mongolie, le voyage à Pékin de Richard Nixon, et des revues de presse sur Hong Kong et la Chine…

La collaboration s'arrête après le départ de Boursicot d'Oulan-Bator en mars 1981. Au cours de ses interrogatoires au siège de la DST, Boursicot a précisé que lorsque Shi Peïpu a fini par le rejoindre en France, c'était en dehors de toute intervention de Kang ou de quiconque en République populaire de Chine. À l'occasion d'un voyage à Paris, dit-il, ils avaient tous deux décidé de rompre définitivement avec les services secrets chinois. La suite montrera qu'il était bien naïf !

Le 1er juillet 1983, les enquêteurs de la DST arrêtent Shi Peïpu dans l'appartement du diplomate français. Le lendemain, le juge d'instruction Bruno Laroche inculpe Bernard Boursicot d'« intelligence avec des agents d'une puissance étrangère ». Puis il inculpe Shi Peïpu de complicité du même délit. De plus, le juge ordonne un examen médical pour connaître exactement le sexe de la Chinoise, car « celle-ci, dit-il, a déclaré qu'*elle* était de sexe masculin » ! Ce que confirment les médecins chargés de l'examiner.

L'information est rendue publique, le 13 juillet. Dans sa cellule de Fresnes, Boursicot défaille en entendant la nouvelle à la radio. Les journalistes révèlent l'incroyable, l'impensable : « La Mata-Hari chinoise était un homme ! »

Son avocat, Me Henri Leclerc, lui confirme cette révélation. Pour Boursicot, il faudra attendre une confrontation chez le juge Laroche, pour qu'en sortant Shi Peïpu elle-même lui confirme la vérité, dans le couloir. « Je n'y crois pas, c'est pas possible, je veux voir… » répète Boursicot, incrédule. L'autre se déboutonne et lui montre son sexe…

Une semaine plus tard, effondré par cette révélation, le Français tentera de se trancher la gorge avec son rasoir. Comment a-t-on pu le tromper ainsi ? Le piéger de manière aussi cynique ? Comment n'a-t-il pas pu s'apercevoir que sa maîtresse était en réalité un homme ? Et le sang sur le drap, lors de leur premier rapport ? Et l'enfant ? Le procès répondra à toutes ces questions. Les experts médicaux ont révélé lors de leur déposition comment Shi Peïpu avait réussi à faire croire au diplomate français trop crédule qu'il était une femme. Voici un extrait de leur rapport : « Le prisonnier propose spontanément d'expliquer quelque chose aux médecins. Et, délicatement, sans difficulté apparente, il remonte ses testicules à l'intérieur du corps. La peau de son scrotum vide pend comme un rideau. Ensuite, l'homme place son pénis entre ses jambes, le pénis est caché, et la peau du scrotum, divisée en deux, ressemble aux lèvres d'un vagin sous le triangle des poils pubiens. Pressé contre le scrotum vide, le pénis crée en outre une petite cavité, qui rend possible une pénétration superficielle. Devant l'homme tel qu'il est maintenant, un amant naïf ou crédule pourrait se croire en présence d'une femme. » Quant à l'enfant, il s'agissait d'un petit orphelin « fourni » par les services secrets à leur agent pour les besoins de la cause !

Le 6 mai 1986, la cour d'assises, siégeant en vertu de la loi du 21 juillet 1982 sur les affaires d'atteinte à la sûreté de l'État, condamne les deux amants à la même peine : six ans de réclusion. François Mitterrand octroie sa grâce à Shi Peïpu en 1987. Celui-ci peut s'installer à Paris en toute tranquillité. C'est bien le premier cas d'un espion étranger condamné à la prison qui n'est pas déclaré persona non grata. Ce qui ne l'a pas empêché par la suite de se rendre fréquemment à Pékin, où il posséderait un appartement dans le quartier de la Cité interdite. Boursicot, lui, est resté en prison avant de bénéficier, quelques années plus tard, d'une libération conditionnelle sous la pression d'un petit groupe d'« anciens » de l'ambassade de Pékin, touchés par l'incroyable aventure vécue par leur collègue… victime d'un magnifique montage des services chinois.

FICTION ET RÉALITÉ

Les faits divers et les affaires criminelles, même les plus terribles, exercent une véritable fascination sur les poètes, les romanciers, les auteurs de pièces de théâtre et les cinéastes qui y trouvent parfois la source et l'inspiration de véritables chefs-d'œuvre. Les trois récits qui suivent ont inspiré trois très grands succès de la littérature, du théâtre et du cinéma : *Le Retour de Martin Guerre, Arsenic et vieilles dentelles* et *L'Amante anglaise.* Leurs acteurs, Martin Guerre, Vera Renczi, et Amélie Rabilloux n'ont jamais su que les événements qui ont dévasté leurs vies allaient émouvoir et amuser des millions de lecteurs et de spectateurs…

LA VÉRITABLE HISTOIRE DE MARTIN GUERRE

L'usurpation d'identité est un phénomène de plus en plus inquiétant qui peut toucher chacun d'entre nous ! Une fraude qui coûte chaque année près d'un milliard et demi d'euros à la Sécurité sociale et provoque pour les victimes une cascade de conséquences, un véritable calvaire qu'on ne soupçonne pas : comptes bancaires bloqués, saisies fiscales, convocations au tribunal, divorces… Des milliers de vies sont gâchées chaque année par un trafic qui arrive aujourd'hui en deuxième position après le trafic de drogue. Ces usurpations d'identité sont facilitées par le développement des nouvelles technologies informatiques et par le réseau mondial d'Internet où chacun de nous laisse des traces invisibles mais bien réelles à l'occasion d'achats en ligne ou de consultation de compte bancaire. Nous semons ainsi, sans nous méfier, des informations personnelles qui n'échappent pas aux cybercriminels. Si le vol d'identité prend actuellement des proportions préoccupantes, sa pratique est loin d'être récente. Pour preuve : cette affaire de sosie et de vol d'identité qui a donné lieu à un procès tellement retentissant devant le tribunal de Toulouse, qu'on en parle encore cinq siècles après ! Le cinéaste Daniel Vigne a tiré de cette histoire un film à succès en 1982, avec Gérard Depardieu et Nathalie Baye dans les rôles principaux, Le Retour de Martin Guerre.

Martin Guerre n'est pas un personnage de fiction, ni une invention de scénariste. Il est bel et bien né en 1528 au Pays basque, dans la province de Biscaye. Il n'a pas encore tout à fait 11 ans lorsqu'on le marie, en janvier 1539, à une jeune fille de son âge, Bertrande de Rols, originaire de la ville d'Artigues.

Les années passent. Les mariés grandissent… Bertrande est désormais une très jolie femme. Martin Guerre est devenu un grand jeune homme bien bâti. Pourtant, il se révèle incapable d'avoir un rapport sexuel avec sa femme. On irait aujourd'hui chercher des explications du côté de la psychologie et des traumatismes de l'enfance. À l'époque, l'impuissance de Martin Guerre ne peut avoir qu'une origine surnaturelle ! Martin se croit donc victime d'un sort. Les parents de Bertrande, eux, s'impatientent. Ils conseillent à leur fille de faire un procès à son bon à rien de mari pour obtenir la séparation.

Bertrande refuse catégoriquement d'obéir à ses parents. Elle se croit, elle aussi, ensorcelée. Alors, pour chasser le mauvais œil, elle fait dire quatre messes et se nourrit d'hosties consacrées… Les résultats du remède se font attendre bien longtemps, mais alors que les époux atteignent leurs 20 ans, Bertrande met enfin au monde un garçon, baptisé Sanxi.

Martin Guerre a alors tout pour être heureux : un peu de bien, une épouse agréable, aimante et fidèle, et un héritier mâle. Survient alors le premier mystère de l'affaire. Malgré ce bonheur apparent, il se passe quelque chose qu'on n'a jamais su et qui provoque le départ, la disparition soudaine de Martin. On a dit qu'il aurait été banni après avoir volé du blé à son père. Certains ont prétendu que Martin avait été pris d'un goût soudain pour le libertinage et l'aventure. Toujours est-il qu'un beau jour, Martin Guerre disparaît et ne donne plus le moindre signe de vie…

Huit années plus tard, la nouvelle fait l'effet d'une bombe à Artigues : Martin Guerre est de retour ! L'homme surgit aussi subitement qu'il avait disparu. Ses quatre sœurs pleurent de joie en l'embrassant. Ses amis et ses voisins se pressent autour de lui. Il appelle chacun par son prénom. Pendant toutes ces années, il n'a oublié personne… Bertrande remercie le ciel de lui avoir rendu son mari et Martin Guerre reprend ses habitudes dans sa maison. Trois ans passent, deux nouveaux enfants voient le jour. L'un d'eux, hélas, meurt peu de temps après sa naissance.

Un homme, un seul, ne se réjouit pas du retour de Martin Guerre : il s'agit d'un de ses oncles, Pierre Guerre. Il ne cesse de répéter à qui veut l'entendre, que l'homme qui dort dans le lit de Bertrande – et que le petit Sanxi appelle « père » – est un imposteur ! Pierre Guerre fait tant et si bien que finalement Martin est arrêté et traîné devant le tribunal.

Lorsqu'il comparaît devant le juge de Rieux, Martin Guerre se défend des accusations dont il est la victime. Il se plaint. Il explique qu'aucun malheur n'égale le sien : on veut lui prendre son nom, sa vie, sa femme… Mais le juge ne s'en laisse pas conter. Il l'interroge sur sa longue disparition : où était-il durant ces huit années d'absence ? « Dans les armées du roi, répond Martin. J'ai passé sept ans et quelques mois dans les "Socios", les troupes de vétérans espagnols qui se battent dans les Flandres… » Le magistrat tente ensuite de le piéger en le questionnant sur le lieu de sa naissance, sur son père, sa mère, ses frères et ses sœurs. Il lui demande des détails sur le jour de ses noces, sur son beau-père et sa belle-mère, sur les personnes qui ont assisté à la cérémonie… Le juge entre dans les moindres détails. Il veut que Martin décrive les tenues des invités, et même qu'il lui révèle les secrets de sa nuit de noces avec Bertrande : Martin Guerre – ou celui qui se présente sous ce nom – répond parfaitement à toutes les questions du juge…

L'accusé raconte aussi son départ d'Artigues. Il cite les personnes qu'il croise alors sur son chemin. Il se souvient des propos qu'il leur a tenus, énumère les villes qu'il a parcourues en France et en Espagne. Qui, à part Martin Guerre lui-même, pourrait donc connaître la vie de Martin Guerre avec autant de précision ?

Le tribunal décide d'entendre ensuite Bertrande de Rols. Le témoignage de l'épouse de Martin Guerre est en tous points conforme à celui de l'homme qui se tient au banc des accusés. Puis, quelque 150 témoins défilent à la barre. Une quarantaine d'entre eux jurent que l'homme qu'ils ont sous les yeux est bien Martin Guerre. Tous le connaissent depuis l'enfance, certains l'identifient à des marques ou cicatrices que le temps, disent-ils, n'a pas effacées... D'autres témoins, en revanche, et en plus grand nombre, déclarent que l'accusé est un certain Arnaud du Tilh, surnommé Pansette, garçon de piètre renommée dans la région. Le portrait fait de lui n'est pas flatteur : voleur, jureur, blasphémateur. Pour ces témoins, il serait bien capable effectivement de jouer le rôle d'un imposteur. Les dernières personnes appelées à déposer sont incapables de se prononcer. Elles expliquent que la ressemblance entre les deux hommes est si frappante qu'il leur est impossible de dire si l'accusé est l'un ou l'autre...

Le tribunal décide alors de jouer au jeu des sept différences. On appelle le petit Sanxi et on le compare d'abord à Martin Guerre, puis à ses tantes. Il résulte de ce double examen que Sanxi Guerre ne ressemble pas à l'accusé mais qu'il a les traits de ses tantes. Est-ce la preuve que l'accusé ne fait pas partie de la famille Guerre ? Est-ce cette ultime « expertise » qui emporte la décision du juge de Rieux ? Au final, le verdict est sans appel : l'accusé est reconnu par la cour comme étant... Arnaud du Tilh, dit Pansette. En conséquence, il est déclaré coupable d'imposture et condamné à être décapité. Le juge ordonne, en outre, que son corps, après sa mort, soit mis en quatre quartiers.

Le condamné fait immédiatement appel auprès du Parlement de Toulouse. Et quelque temps plus tard, un nouveau procès s'ouvre. Cette fois, les magistrats commencent par la confrontation de celui qui se présente toujours comme le véritable Martin Guerre avec Bertrande. À peine entre-t-elle dans la salle d'audience que l'accusé l'interpelle. Les yeux dans les yeux, il lui conjure de prêter serment sur la Bible, et de dire si oui ou non il est Martin Guerre. Qu'elle dise le contraire, et il se soumettra à la peine capitale. Bertrande se trouble, hésite, et s'en sort par une pirouette : « Je ne veux ni jurer, ni croire… », murmure-t-elle.

Le juge demande alors à entendre d'autres témoins que ceux qui ont déjà été auditionnés en première instance. Quarante-cinq viennent prêter serment de dire toute la vérité. Et ils affirment unanimement à la cour que l'accusé n'est pas Martin Guerre, mais assurément Arnaud du Tilh. Ils prétendent avoir fréquenté l'un et l'autre, et les avoir parfaitement connus, ayant bu et mangé avec eux depuis leur enfance.

Presque tous ces témoins à charge disent que Martin Guerre était plus grand et un peu voûté, que ses cheveux étaient plus noirs, qu'il avait les jambes grêles, et le menton en galoche. Certains se souviennent de la marque d'un ulcère au visage, d'une cicatrice au sourcil droit…

Carbon Bareau, un oncle d'Arnaud du Tilh, est cité à comparaître : en voyant l'accusé les fers aux pieds, il éclate en sanglots et reconnaît formellement son neveu.

On entend ensuite le cordonnier qui chaussait Martin Guerre. Il affirme qu'il le chaussait à douze points ! L'accusé ne se chausse qu'à neuf points. Il l'a lui-même vérifié. Un soldat de Rochefort, passant par Artigues, demande à être entendu. Sa déposition ajoute encore au trouble car il affirme que le véritable Martin Guerre est toujours en Flandres, qu'il a une jambe de bois à la place de celle qui lui a été emportée par un boulet à la bataille de Saint-Laurent. Comme lors du premier procès, on constate à nouveau que le petit Sanxi Guerre n'a aucune ressemblance avec l'accusé.

D'un autre côté, il y a autant de témoins pour affirmer que l'accusé est bien Martin Guerre, qu'ils connaissent, eux aussi, depuis son plus jeune âge. Parmi ces témoins, on trouve notamment les quatre sœurs de Martin, qui ont été élevées avec lui. Elles ont toujours assuré que l'accusé était leur frère. Toute la famille Guerre, à l'exception de l'oncle Pierre, témoigne dans le même sens…

Et puis, des personnes qui ont assisté aux noces de Martin Guerre et de Bertrande déposent aussi en faveur de l'accusé. Catherine Boere, par exemple, vient expliquer au tribunal comment aux alentours de minuit, lors de la nuit nuptiale, elle a apporté aux nouveaux mariés la collation qu'on appelle « Media Noche ». Pour elle aucun doute : l'accusé est bien l'époux qu'elle a vu couché près de Bertrande.

On imagine l'embarras des juges du Parlement de Toulouse… Quelle décision prendre ? Comment s'accommoder de tant de témoignages contradictoires ? Qui dit la vérité ? Les magistrats finissent par prononcer un verdict d'une grande sagesse. « Parce qu'il vaut mieux laisser un coupable impuni qu'à perdre un innocent, écrivent-ils, la Cour au bénéfice du doute reconnaît l'accusé comme étant Martin Guerre. »

L'affaire aurait pu en rester là… Mais c'était sans compter un formidable coup de théâtre qui allait faire éclater enfin la vérité, toute la vérité.

Alors que le tribunal vient d'énoncer sa décision, un témoin surprise se manifeste. Il demande à être entendu toutes affaires cessantes. Il s'approche de la barre, prête serment, et prononce ces paroles qui stupéfient l'assistance : « Je suis le véritable Martin Guerre. Cet homme est un imposteur ! »

L'homme déclare arriver d'Espagne. Ses traits sont extraordinairement semblables à ceux de l'autre Martin Guerre, celui qui se tient dans le box des accusés. À une seule différence près, une différence de taille : il s'appuie sur une jambe de bois…

Il est terrible le face-à-face des deux Martin Guerre ! L'accusé, à son tour, traite immédiatement l'unijambiste d'imposteur, de traître, de maraud. Il déclare qu'il consent à être pendu, s'il ne prouve pas la machination. Et sur un ton inquisiteur, il interroge lui-même ce Martin Guerre tombé du ciel. L'autre répond, mais à plusieurs reprises, il se trouble, s'embrouille... En tout cas, il paraît moins sûr que ne l'était l'accusé lorsqu'on lui posait les mêmes questions.

La Cour ordonne alors qu'on fasse revenir les quatre sœurs de Martin Guerre. L'aînée arrive la première. Elle s'arrête devant l'homme à la jambe de bois, le considère un instant puis, soudain, éclate en sanglots et l'embrasse.

« Voici mon frère Martin », déclare-t-elle aux juges. Puis, montrant l'accusé : « J'avoue l'erreur où ce traître abominable m'a jetée et entretenue pendant si longtemps ! »

Les autres sœurs le reconnaissent de même, comme les témoins qui avaient été les plus obstinés à reconnaître Arnaud du Tilh et non Martin Guerre.

On rappelle Bertrande à la barre. Elle n'a pas sitôt jeté les yeux sur le soldat à la jambe de bois, qu'elle fond en larmes, « tremblante comme une feuille agitée par le vent », selon les propres termes du rapport du conseiller de la Cour. Elle se jette sur lui pour l'embrasser, implorant son pardon.

Ses tentatives pour se justifier paraissent maladroites. Bertrande explique que sa grande impatience de revoir son époux avait altéré son jugement. Enfin, elle affirme avoir été trompée par les détails que lui avait donnés l'imposteur, et les récits de faits si particuliers qu'ils ne pouvaient être connus que de son véritable mari.

Martin Guerre, si sensible aux témoignages d'affection de ses sœurs, reste insensible à ceux de sa femme. Après l'avoir écoutée sans l'interrompre, il la regarde d'un air furieux : « Cessez de pleurer », lui dit-il sur un ton méprisant. « Je ne puis et ne dois point me laisser émouvoir par vos larmes. C'est en vain que vous cherchez à vous excuser. Une femme a plus de discernement pour connaître un mari, qu'un père, une mère et tous ses parents les plus proches. Et elle ne se trompe que parce qu'elle aime son erreur… Vous êtes la seule cause du désastre de ma maison. Je ne l'imputerai jamais qu'à vous ! »

Les juges s'efforcèrent de persuader Martin Guerre de la bonne foi de Bertrande. En vain. Aucun argument ne parvint à fléchir sa sévérité. Le temps seul, ce grand guérisseur, lui fit changer plus tard de sentiment.

Mais revenons au procès. Arnaud du Tilh, dit Pansette, est reconnu coupable de sept crimes : « fausseté de nom, supposition de personne, adultère, rapt, sacrilège, larcin et plagiat ». Pour ces faits, dit le jugement, « il est condamné à faire amende honorable devant l'église d'Artigues. Il devra, à genoux, en chemise, tête et pieds nus, une corde autour du cou, et tenant en ses mains une torche de cire ardente, demander pardon à Dieu, au Roi, à la Justice, et à ses victimes, Martin Guerre et Bertrande de Rols. » Puis le condamné sera livré aux mains de l'exécuteur de la haute justice, qui lui fera faire le tour de la ville pour le conduire jusque devant la maison de Martin Guerre, pour y être pendu et étranglé. Son corps sera ensuite brûlé.

Arnaud du Tilh est ramené à la prison d'Artigues. Quatre jours plus tard, le 16 septembre 1560, il reçoit la visite du juge de Rieux. Le magistrat lui apprend qu'on vient de dresser la potence juste en face de la maison de Martin Guerre et que l'exécution est programmée pour le lendemain.

C'est alors – et alors seulement – qu'Arnaud du Tilh s'effondre. À la veille de son supplice, il avoue tout. Devant le juge, l'imposteur explique comment il a connu Martin Guerre sur les champs de bataille des Flandres. À de nombreuses reprises, ce dernier a eu l'imprudence de lui confier des éléments de sa biographie. Arnaud du Tilh, de retour dans la région, a ensuite rencontré quelques amis intimes de Martin Guerre qui le prirent pour lui. Loin de les détromper, il les a interrogés sur Martin Guerre, sur son père, sa femme, et toute sa famille. Il leur a aussi posé des questions sur la vie de Martin avant qu'il ne quitte la région. Ces renseignements, ajoutés à tous ceux qu'il avait déjà acquis, lui ont permis de réussir parfaitement son crime…

Au pied de la potence dressée devant la maison de Martin Guerre, Arnaud du Tilh lui demande pardon ainsi qu'à Bertrande. Il implore encore la miséricorde de Dieu, lorsque le bourreau tire sur la corde. La pendaison « à la française », à l'opposé de la méthode anglo-saxonne, fait longuement souffrir le supplicié, qui agonise longtemps avant de mourir par étouffement.

Enfin, lorsque le corps d'Arnaud du Tilh ne fut plus qu'un pantin sans vie, on décrocha sa dépouille. Et comme l'avait exigé la justice, son cadavre fut brûlé.

Si le phénomène d'usurpation d'identité vous passionne, deux livres à conseiller : *Histoire de l'identité individuelle d'hier et de demain*, de Christophe Naudin, criminologue à l'université Paris 2, spécialiste de la criminalité identitaire, aux éditions Ellipses ; et *Le Caméléon*, du journaliste américain David Grann, publié par Gérard Berréby, directeur des éditions Allia. Il s'agit, pour ce dernier ouvrage, de la traduction d'un article paru dans le *New Yorker* en août 2008, qui raconte la vie de Frédéric Bourdin, ce jeune Français qui a tenté d'usurper, aux États-Unis, l'identité d'un enfant disparu de longues années auparavant. Il a réitéré ce scénario en France, à l'âge de 31 ans, réussissant à se faire passer pendant un mois pour un élève de 4e du collège Jean-Monet de Pau.

LA VEUVE NOIRE DE BUCAREST

Nous sommes dans les années 1930 à Bucarest, en Roumanie. Les policiers sonnent à la porte de Vera Renczi, une jolie mère de famille d'à peine 30 ans. Ils la soupçonnent d'avoir tué un de ses amants. La veille, la femme de son amant avait suivi son époux en cachette jusqu'au domicile de Vera Renczi. Et selon cette femme trompée, son mari n'est jamais ressorti de chez Vera Renczi. Malheureusement pour les policiers, la perquisition du domicile de Vera ne donne rien. Aucune trace du disparu. Mais un inspecteur découvre que la jeune femme possède une cave à vin. Il décide d'y descendre à tout hasard, ne serait-ce que pour acquérir la certitude que Vera Renczi n'a rien à voir avec la disparition de son amant.

Les enquêteurs forcent la porte de la cave. L'horreur du spectacle qu'ils découvrent dépasse l'imagination : trente-cinq cercueils – trente-cinq ! – sont alignés les uns à côté des autres, dans ce petit réduit sombre et humide. L'inspecteur et ses hommes, stupéfaits, ouvrent les cercueils. Ils contiennent chacun les cadavres d'hommes à divers stades de décomposition. Vera Renczi est immédiatement arrêtée et placée en garde à vue au commissariat de Bucarest. Elle avoue les trente-cinq meurtres sans l'ombre d'un remords. La nouvelle fait la une de toute la presse. Vera sera surnommée par les journalistes « la veuve noire de Bucarest »...

Elle sera condamnée à trente-cinq ans de prison. Elle mourra, seule, dans sa cellule, au bout de quelques années.

La vie de cette jeune Roumaine meurtrière a inspiré à Joseph Kesselring une pièce de théâtre en trois actes qui allait assurer à son auteur une célébrité mondiale, sous le titre *Arsenic and Old Lace* (*Arsenic et vieilles dentelles*). La pièce est créée à Broadway le 10 janvier 1941, au Fulton Theater, avec Josephine Hull et Boris Karloff, l'inoubliable interprète du rôle de Frankenstein. La pièce fait un véritable triomphe. Avec ses 1 444 représentations, elle entrera dans le livre des records des pièces les plus jouées à Broadway. Le 23 décembre 1942, elle sera jouée pour la première fois à Londres au Stand Theater, où elle restera à l'affiche, sans discontinuer, jusqu'en 1946. Fort de cet immense succès, *Arsenic et vieilles dentelles* est ensuite monté à Paris, sous ce titre, le 27 septembre 1945 à l'Athénée, par Pierre Brive et Albert Willemetz. Le succès est encore au rendez-vous. Entre-temps, la pièce a été portée à l'écran par le cinéaste Frank Capra, avec Cary Grant et Josephine Hull dans les rôles principaux. Il y aura même un épisode entier consacré à ce fait divers hors du commun, dans la célèbre série télévisée *Chapeau melon et bottes de cuir*. Les scénaristes adapteront une parodie de l'histoire, dans l'un des épisodes intitulé « Homicide et vieilles dentelles ». Enfin, en 2007, *Arsenic et vieilles dentelles* sera réadapté par Thierry Harcourt au Théâtre 14-Jean-Marie Serreau à Paris. Il est temps maintenant de vous raconter la véritable histoire telle que la Veuve noire de Bucarest l'a racontée aux policiers roumains.

Vera Renczi est née en 1903 à Bucarest. Elle était issue d'une famille d'aristocrates. C'était une enfant gâtée qui dès l'adolescence, vers l'âge de 15 ans, se révèle littéralement « ingérable ». Vera collectionne de nombreux amants, dont beaucoup étaient bien plus âgés qu'elle. Elle était aussi d'une jalousie maladive, persuadée que ces hommes la trompaient. C'est cette jalousie chronique qui la transformera plus tard en meurtrière de son premier mari. Contrairement à de nombreuses veuves noires qui tuent pour l'argent, Vera tuera par vengeance. C'est ainsi qu'elle justifiera en tout cas ses trente-cinq crimes devant la justice roumaine.

Pendant son procès, Vera sera décrite par ses amis comme une femme ayant de grandes difficultés à avoir une relation normale avec les hommes. Quand elle n'était pas le centre de l'attention de ses amants ou de son mari, elle se mettait dans des colères noires. À l'époque, il n'existait pas d'experts psychologues. Ce furent donc ses amis qui témoignèrent de son comportement excessif. Tous pensaient que la source de ses troubles était explicable par son enfance de petite fille trop gâtée qui ne supportait jamais qu'on lui dise non ou qu'on la délaisse. Vera avait aussi un gros problème de confiance envers les hommes. Mais personne à l'époque n'avait pu déterminer l'origine de ce malaise enfoui profondément au cœur de sa personnalité complexe.

Au début des années 1920, Vera se marie pour la première fois avec un riche homme d'affaires beaucoup plus âgé qu'elle. Elle met bientôt au monde un petit garçon, Lorenzo. Mais ce mariage est un vrai désastre. Elle restait toute la journée chez elle avec son fils à imaginer des scénarios plus invraisemblables les uns que les autres. Elle soupçonnait son mari de la tromper tous les jours. Elle était persuadée qu'il ne se rendait pas à son travail et qu'il passait le plus clair de son temps dans les bras d'une autre. Ce qui était, bien évidemment, totalement faux et parfaitement imaginaire, l'enquête le démontrera.

Pour sortir de cette situation, Vera n'avait envisagé qu'une seule solution : éliminer son mari ! Un soir, dans une crise de fureur jalouse, Vera empoisonne son époux à l'arsenic. Elle dilue le poison dans son vin au cours du repas familial. Puis, elle se débarrasse du corps. Pour justifier l'absence de son mari, elle dira désormais à sa famille, à ses amis et aux voisins qu'il les a abandonnés, elle et son fils Lorenzo. Parti sans laisser d'adresse ! Après une année d'absence de son compagnon, elle laissera entendre qu'elle a appris sa mort dans un malheureux accident d'automobile.

Peu de temps après la fin de sa période de « veuvage », elle se remarie, mais cette fois avec un homme plus jeune. Leur relation n'en est pas moins tumultueuse. Vera soupçonne son nouveau mari d'entretenir des relations extraconjugales. Après quelques mois de mariage, l'homme disparaît mystérieusement et Vera annonce à son entourage qu'une fois encore, elle a été abandonnée. Comme pour le premier meurtre, elle attendra un an avant de dire qu'elle a reçu une lettre de son ex-époux proclamant son intention de ne plus jamais revenir au foyer conjugal.

Après ces deux mariages tragiques, Vera ne voudra plus jamais convoler. Mais elle continuera à collectionner les amants… dont certains étaient des hommes mariés. Et elle les soupçonnera eux aussi de lui être infidèles. Elle les tuera donc les uns après les autres, après quelques semaines, voire quelques mois d'idylle et elle entreposera, à chaque fois, les cadavres dans sa cave à vin.

Quant à ses futures victimes, ils avaient tous des profils différents. Vera n'avait pas d'idéal masculin. Ils étaient riches ou pauvres, grands ou trapus, et venaient de tous les milieux. Leur seul point commun à ses yeux : ils étaient tous infidèles. Elle devait se venger…

Autre aspect tragique de l'histoire : son fils Lorenzo, intrigué par la succession de ces hommes qui vivent avec sa mère quelques semaines ou quelques mois avant de disparaître de la circulation, découvre le pot aux roses. Vera, par peur d'être dénoncée, le tuera, lui aussi. C'est finalement la femme d'un de ses amants qui la dénonce donc à la police. Elle avait suivi son époux jusqu'au domicile de Vera. Puis elle était rentrée chez elle. Comme il n'avait pas regagné le domicile conjugal le lendemain matin, elle avait sonné chez Vera pour lui demander des explications. Vera avait nié toute relation avec cet homme, qu'elle disait ne pas connaître. La femme trompée avait alors prévenu la police…

Dans la cave à vin, les policiers retrouvent les trente-cinq cadavres d'hommes dont les deux anciens maris de Vera, son fils Lorenzo et trente-deux autres qui avaient été ses amants. Chaque cercueil portait le nom du défunt sur une petite étiquette. Pour expliquer le meurtre de son fils, elle dira aux enquêteurs que Lorenzo l'avait menacée de tout dévoiler et avait voulu la faire chanter. Elle avait eu peur d'aller en prison. Un soir, elle l'avait empoisonné lui aussi avec de l'arsenic.

Elle confiera également aux enquêteurs stupéfaits, qu'elle aimait venir souvent s'asseoir dans la cave, dans son fauteuil, entourée de tous ses anciens amants, pour leur parler. Là, ils étaient enfin en son pouvoir, dit-elle. Elle était la maîtresse absolue du jeu. Et, au moins, elle savait qu'ils ne risquaient plus de lui être infidèles…

AMÉLIE RABILLOUX

L'histoire vraie que nous allons découvrir maintenant a inspiré une des plus grandes romancières françaises contemporaines, Marguerite Duras. À l'époque des faits, la presse avait parlé de l'affaire « Amélie Rabilloux », du nom de la meurtrière. Tout simplement.

Nous sommes aux assises de Versailles, le 29 février 1952. Amélie Rabilloux vient d'entrer dans le box des accusés. C'est une femme insignifiante, ni belle ni laide. Regard passif sous des paupières épaisses. Cheveux filasses au teint de cendre. Un visage sans relief. Et sous sa peau jaunâtre, tout près de l'oreille, un muscle qui se contracte périodiquement comme un tic. Dès son entrée dans le prétoire, la cour et le public devinent que cette accusée sera maladroite, qu'elle ne saura pas répondre aux questions, que « sous ce crâne affolé », comme l'écrit un chroniqueur judiciaire de l'époque, « une seule idée simpliste doit tournoyer ». Car ce que l'on reproche à Amélie Rabilloux, ce que l'on voudrait comprendre dans son crime, ce n'est pas tant l'assassinat de son mari, mais le fait qu'elle ait ensuite dépecé le cadavre et soit allée en égarer les morceaux dans les égouts et les terrains vagues de Savigny-sur-Orge. En ce 29 février 1952, Amélie Rabilloux va être jugé pour le meurtre de son mari, ancien militaire à la retraite, commis en décembre 1949. L'accusée sera condamnée ce jour-là à cinq ans de réclusion criminelle par la cour d'assises de Versailles qui lui aura accordé des circonstances atténuantes.

De ce fait divers, Marguerite Duras devait tirer en 1959, l'argument de sa toute première pièce de théâtre, *Les Viaducs de la Seine-et-Oise*. Elle reprendra et développera le sujet dans son roman *L'Amante anglaise* en 1967. Puis il y aura une autre adaptation pour la scène en 1968 avec Madeleine Renaud dans le rôle principal. *L'Amante anglaise* et *Les Viaducs de la Seine-et-Oise* ont connu un très grand succès. Marguerite Duras n'avait pas assisté au procès. Elle en avait lu un remarquable compte rendu d'audience, le 1er mars 1952, publié par l'un des plus célèbres chroniqueurs judiciaires du journal *Le Monde*, Jean-Marc Théolleyre. Il y racontait simplement le parcours tragique et banal d'Amélie Rabilloux.

Nous sommes en décembre 1949, à Savigny-sur-Orge dans l'Essonne. Amélie Rabilloux vit avec son mari, un militaire à la retraite, rue de la Paix, dans le quartier de « La Montagne pavée ». Un soir, alors qu'il lit son journal, elle lui fracasse le crâne avec un marteau de maçon. Quand elle se rend compte de son geste, Amélie Rabilloux se demande comment se débarrasser du corps. À question simple, réponse simple : la seule solution, c'est de dépecer le cadavre de son mari. Mais ensuite, que faire des morceaux ? Amélie décide de les jeter, depuis le viaduc tout proche, sur la voie ferrée où passent chaque nuit de nombreux trains de marchandises.

Le 8 avril 1949, des employés de la SNCF découvrent sur le toit d'un wagon, un morceau de corps humain enveloppé dans des chiffons. Dans les jours qui suivent, on trouve encore des débris humains sur des wagons mais aussi sous les roues des motrices… Le problème, c'est que ces découvertes sont faites aux quatre coins de l'Hexagone, dans des villes distantes les unes des autres de plusieurs centaines de kilomètres... Les policiers, alertés, sont perplexes devant cette énigme. Mais quelque temps après, d'autres morceaux de cadavres sont découverts dans plusieurs poubelles de la ville de Morsang-sur-Orge, à proximité du domicile des Rabilloux. Une seule pièce anatomique du mort manque à l'appel : la tête, qui ne sera d'ailleurs jamais retrouvée. Le mystère sera résolu par un policier perspicace, qui découvre que le point commun entre tous les trains de marchandises où on a retrouvé les pièces macabres est... le viaduc de Savigny. Or, une fiche de police signale la disparition d'un retraité de Savigny-sur-Orge. C'est Amélie elle-même, qui a cru bien faire en alertant le commissariat local...

Les enquêteurs se rendent rue de la Paix, mettent Amélie en garde à vue. Elle avoue très vite le meurtre de son mari.

Au cours du procès de février 1952, le président de la cour d'assises, M. Dejean de la Batie, questionne Amélie Rabilloux : « Pourquoi avoir dépecé le cadavre de votre mari après l'avoir tué ? » lui demande-t-il.

Après un regard d'angoisse vers son défenseur, Me René Floriot, Amélie tente maladroitement de se justifier. « Vraiment je n'en pouvais plus... toujours des mauvais traitements... il ramassait tout... c'est lui qui faisait le manger... il y avait mon petit-fils Alain. Il ne voulait plus payer la pension. Il m'empêchait d'aller le voir... il me privait de tout. »

Et puis, elle porte brusquement ses mains contre son visage, tout son être est secoué dans un sanglot sans larmes. Doucement, le président insiste et lui demande : « Voyons ! madame, nous vous considérons comme innocente tant que vous n'êtes pas condamnée. Nous essayons de vous comprendre. Aidez-nous. Nous voulons que le châtiment que nous pouvons avoir à vous infliger soit proportionné à votre responsabilité, à votre culpabilité. »

Comprenait-elle ce que demandait le président de la cour ? Pas vraiment. Alors la cour se replonge dans le dossier, à la recherche des origines du drame, pour essayer de comprendre un tel acte. Amélie Rabilloux se rappelle seulement un détail, toujours le même : « Deux fois, il m'avait montré le marteau en me disant : “Tu as la tête fragile. Je t'en donnerai un coup et on ne s'en apercevra pas.” S'il ne m'avait pas menacée avec ce marteau, je n'aurais jamais pensé à m'en servir. » Le président : « Quand vous avez pensé à tuer, vous avez aussi songé à ce que vous feriez du corps ? » Toujours avec les mêmes mots simples et sa sincérité, l'accusée répond : « Non. Mais quand je l'ai vu mort, j'ai pensé aux gendarmes et à mes petits-enfants qu'il me fallait élever. » C'est là qu'elle s'est mise à son travail de dépeçage. Et puis comme elle continuait à aller faire des ménages chez des particuliers, elle emportait avec elle chaque jour un morceau du cadavre qu'elle cachait dans son filet à provisions pour le jeter quelque part. Sur les voies de chemin de fer, dans une poubelle… « Vous ne raisonnez évidemment pas comme tout le monde », soupire le président…

Les jurés, pour qui l'accusée n'était pas complètement responsable de ses actes, lui accordent les circonstances atténuantes. Verdict : cinq ans de réclusion criminelle…

Au bout de ses cinq années de prison, Amélie Rabilloux est revenue vivre à Savigny-sur-Orge, dans sa maison de la rue de la Paix. On la voyait parfois, seule, attendre l'autobus en bas de sa rue. Et puis, un jour, les voisins ne l'ont plus revue. L'histoire est oubliée depuis bien longtemps. Le dossier d'Amélie Rabilloux a été classé aux Archives judiciaires nationales en Indre-et-Loire. Elle a donné à Marguerite Duras la trame d'un de ses meilleurs romans.

SCANDALES FINANCIERS

L'AFFAIRE STAVISKY

Ce scandale financier a failli sonner le glas de la IIIe République. Et aujourd'hui encore, le nom de Stavisky évoque les pires accointances du pouvoir politico-financier. À l'origine de cette escroquerie, un homme, Serge Alexandre Stavisky, émigré ukrainien beau parleur et séduisant, qui rêvait de grandeur et d'argent. Dans sa folie, cet escroc a su flatter les pires instincts des classes dirigeantes, qui par intérêt financier ou social, ont couvert ses turpitudes, ses vols, ses arnaques. Combien aura coûté le scandale Stavisky aux petits porteurs, aux gens du peuple ? Le montant total des pertes ne sera jamais déterminé. Mais il installera durablement dans la France d'avant-guerre un sentiment de suspicion du peuple à l'égard de ses élites.

8 janvier 1934. Sur les hauteurs de Chamonix, un petit chalet perdu dans la neige. Un homme, âgé d'un peu moins de 50 ans, agonise dans une mare de sang. Officiellement, Alexandre Stavisky vient de se tirer une balle dans la tête.

C'est la fin de cavale de la « canaille la plus sympathique de Paris », comme les salons bourgeois d'alors aimaient le surnommer. C'est surtout un grand soulagement pour bon nombre de responsables politiques, pour des dirigeants de grandes entreprises, des juges et des policiers haut placés. « Monsieur Alexandre » ou Sacha, comme on l'appelait aussi, avait des allures de gentleman et des activités de voyou. Toute sa vie n'a été qu'une folle quête : l'argent. Il aimait l'argent, en voulait toujours plus et ne s'en cachait pas. Tous les moyens étaient bons pour en obtenir. Il l'a prouvé tout au long de sa vie. L'affaire qui porte son nom va éclater véritablement après sa mort.

Serge Alexandre Stavisky voit le jour le 20 novembre 1886 à Slobodka en Ukraine, dans une famille juive qui, comme tant d'autres, fuira les pogroms pour se réfugier à Paris. Alexandre a 12 ans quand il découvre la splendeur de la capitale, il est ébloui.

Son père, prothésiste dentaire, s'installe au cœur du très chic 16e arrondissement de Paris. Il ne roule pas sur l'or mais fait tout pour favoriser la réussite de son fils, qu'il parvient à inscrire au très prestigieux lycée Janson-de-Sailly. En classe, le jeune Serge nourrit de la jalousie envers ses camarades, pour la plupart bien plus fortunés que lui. Alors Stavisky donne le change. Beau garçon, il s'exprime très bien, il est toujours tiré à quatre épingles, il s'attire de nombreuses relations amicales et il commence bientôt à collectionner les succès amoureux. Le petit Serge finance ses escapades entre amis en volant les couronnes en or que son père confectionne.

Dans les salons parisiens qu'il ne tarde pas à fréquenter, on dit de lui qu'il est « l'homme le mieux habillé de Paris ». Il est flamboyant et flambeur, habitué des bonnes tables qu'il fréquente toujours au bras de jolies jeunes femmes. Il se marie en 1910, à 24 ans, une union qui durera jusqu'à épuisement de la dot de sa belle épouse. Pour assouvir sa passion du théâtre, il se confectionne de fausses cartes de visite qui lui permettent d'entrer gratuitement au Palais-Royal. Sésame indispensable pour être naturellement là où il peut rencontrer le beau monde, ce Tout-Paris où on ne parle déjà que de lui. Stavisky aime être au centre des discussions, au milieu de riches assistances issues des plus belles familles françaises. Mais pour faire partie durablement de ces cercles, il faut de l'argent. Stavisky n'en a pas, alors il va l'inventer... ou le voler.

Ce que peu de gens savent c'est qu'il a eu affaire à la police pour la première fois, à l'été 1909, un an avant son mariage. Sa passion du théâtre l'avait conduit à louer les Folies-Marigny avec l'aide de son grand-père. Pour payer la caution de la salle, il demande de l'argent aux employés qu'il embauche. Les artistes, les machinistes et les ouvreuses mettent donc la main à la poche avec la promesse d'être rapidement remboursés dès les premières représentations. Mais il n'y aura aucun spectacle et personne ne sera jamais remboursé. C'est ce qui vaut à Stavisky sa première comparution devant la justice. Son avocat est un des ténors du barreau, Albert Clemenceau, frère de Georges. Il s'en sort avec quinze jours de prison et une amende de 25 francs. Une peine qu'il n'effectuera d'ailleurs jamais. Mais la machine est lancée et Stavisky multiplie les trafics en tout genre. Les bijoux, les voitures volées, les chèques falsifiés, et même le trafic de drogue. Des activités qui l'enrichissent rapidement. « Le beau Sacha » mène grand train. Il se remarie en 1913 avec une ancienne mannequin de Chanel, la très belle Arlette Simon. Pour ses amis fortunés, il est officiellement « dans les affaires ». Des « affaires » qui pourraient lui valoir quelques soucis avec les autorités. Mais la guerre de 14 lui permet une fois encore d'échapper aux poursuites. Pour cela, il se fait embaucher comme chauffeur dans la Légion étrangère. Ces quelques mois dans la Légion lui permettent de redonner une virginité à son casier judiciaire avant de se faire réformer pour des raisons médicales imaginaires, quelques mois plus tard, en janvier 1915. Ce passage dans l'armée n'a pas été inutile. Stavisky a noué de solides contacts. Il reçoit par exemple une commande du gouvernement italien pour la fourniture de 20 000 bombes. Rome le paie rubis sur l'ongle. L'armée italienne reçoit sa commande dans les délais. En revanche, Stavisky « oublie » de régler l'addition auprès du marchand d'armes.

L'argent coule, mais ce n'est pas encore assez pour Stavisky. Il se dit que le moyen le plus facile de s'en procurer, pour continuer à mener la grande vie, c'est de créer une banque. Stavisky crée un établissement financier et utilise sans vergogne les dépôts de ses clients à des fins personnelles. Il rachète de nombreuses entreprises… Il s'intéresse aussi à l'immobilier en créant la « Société foncière phocéenne » qui s'occupe d'un vaste programme de construction de logements près de Marseille. Il met également la main sur la SIMA, la Société d'installation mécanique et agricole, qui fabrique des silos à grains. Pour faire la publicité de ses nombreuses entreprises et s'attirer les faveurs des hommes politiques, il rachète le journal *La Volonté* et place à sa tête le patron de la police judiciaire de l'époque. C'est la méthode Stavisky. Les conseils d'administration de ses entreprises regorgent de personnalités influentes à la réputation flatteuse qui lui sont dévouées, et inspirent confiance aux futurs investisseurs. Stavisky jongle avec de l'argent qui ne lui appartient pas et s'enrichit toujours plus. Lorsqu'un client ou un actionnaire souhaite récupérer l'argent qu'il a confié ou investi dans ces belles affaires, Stavisky joue la montre. Avec l'aide de ses avocats et d'aimables pressions de ses amis, il obtient des délais de remboursement toujours acceptés par le client. Le temps de monter d'autres escroqueries pour honorer les créanciers précédents.

L'édifice monté par Stavisky est très fragile à l'intérieur, mais la prestance de l'homme rassure à l'extérieur. Il inspire confiance au plus grand nombre et il achète les autres à coups de millions, ceux qui douteraient de ses talents d'homme d'affaires. Grâce à ses activités douteuses, il s'est installé avec sa femme dans une somptueuse villa à Marly-le-Roi, près de Paris. Il roule en Rolls-

Royce ou en Hispano-Suiza, fréquente les casinos et, à la belle saison, les palaces de Deauville ou de Biarritz.

Mais, bien que le nombre de plaintes se multiplie contre lui, Stavisky réussit toujours miraculeusement à échapper aux poursuites. Jusqu'en 1926, où sa chance légendaire va subitement l'abandonner…

En ce mois d'avril 1926, Alexandre Stavisky est convoqué dans le bureau d'un juge d'instruction suite à une plainte pour vol de titres déposée par deux agents de change. L'escroquerie porte sur plusieurs millions de francs et le juge est tenace. Alexandre donne de nombreux coups de téléphone à des amis haut placés, mais personne ne peut rien faire cette fois. La prison semble proche, très proche.

Au cours de son audition, « le beau Sacha » prétexte une envie pressante et demande au juge l'autorisation de se rendre dans les toilettes attenantes à son bureau. Il s'éclipse. La fenêtre des toilettes n'a pas de barreaux. Il s'échappe. Pendant quatre mois, Stavisky reste cloîtré dans sa propriété près de Paris sans être inquiété. Il compte sur ses nombreux amis dans la police et dans les ministères pour étouffer cette malheureuse affaire de vol de titres. Mais, le 22 juillet 1926 au matin, des policiers se présentent au petit matin à Marly-le-Roi. Il est mis en état d'arrestation. Direction la prison de la Santé à Paris, puis celle de Fresnes. Il va rester emprisonné dix-sept mois, jusqu'au 27 décembre 1927, date à laquelle il est libéré pour raison médicale. Encore un coup de pouce d'un ami bien placé ! Il ne sera d'ailleurs jamais jugé pour cette affaire dont le procès sera reporté à dix-huit reprises ! À partir de cette date, la carrière d'escroc de Stavisky entre dans une nouvelle dimension. Il change d'identité et se fait appeler désormais Serge Alexandre…

La carte de visite de Serge Alexandre le présente comme « administrateur de sociétés ». Son objectif est d'aller chercher l'argent où il se trouve. Là où les braves gens le pensent le plus en sécurité, dans les crédits municipaux, qu'on appelle aussi des monts-de-piété ou encore « ma tante ». Ces banques dont les fonds sont à la fois garantis par les communes et par l'État offrent aux petits épargnants comme aux grandes entreprises des placements dits de « père de famille » ; peu rémunérateurs, mais sûrs.

En 1928, Monsieur Alexandre jette son dévolu sur le crédit municipal d'Orléans, avec la complicité de son directeur, un certain Desbrosse. L'escroquerie mise en place est très simple. Dans un premier temps, le crédit municipal accueille des gens ayant momentanément besoin de quelques liquidités. Ils apportent donc des bijoux ou des objets de valeur, qui, après expertise, leur permettent d'obtenir un prêt en argent. Il leur suffit ensuite de rembourser ce qui leur a été avancé pour récupérer leur bien. À ce stade, pour Stavisky c'est un jeu d'enfant. Il suffit que les experts sous-estiment un peu la valeur des biens ou des objets déposés en gage et ensuite d'en confectionner des faux. Les vrais sont vendus au prix fort et les faux sont restitués aux clients quand ils viennent les racheter.

Mais un crédit municipal a besoin d'argent pour pouvoir le prêter ensuite aux clients. Alors Stavisky emprunte auprès de grandes entreprises, des banques ou des particuliers à un taux inférieur de celui qu'il consent à ses clients. En échange, le crédit municipal émet des bons de caisse en guise de reconnaissance de dette. C'est cette petite différence entre les taux qui permet, en temps normal, au crédit municipal de faire des bénéfices. Le système consiste à émettre frauduleusement beaucoup plus de bons qu'il n'y a réellement d'argent. Ce que s'empresse de faire Stavisky. Il va émettre ainsi 70 millions de francs de bons fictifs en à peine trois ans. L'arnaque aurait pu continuer longtemps. Mais c'était sans compter sur le krach boursier de la fin du mois d'octobre 1929 aux États-Unis. La France est rapidement touchée. Face à la crise économique et au chômage, les petits épargnants et les entreprises souhaitent récupérer l'argent qu'ils ont placé au crédit municipal. Stavisky fait patienter les porteurs de bons, leur promettant un remboursement prochain. Il paie grassement les journaux pour qu'ils ne se fassent pas l'écho des rumeurs laissant entendre que le crédit municipal serait en faillite. La justice est saisie et commence à s'intéresser de très près au mont-de-piété orléanais. Stavisky réussit à réunir *in extremis* la somme en puisant sur ses nombreuses sociétés. Il rembourse chaque porteur de bons, les petites gens comme les grandes entreprises. Il y gagne une légitimité inespérée et ces grandes entreprises deviennent même inconditionnelles de ses méthodes de gestion. C'est sûr, elles seront de la prochaine affaire de Monsieur Alexandre. Et cela ne va pas tarder…

Serge Alexandre regagne Paris et peut à nouveau parader dans les salons, expliquant à qui veut l'entendre qu'il honore toujours ses dettes. Et chacun de louer la maestria avec laquelle il a géré l'affaire d'Orléans dans une période de crise. Pourtant, Stavisky tout auréolé de son « succès » a perdu beaucoup d'argent dans l'opération. Presque tout ce qu'il possède. Et même s'il loue encore une suite à l'année à l'hôtel Claridge, un palace sur les Champs-Élysées, et continue de recevoir dans ses somptueux bureaux de la place Saint-Georges, il doit se refaire rapidement. C'est ainsi qu'il crée le crédit municipal de Bayonne le 28 septembre 1931. Stavisky obtient deux lettres de recommandation du ministre Albert Dalimier qui incitent les grandes compagnies d'assurances à investir. Stavisky achète pour 16 millions de francs de publicité dans les journaux pour inviter grands et petits investisseurs à souscrire des bons du crédit municipal de Bayonne. Le succès est immédiat. Plus de 230 millions de francs de bons sont émis en quelques mois.

L'escroquerie est basée sur le même principe que celle d'Orléans. Elle consiste à émettre de faux bons. Tout fonctionne parfaitement pendant deux ans. Mais, le 2 juillet 1933, la société Urbaine Vie présente quatre bons d'une valeur de 2 200 000 francs. Stavisky manœuvre comme d'habitude pour tenter de gagner du temps et retarder le remboursement. Quelques jours plus tard, un article de la presse locale fait état de rumeurs de malversations au crédit municipal de Bayonne. Le préfet des Basses-Pyrénées, inquiet, demande une enquête auprès des ministres du Commerce et de l'Intérieur. Le 15 décembre 1933, un receveur des Finances de Bayonne se rend à l'improviste au crédit municipal. Il constate que les valeurs des bons ne correspondent pas aux montants inscrits sur les souches. Le pot aux roses est découvert. À Paris, Stavisky tente de corrompre le ministre des Finances, Georges Bonnet, au moins pour gagner encore un peu de temps. Mais le ministre est inflexible. Il refuse.

Le 23 décembre, le directeur du crédit municipal passe des aveux complets. Il est immédiatement arrêté et écroué. Stavisky s'enfuit dans les Alpes, où il possède un chalet. Sa chance proverbiale peut-elle encore le sauver ?

Le lendemain, 24 décembre, le train Paris-Nancy déraille. L'accident est terrible. Il fait près de 200 morts. Stavisky demande aussitôt à un complice de déposer ses papiers d'identité sur un cadavre afin de se faire passer pour mort. Et il va s'installer discrètement à Chamonix. Mais la supercherie ne dure que quelques jours. Il croise par hasard dans la rue son ancienne gouvernante qui, trop contente de le savoir en vie, répand très rapidement la nouvelle. Stavisky se réfugie alors dans un petit chalet, « Le Vieux Logis », sur les hauteurs de Chamonix. Va-t-il encore échapper à la police ?

Le 8 janvier 1934, dans l'après-midi, le commissaire Charpentier et ses hommes repèrent le chalet de Stavisky. La porte d'entrée n'est pas fermée à clé. Les enquêteurs fouillent systématiquement toutes les pièces. La dernière est celle d'une chambre. Elle est fermée de l'intérieur. Le commissaire ordonne qu'on l'enfonce. À ce moment, un coup de feu claque. Les policiers font le tour du chalet en courant et brisent la fenêtre extérieure de la pièce. Stavisky est allongé, un pistolet à la main, du sang s'écoule sur le parquet. Il agonise. Mais les policiers n'appellent pas immédiatement les secours. Ils poursuivent leurs fouilles dans la chambre, examinent les dossiers, en arrachent quelques pages. Au bout de deux heures, Stavisky est enfin conduit à l'hôpital. Il s'éteint dans la nuit du 9 janvier 1934 à trois heures et quart du matin.

À Paris, la nouvelle se répand comme une traînée de poudre. Les journaux d'extrême droite se déchaînent contre les « tous pourris », les politiques et les patrons d'industrie qui ont si longtemps protégé l'escroc. Parmi les principales personnalités visées, le président du Conseil Camille Chautemps, contraint de démissionner quelques jours plus tard. Albert Dalimier le suivra également, tout comme le patron de la police judiciaire parisienne Xavier Guichard ou encore Georges Pressard, le procureur de Paris, beau-frère de Chautemps. Le scandale est immense.

Des rumeurs insinuent que Stavisky ne s'est pas suicidé, mais qu'il a été assassiné par le pouvoir pour éviter des révélations compromettantes. *Le Canard enchaîné* s'en fait l'écho à travers un titre moqueur : « Stavisky se suicide d'un coup de revolver qui lui a été tiré à trois mètres. C'est ce qui s'appelle avoir le bras long ! »

Début février 1934, l'Assemblée nationale annonce la création d'une commission d'enquête parlementaire. Mais la grogne de l'opinion augmente. La confiance dans le gouvernement est entamée. Le 6 février, 30 000 manifestants, soutenus par l'extrême droite, marchent vers le Palais-Bourbon aux cris de « À bas les voleurs ! ». Les émeutes qui suivent font quinze morts et près de 1 500 blessés. Édouard Daladier, qui venait tout juste de former son gouvernement, doit démissionner. Gaston Doumergue, l'ancien président de la République à la retraite, est rappelé aux affaires et forme un gouvernement d'union nationale.

Le 21 février 1934, le cadavre d'un homme est retrouvé déchiqueté, les membres entravés d'une cordelette sur la voie ferrée du Paris-Dijon. Sa tête coupée sera retrouvée un peu plus loin. La victime se nomme Albert Prince, magistrat de la cour d'appel de Paris. Le conseiller Prince avait été chargé d'enquêter quelques années plus tôt sur les agissements de celui que la presse désignait comme l'escroc du siècle. Le magistrat devait déposer le lendemain devant une commission parlementaire. On a longtemps pensé qu'il avait été assassiné pour l'empêcher de révéler des vérités gênantes pour le pouvoir. L'enquête de police a été polluée par une pression énorme de l'opinion publique relayée par la presse populaire de l'époque qui n'a pas hésité, comme *Paris Soir*, à engager l'écrivain Georges Simenon, le père du commissaire Maigret et des anciens policiers d'élite de Scotland Yard, afin de mener une contre-enquête. Les limiers britanniques ont conclu au suicide et Maigret n'a guère contribué à éclaircir le mystère.

> Pour les passionnés de l'affaire, je ne saurais trop recommander la lecture du livre remarquable de l'avocat du barreau de Paris Pierre Cornut-Gentille, *Un scandale d'État : l'affaire Prince*, paru en mars 2010 aux éditions Perrin. Pierre Cornut-Gentille a consulté le dossier de l'instruction, jamais publié. Il a eu accès aux archives du ministère de la Justice et aux papiers personnels du juge qui avait mené l'enquête. Il conclut à la quasi-certitude du suicide et en expose les raisons intimes dans son livre.

LES 50 MILLIARDS DE BERNARD MADOFF

C'était une des plus belles réussites de la place boursière de New York, de celles dont les Américains raffolent. L'irrésistible ascension d'un petit Juif du Bronx né en 1938, maître-nageur et mauvais élève, qui, muni de 5 000 dollars d'économies, parvient à se hisser à la tête d'une fortune colossale. Sa vie, Bernard Madoff l'a dépensée dans le luxe, il a possédé plusieurs villas prestigieuses aux États-Unis comme en France, piloté d'incroyables yachts, sa grande passion. Puis tout s'est effondré ! Le self-made-man était en réalité un escroc à la petite semaine. Le digne père de famille, membre des clubs les plus prestigieux du monde, a ruiné des milliers d'investisseurs, mais aussi des organisations caritatives, des proches, et jusqu'à sa famille. Voici le récit du plus grand scandale financier de tous les temps.

L'affaire Madoff est sans aucun doute la plus grande affaire d'escroquerie financière de l'Histoire. Par son ampleur d'abord : environ 50 milliards d'euros. Mais aussi par sa durée, au moins une quinzaine d'années, vraisemblablement beaucoup plus. Et enfin, par son étendue géographique : cette histoire a eu des répercussions mondiales, dans les milieux sociaux les plus divers. Autre curiosité, les principales victimes de cette fraude colossale sont des investisseurs parmi les plus compétents, les plus expérimentés et les plus intelligents de la planète. Même les banques s'y sont laissé prendre ! La fraude était tellement énorme que seule une infime minorité de financiers ont eu conscience qu'il devait y avoir un vice et que des rendements financiers de 17 à 20 % devaient cacher quelque chose… Ce sont les rares à ne pas s'être laissé abuser. Madoff, lui, n'a pas hésité à exercer sa malfaisance, au-delà des banques et des institutions financières : sur ses amis les plus proches, sa famille, ou encore des fonds de charité qui s'occupent entre autres, de pauvres, de déshérités, de malades, de veuves et d'orphelins. Les tragédies qu'il a engendrées touchent en priorité sa propre communauté, la communauté juive, dont il a froidement abusé la confiance. On sait aussi maintenant que Bernard Madoff est responsable de plusieurs suicides aux États-Unis et en France : Thierry de La Villehuchet, un financier qui avait placé 1 milliard 400 millions d'euros dans les fonds Madoff, s'est suicidé à l'annonce de ses pertes.

Le système sur lequel Bernard Madoff avait basé son escroquerie était vieux comme le monde. Il l'a lui-même décrit aux autorités. C'était ce qu'on appelle une « chaîne de Ponzi », un système de vente pyramidale, une forme d'escroquerie par cavalerie, fonctionnant par effet boule de neige, consistant en la promesse de profits très intéressants, financés par l'afflux de capitaux investis progressivement par de nouveaux partenaires, jusqu'à l'explosion de la bulle spéculative ainsi créée.

Ce système tient son nom de Charles Ponzi qui est devenu célèbre après avoir mis en place une opération immobilière frauduleuse en Californie fondée sur ce principe. Imaginons que quelqu'un propose un investissement à 100 % d'intérêts : vous lui donnez 10 euros, il vous en rend 20 en utilisant l'argent déposé par les clients suivants. Le système est viable tant que la clientèle afflue, attirée en masse par les promesses financières, d'autant plus tentantes que les premiers investisseurs sont satisfaits et font une formidable publicité au placement.

Les premiers clients, trop heureux de l'aubaine, reviennent dans la chaîne eux aussi, s'ajoutant à tous ceux qu'ils ont mis au courant du système. Le phénomène fait alors boule de neige, entretenu tant que l'argent rentre et permet de payer à 100 % les nouveaux investisseurs. L'organisateur prend une commission, bien compréhensible lorsque l'on voit les promesses qu'il fait, et qu'il tient. La chaîne peut durer tant que la demande suit la croissance exponentielle de l'arrivée des nouveaux clients. Lorsque la chaîne se coupe, la bulle éclate : tous les derniers investisseurs sont spoliés. Sont gagnants uniquement, ceux qui ont quitté le navire à temps et, surtout, l'organisateur qui, lui, a mis ses gains à l'abri !

Déjà, en 1997, l'Albanie avait connu l'effondrement de plusieurs « banques pyramidales » ce qui a provoqué des émeutes causant des milliers de morts. En novembre 2008, 500 000 Colombiens ont été victimes d'une société d'investissement qui reposait aussi sur un système de Ponzi.

Bernard Madoff, lui, promettait des retours sur investissements relativement élevés, de l'ordre de 8 à 12 % par an après impôt. Il avait surtout la confiance de tout le système financier qui le connaissait depuis quarante-huit ans et qui avait confiance en lui et en ses méthodes, dont il gardait jalousement le secret : l'utilisation de modèles mathématiques financiers, des clients réputés, des postes élevés dans l'administration, l'assuraient d'un prestige important. Tout aurait encore pu durer très longtemps sans un impondérable de taille : l'effondrement mondial du système bancaire faisant suite à la crise des subprimes de l'année précédente…

En septembre 2008, suite à la faillite de la banque Lehman Brothers, les marchés financiers s'effondrent et les investisseurs internationaux tentent de sauver leur argent. Dans le sauve-qui-peut général, Madoff est subitement submergé de demandes de remboursements qui totalisent en quelques jours 7 milliards de dollars. Il tente de trouver par tous les moyens de l'argent à prêter chez d'autres investisseurs, mais la panique est trop forte. La confiance s'écroule. Les caisses sont vides ! Avant son arrestation, Bernard Madoff gérait officiellement 17 milliards de dollars. Mais le trou était bien plus énorme encore !

Le mardi 9 décembre 2008, il avoue la fraude à son frère Peter qui n'était au courant de rien, puis le lendemain, il reconnaît devant ses fils qu'il est « fini » et que son affaire n'était qu'une vaste escroquerie, « un grand mensonge » leur dit-il. Il leur annonce qu'il va se rendre aux autorités mais, avant, il veut encore distribuer à sa famille et à ses amis ce qui reste de la fortune envolée, soit 200 millions de dollars. Ses fils prennent conseil d'un avocat. Le lendemain, ils dénoncent eux-mêmes leur père à la police, mettant ainsi fin à une escroquerie sans équivalent dans l'histoire de la finance mondiale : 68 milliards de dollars !

Le 12 mars 2009, Bernard Madoff décide de plaider coupable pour éviter un procès devant un Grand Jury. Arrivé sous escorte policière le lendemain au palais de justice de New York, Madoff a, comme prévu, plaidé coupable devant le juge Denny Chin. « Je suis profondément peiné et honteux des délits que j'ai commis. Je me rends douloureusement compte que j'ai profondément blessé beaucoup, beaucoup de gens », a-t-il déclaré au magistrat. Il a admis avoir volé, détourné et blanchi pour son usage personnel des dizaines de milliards de dollars que lui ont confiés depuis plus de vingt ans des centaines d'individus, riches et modestes, des fondations et des institutions du monde entier. Ses 4 800 clients se retrouvent ruinés. Bernard Madoff ressort du tribunal menottes aux poignets, pour gagner la prison de Manhattan. Le 29 juillet 2009, l'homme d'affaires qui avait New York à ses pieds est condamné à 150 ans de prison. Ultime sursaut de fierté : Bernard Madoff n'a pas fait appel.

SECTES ET GOUROUS

Les dérives sectaires font désormais partie de notre paysage religieux, politique et culturel. De plus en plus de gens ordinaires, ni déficients mentaux, ni marginaux, plutôt bien intégrés, sont amenés, à la suite de circonstances particulières, à se soumettre à l'emprise d'un gourou. Parfois, des familles entières, toutes générations confondues, enfants compris, se retrouvent sous la dépendance physique et psychique d'illuminés pervers qui utilisent des techniques de contrôle mental qui mènent à la dépersonnalisation et au fanatisme. Ces pratiques sont punies par la loi, mais, dans la réalité, les preuves et les témoignages sont tellement difficiles à réunir que, bien souvent, les gourous échappent aux rigueurs de la justice. En général, les victimes ont le plus grand mal à échapper à la secte par leurs propres moyens. Sauf quand l'intervention de la police survient comme instrument de la Providence…

AMOUR, SECTE… ET GIPN
LE GOUROU D'ALGRANGE

C'est l'histoire d'une rencontre de hasard entre un jeune paumé, que nous appellerons Patrick, et le gourou de la secte Minh Vacma, un certain Alain Schmitt.

Patrick est un jeune homme de 21 ans à la dérive. Son adolescence a été très difficile. Il n'a jamais supporté la séparation de ses parents. Dernièrement, il vient de vivre une grosse déception amoureuse. Sa vie bascule dans le chaos. Il se sent seul et abandonné. Il n'a pas de domicile fixe. Il entame alors une vie de marginal. Il squatte où il peut. Il fait quelques petits boulots à droite ou à gauche. Inconsciemment, il cherche bien sûr un refuge, une vie meilleure. Mais où aller ?

C'est alors qu'il entreprend un voyage à Bruxelles. Il a entendu parler d'une conférence sur l'ufologie qui va se tenir dans la capitale belge. Il a décidé d'y aller. Sur place, il rencontre des passionnés de vie extraterrestre qui s'interrogent sur l'existence des soucoupes volantes, les mystérieux ovnis. Enfin un sujet de gamberge qui le sort d'un quotidien gris, triste, sans avenir ! C'est à cette conférence que Patrick rencontre Alain Schmitt, 43 ans, originaire de Nancy, qui se présente comme médium.

Schmitt raconte au jeune homme qu'il vient de fonder une

école de philosophie orientale qui s'accompagne de la pratique des arts martiaux. Il l'a baptisée, cette école, « Minh Vacma », ce qui signifie, selon lui, « la voie des arts chevaleresques et martiaux associés ». Patrick est subjugué par le charisme de ce personnage « pas comme les autres », au regard qui ressemble à celui d'un aveugle, et dont le crâne est intégralement rasé.

À l'issue de leur longue conversation, le gourou prend un air pénétré. Il lui dit : « Je vois une grande souffrance en toi. Si un jour tu as besoin d'un toit, contacte-moi et je t'aiderai. » Et il lui laisse, griffonnée à la hâte, une adresse mail où Patrick pourra lui écrire… Le jeune homme range soigneusement l'adresse et quitte Bruxelles pour retourner en France.

Quelques mois passent. Patrick s'enfonce lentement mais sûrement dans la galère. Bientôt, il n'a plus un euro en poche. Cette fois, il a vraiment besoin d'aide. Alors il décide d'envoyer un mail à Alain Schmitt, ce médium rencontré quelques mois plus tôt à Bruxelles. Il lui communique le numéro de téléphone d'un bistrot où il passe ses journées, un peu comme on envoie un message à la mer enfermé dans une bouteille. Schmitt le rappelle dans la demi-heure qui suit et l'invite à le rejoindre à Algrange, près d'Alfortville, une petite commune de 6 000 habitants située en Moselle.

Vers la mi-décembre 2004, Patrick débarque donc au 66, rue Charles-de-Gaulle, dans une grande et belle maison bourgeoise dissimulée derrière une haie. L'accueil est, selon sa propre expression, « royal » ! Alain Schmitt met les petits plats dans les grands. Il sait faire preuve de séduction, le médium. Dès son arrivée, il met le jeune paumé à l'aise et lui présente dans la foulée toute la petite communauté Minh Vacma, composée d'une vingtaine de personnes venant pour la plupart du Grand Est de la France et du Luxembourg. Ce soir-là, ils sont une bonne quinzaine attablés dans la cuisine. Patrick fait la connaissance de Meikyu, le fils aîné du médium, un jeune sportif tout en muscles qui se dit ceinture noire de karaté. Il y a aussi Victoire, une jolie blonde d'une trentaine d'années, la compagne de son hôte. Il y a également Laurence, Danièle et Nathalie, trois jolies filles qui semblent complètement fascinées par le médium. Et puis, trois ou quatre couples avec de jeunes enfants. À la fin du dîner, Patrick est heureux. Il se sent bien. « Enfin, se dit-il, pour la première fois de ma vie j'ai trouvé une famille. » Patrick est loin d'imaginer qu'il vient de mettre les pieds dans un véritable traquenard. Le jeune homme est désormais accepté comme nouveau membre de Minh Vacma. Il découvrira bientôt que les talents de psychologue et le charisme incontestable de Schmitt lui permettent d'assouvir, à travers la secte, ses deux passions : l'argent et le sexe.

La maison bourgeoise du 66 de la rue Charles-de-Gaulle à Algrange est située dans un quartier tranquille et résidentiel. Loin des regards indiscrets, elle est protégée par un épais rideau de haie végétale. Dans cette petite ville où tout le monde se connaît, les voisins ont remarqué les va-et-vient bizarres de nombreux visiteurs. Ils sont étonnés mais aussi vaguement impressionnés par les 4×4 et les berlines haut de gamme qui s'engouffrent discrètement à l'arrière de la bâtisse. Mais aucun d'entre eux ne soupçonne ce qui se passe réellement à l'intérieur de la grosse maison...

Patrick s'installe donc à demeure dans la petite communauté, et découvre peu à peu le fonctionnement de la secte. Il constate que le gourou ne vit pas avec les autres mais dans un cabanon personnel niché au fond du jardin. C'est de là qu'il dirige la maison selon des règles très particulières. Il a organisé la communauté dans un système de cercles concentriques, à travers lesquels chaque adepte avance ou rétrograde en fonction de ses talents pour le massage...

Le gourou explique à Patrick qu'en tant que membre de la secte, il peut coucher avec toutes les femmes de la maison ! « Mais il faut, dit-il, respecter une progression à cinq niveaux. » Le premier massage, donc le premier niveau, consiste à masser habillé. Le deuxième massage s'effectue torse nu. Le troisième se pratique intégralement nu. Lors de celui-ci, il est de coutume de pratiquer, précise le gourou, des caresses sur les organes génitaux. Puis vient le quatrième niveau du cycle où les deux partenaires pratiquent fellation et cunnilingus. Enfin, si le gourou estime que toutes les étapes précédentes ont été accomplies correctement, le candidat peut atteindre l'ultime massage, le dernier cercle : le massage avec relations sexuelles complètes. Bien entendu, le maître des lieux doit montrer l'exemple. Ainsi, chaque soir, il désigne la favorite qui va le rejoindre dans le cabanon. Il lui arrive parfois d'inviter plusieurs d'entre elles à passer la nuit avec lui. Alain Schmitt aime beaucoup en effet les ébats à plusieurs. Il aime surtout en garder souvenir en filmant ses partouzes. Certes, il est quasiment aveugle à cause de son diabète, mais il sait que ces vidéos privées pourraient lui servir de moyen de chantage au cas où une adepte viendrait à se rebeller.

En dehors de ces pratiques sexuelles imposées aux femmes de la communauté, Alain Schmitt contrôle d'une main de fer l'existence quotidienne de ses disciples. La plupart d'entre eux passent leur journée à faire le ménage. Schmitt explique à Patrick que pour vivre dans cette fabuleuse famille il y a des règles à respecter scrupuleusement. D'abord, ne pas consommer d'alcool, de drogue ni de viande. Ici, dit-il, les animaux sont sacrés ! Pour le reste, chacun est libre de faire ce qu'il veut mais là encore, il y a des conditions... Il faut participer en priorité à la vie de la communauté. Pour cela le gourou attribue à chacun une contribution. Chaque adepte doit réaliser soixante heures de tâches ménagères par semaine : ménage, repassage, lessive, jardinage, il y a de quoi occuper chaque minute. Ceux qui ont un travail à l'extérieur sont exemptés de tâches ménagères mais ils doivent apporter leur tribut à la communauté. Le gourou leur demande donc de verser un minimum de 2 000 euros par mois... Patrick va vite se rendre compte que sa nouvelle famille n'est pas si idéale qu'il l'avait cru au début. Le sexe libre et les travaux forcés ne représentent pas son idée du bonheur. Et quand il tombe secrètement amoureux de la compagne officielle du gourou, Victoire, sa vie se transforme en véritable cauchemar.

Au fil du temps, Patrick découvre également le caractère hystérique et coléreux du maître des lieux. Outre son addiction au sexe, le gourou a une autre obsession : la discipline. Il traque implacablement ce qu'il appelle les « bêtises » de ses disciples. Si Schmitt estime qu'un membre a manqué de respect à un autre ou bien qu'il a mal fait son travail ou, pire, qu'il néglige l'entretien de ses quatre labradors, la sanction tombe : l'accusé est condamné, sans autre forme de procès, par l'unique juge de la maison, à faire des centaines de PAF, autrement dit, Pompes-Abdos-Flexions. Et le gourou a de la suite dans les idées ! Les punitions sont adaptables et modifiables à tout moment. Certains condamnés doivent courir ainsi pendant des heures autour du stade qui se trouve en face de la propriété. Une autre variante possible, celle attribuée à un adolescent de 15 ans, qui est rentré du lycée avec une mauvaise note. Lui, on l'a abandonné en pleine nuit à dix kilomètres d'Algrange, en pleine campagne. L'adolescent, apeuré, a dû se débrouiller tout seul pour rentrer à pied à la maison.

Comme on l'a dit, Alain n'autorise personne à manger de la viande, car les animaux sont sacrés. Et surtout ses quatre labradors dont chacun doit s'occuper à tour de rôle. Un soir, alors que le gourou est en vacances aux Caraïbes avec deux de ses jeunes groupies, Laurence et Danièle, les labradors s'échappent de la maison d'Algrange. Les disciples présents préviennent immédiatement le maître de cette fugue par un coup de téléphone. Fou de rage, hors de lui, Alain Schmitt exige que tous les membres de la communauté, sans exception, se lancent aussitôt à la recherche des quatre fugitifs. Malheureusement pour eux, seuls trois chiens sont retrouvés en vie. Le quatrième a été écrasé par un camion… Nouveau coup de fil aux Caraïbes pour prévenir le gourou de la catastrophe. Comme à son habitude, Alain Schmitt distribue immédiatement les sanctions. Pour Patrick ce sera 2 500 PAF ! 2 500 pompes-abdos-flexions, que le condamné doit effectuer sous le contrôle des autres membres de la secte. Patrick, entièrement sous contrôle, terrorisé par l'emprise du gourou, obéit. À la fin des 2 500 PAF il est complètement épuisé. Il s'écroule sans connaissance. Cette punition ne sera malheureusement pas la dernière. Bientôt, le gourou se déchaînera contre lui. Car Patrick a enfreint une règle absolue, il est tombé amoureux de Victoire, la compagne officielle d'Alain Schmitt. Et Victoire va céder à cet amour…

Victoire est une jolie jeune femme blonde. Elle a eu de ses amours avec le gourou un petit garçon qui a 8 ans à l'époque. Son statut la met un peu à part du groupe. Les autres membres de la communauté l'évitent, par jalousie mais également par méfiance. Peu à peu pourtant, Patrick et Victoire sont devenus inséparables. Comme les deux doigts d'une main. Mais, pour éviter les punitions, les deux amoureux jouent la prudence. Ils dissimulent leur amour, ils se voient uniquement en cachette. Lors de leurs rares moments d'intimité, la jeune femme commence à raconter à Patrick tout ce qu'Alain Schmitt lui fait endurer. Les humiliations sexuelles, les coups, les menaces. Elle lui raconte qu'un jour elle a voulu s'échapper. « Il a hurlé, dit-elle. Il m'a dit que si je le quittais, je ne reverrais jamais mon fils… » Et elle ajoute : « Il m'a aussi menacée : où que tu ailles, on te traquera sans relâche, on te retrouvera et on te tuera. » Patrick est abasourdi. Cette nuit-là, les deux amoureux décident d'organiser leur fuite en emmenant avec eux le petit garçon !

En avril 2005, Patrick trouve une place de serveur dans un petit restaurant, au Luxembourg, à quelques dizaines de kilomètres d'Algrange. Sa paie est maigre : 1 500 euros par mois. Mais ce sera suffisant, pense-t-il, pour assurer le loyer d'un studio où il pourra loger sa petite famille. Les deux amoureux passent leur temps à s'envoyer des SMS pour se dire qu'ils s'aiment et qu'ils se manquent. Malheureusement, Victoire oublie un jour son téléphone dans la chambre de Schmitt. Le téléphone bipe. Le gourou lit le message de Patrick. Il vient de découvrir par hasard le pot aux roses. Sa réaction sera terrible !

Nous sommes maintenant le 13 juin 2005. Ce soir-là, à son retour du boulot, Patrick sent que l'atmosphère n'est pas au beau fixe dans la maison. Il constate que Victoire n'est pas attablée avec les autres. Alain Schmitt, visage fermé, s'approche de lui. « Tu n'as rien à me dire ? » Patrick ne répond pas. « Vraiment rien ? reprend le gourou. Eh bien dans ce cas, moi, je te supprime ta liberté. À partir de maintenant, tu es mon prisonnier ! » Patrick n'a pas le temps de faire un geste qu'il se retrouve ceinturé et poussé dans l'escalier par Meikyu, le fils du gourou, et deux autres membres de la secte. Le jeune homme est traîné jusqu'à une chambre du troisième étage, dans les combles de la demeure. Hors de lui, Schmitt lui demande s'il a eu des rapports sexuels avec Victoire. Patrick fait non de la tête. Sous les ordres de son père, Meikyu se déchaîne alors sur le prisonnier. Il le jette à terre. Patrick subit un vrai passage à tabac. Après ce terrible déchaînement de violence, il est laissé à moitié inconscient dans la pièce. En sortant, le gourou lui lance : « Si tu tentes quoi que ce soit pour t'échapper ou alerter les voisins, je te tue. »

Le lendemain, le gourou accompagne le jeune serveur à son travail pour récupérer son salaire et annoncer à son patron qu'il quitte son boulot. Le restaurateur trouve étrange le comportement du grand gaillard au crâne rasé qui accompagne son employé. Ce qui l'inquiète davantage, c'est de voir la pâleur du visage de Patrick. Ils se rendent alors tous les deux, seuls, dans son bureau : « Quelque chose ne va pas ? C'est vraiment un ami, le gars qui t'attend dehors ? » Patrick ne pense qu'à Victoire, elle aussi prisonnière de la secte. Il sait que s'il s'échappe, la vengeance du gourou s'exercera sur elle et sur son enfant. C'est ce que lui a dit Schmitt avant de pénétrer dans le restaurant. Le patron insiste : « Si tu veux, je peux te faire sortir par la sortie de secours… » Au bord des larmes, Patrick prend son chèque d'une main tremblante et bafouille : « Non, merci, merci… tout va bien. » Puis il rejoint Alain qui l'attend impatiemment dehors et monte à bord d'une Ford Escort occupée par trois autres personnes. Dès son retour à la maison, son chèque lui est immédiatement confisqué. Patrick est à nouveau emprisonné dans cette chambre sous les combles sans savoir où se trouve Victoire.

Le cauchemar de Patrick prendra fin grâce à une autre des adeptes qui s'était échappée de la secte un mois et demi avant son arrivée. Cette institutrice d'Orléans avait prévenu la police en octobre 2004. Elle aussi avait été séquestrée par le gourou qui l'avait par ailleurs délestée de 21 000 euros. Cette femme avait subi d'ignobles punitions. Elle avait été contrainte de boire l'eau des toilettes et de manger les croquettes des labradors. Sa faute : ne pas s'être suffisamment bien occupée des chiens. Les policiers du SRPJ de Metz avaient placé la maison et le téléphone du gourou sur écoute. Ils sont donc très vite au courant de la séquestration du nouvel adepte. Mais, avant d'intervenir, ils veulent accumuler des preuves. L'enquête durera au total huit longs mois. Patrick restera prisonnier dans la maison d'Algrange, sans manger ni boire pendant quatre jours.

Nous sommes maintenant le 17 juin 2005. Les membres de la secte s'apprêtent à passer à table pour dîner. Une violente explosion fait soudain voler en éclats la porte d'entrée de la maison. Une vingtaine d'hommes en noir, cagoulés, flash-ball à la main, envahissent le rez-de-chaussée. Simultanément, un autre commando du GIPN force la porte du cabanon où se trouve Alain Schmitt. Il est interpellé, nu, en pleine partouze. Pour Patrick et Victoire, c'est la fin du cauchemar.

Le 7 octobre 2008, le gourou de la secte Minh Vacma est condamné à cinq ans de prison ferme par le tribunal correctionnel de Thionville. Ses complices, entre autres son fils, écopent de peines plus légères. Les condamnés font appel. Quelque temps avant le nouveau procès, le gourou a été mis en liberté provisoire sous contrôle judiciaire en raison de ses problèmes de santé. Alain Schmitt en a aussitôt profité pour s'enfuir à l'étranger. Il est donc condamné par contumace. Sa cavale va durer plus d'un an. Les policiers spécialisés dans la traque des fugitifs le localisent finalement à Naxxar, une petite ville de l'île de Malte. Ils vont découvrir sur place que le gourou pervers a eu le temps de reconstituer là-bas avec l'une de ses favorites, Laurence, une petite communauté de sept personnes, dont deux enfants. Il y a aussi dans la maison quatre chiens, comme à Algrange. L'épilogue de l'affaire a eu lieu le jeudi 7 janvier 2010. Ce jour-là, les policiers maltais donnent l'assaut à l'aube. Le gourou et sa compagne sont arrêtés, écroués puis extradés vers la France. Leur procès devrait s'ouvrir avant la fin de l'année.

Quant à Patrick et Victoire, ils ont enfin mis leur projet à exécution. Les deux jeunes gens filent maintenant le parfait amour dans un petit village du Var.

PETIT LYS D'AMOUR

Comment naît une secte ? Qui sont les adeptes ? Comment se fabrique un gourou ? Pourquoi une communauté apparemment inoffensive peut-elle subitement devenir dangereuse et attenter à l'intégrité physique de ses disciples ? L'histoire qui suit retrace le parcours chaotique d'un jeune illuminé qui a réussi à entraîner plusieurs centaines d'adeptes de l'île de la Réunion dans son délire. Jusqu'au jour où sa folie l'a conduit à commettre des actes ignobles et barbares sur de jeunes enfants qui ont échappé à la mort par miracle.

Juliano Verbard est originaire de la communauté cafre de l'île de la Réunion. Les Cafres sont les descendants des premiers esclaves noirs venus d'Afrique comme travailleurs après l'abolition de l'esclavage en 1848. Dès son plus jeune âge, Juliano est profondément catholique. Vers l'âge de 8 ans il manifeste régulièrement des épisodes de transe mystique qui en font un petit garçon « à part ». Il commence à se faire connaître au-delà de son village, Savannah, aux alentours de l'année 2001, en assurant que la Vierge Marie lui était apparue et lui parlait régulièrement, le 8e jour de chaque mois. La Vierge, selon lui, l'appellerait son « Petit Lys d'amour »... Il a 19 ans.

Une communauté de prière charismatique s'organise peu à peu autour de lui. En 2002, la rumeur se répand dans l'île comme une traînée de poudre : une représentation de la Vierge, vénérée par le petit groupe, aurait commencé à exsuder des larmes d'un liquide huileux aux propriétés miraculeuses…

Dans une île où le sentiment de religiosité est très fort, il réunit autour de lui de plus en plus d'adeptes parmi lesquels des fonctionnaires, des enseignants et un certain nombre de métropolitains. En novembre 2002, plus de 300 personnes, surtout des femmes entre 20 et 30 ans, assistent à ses séances de prières. Le groupe qui vénère Juliano, le « Petit Lys d'amour », comme un nouveau Messie, prend le nom de communauté du « Cœur douloureux et immaculé de Marie ». L'évêque de Saint-Denis, Mgr Aubry, ne cautionne pas la communauté et met en garde ses adeptes contre la dérive sectaire. Il propose à Juliano d'être encadré officiellement par un directeur de conscience, mais Juliano se dérobe à toutes les aides spirituelles proposées par l'Église officielle.

Au fil du temps, la grande masse des adeptes, venus principalement des environs de la ville de Saint-Paul, quitte la communauté. « Petit Lys d'amour » poursuit ses séances de prières et d'exorcismes, entouré d'une garde rapprochée d'une quarantaine de membres prêts à lui obéir en toutes circonstances et même, disent-ils, à se sacrifier pour lui. On a su par la suite que Juliano régnait en maître sur sa communauté et que certaines pratiques de la secte qu'il dirigeait avec son amant, Jean-Fabrice Michel, étaient à fortes connotations sexuelles. Entre janvier et août 2003, le gourou abuse de deux jeunes enfants proches de la secte. L'un d'eux subira des brûlures graves aux mains et aux pieds lors de séances d'exorcisme. À tel point que la mère de l'un des enfants, par ailleurs trésorière du mouvement, quitte la secte et porte plainte. Juliano Verbard est arrêté, une instruction est ouverte. Il est incarcéré en août 2003, en attendant l'ouverture de son procès.

En novembre, il se plaint à l'administration pénitentiaire. Il dit qu'il a été violé par un codétenu et qu'il craint pour sa vie. On le met en chambre sécurisée à l'infirmerie de la prison. Là, il tente de s'évader une première fois grâce à des complicités extérieures. Sans succès. Février 2004, nouvelle tentative, nouvel échec. Il est condamné à huit mois de prison. En août de la même année, il est mis en liberté conditionnelle. Il pourra se présenter libre à son procès. Mais il échappe à son contrôle judiciaire et disparaît dans la nature, aidé à nouveau par le noyau dur de ses adeptes. C'est le début d'une longue cavale qui durera trois ans, malgré un important dispositif de recherches qui fouille l'île de fond en comble… En octobre 2006, le gourou est condamné par défaut à quinze ans de réclusion criminelle pour viols et agressions sexuelles sur mineurs. Le pire est encore à venir.

Alors que les gendarmes sont toujours sur les dents, et continuent la traque pour tenter d'arrêter enfin le fugitif, intervient un coup de théâtre spectaculaire : le 9 juillet 2007, un garçon métropolitain de 12 ans, Alexandre, est enlevé au domicile de ses parents qui tiennent un bar-tabac en plein centre de Saint-Denis de la Réunion !

L'enquête aboutit très vite à la certitude que l'auteur de l'enlèvement n'est autre que Juliano Verbard, en fuite depuis trois ans ! Le jeune garçon est relâché au bout de 24 heures. Mais le 7 août suivant, un nouveau commando composé d'adeptes de la secte, se livre à un second rapt du même enfant, sous le nez de ses parents ! Pourquoi cet acharnement contre Alexandre ? Pour quelle raison les ravisseurs ont-ils tenté de l'enlever deux fois en moins d'un mois ? On découvrira plus tard que Juliano avait considéré que le jeune Alexandre était en réalité l'Antéchrist. Il voulait faire de lui son successeur à la tête de la secte !

Cette fois, plus de mille gendarmes mènent la traque avec l'aide des auditeurs d'une station de radio locale, Radio Freedom, qui signalent aux forces de l'ordre, presque en temps réel, l'itinéraire de la voiture des ravisseurs dont le numéro d'immatriculation a été relevé par un témoin. On retrouve cette voiture abandonnée, en feu, du côté de la ville de Saint-Leu. De nouveaux auditeurs localisent la nouvelle voiture empruntée par les ravisseurs pour brouiller les pistes. Des contrôles routiers quadrillent cette partie de l'île. Quatre membres de la secte sont arrêtés mais Juliano et l'enfant demeurent introuvables... Les gendarmes finissent par repérer la cache du gourou au Tampon, une localité située sur les hauteurs du sud de l'île. Les derniers adeptes réunis autour de leur chef spirituel logent dans deux maisons que les voisins pensent occupées par des touristes. Les forces de l'ordre, aidées du GIGN, attendent qu'un maximum d'adeptes rejoignent les deux maisons pour intervenir. Le gourou est arrêté et Alexandre libéré.

Tout le monde pense alors que l'affaire est définitivement close. Le 22 août, Verbard et son amant, Jean-Fabrice Michel, sont mis en examen pour viol en réunion, tortures et actes de barbarie sur mineur de 15 ans. Les deux criminels sont incarcérés à la nouvelle prison de Saint-Denis, Domandjod, considérée comme une des plus sûres de France. Même si elle ne comporte pas de filets anti-hélicoptère. Un détail qui prendra toute son importance deux ans plus tard...

Le 27 avril 2009, en effet, coup de tonnerre dans le ciel de la Réunion : on apprend que Juliano Verbard, son amant et un troisième membre de la secte viennent de s'échapper, par hélicoptère, de la prison de Domandjod !

L'hélicoptère s'est mis en vol stationnaire à quelques mètres du sol au-dessus de la cour de la prison. Une échelle de corde a permis aux trois prisonniers de monter à bord. Quelques minutes plus tard, l'appareil se pose sur un parking voisin. Les fugitifs montent à bord d'une voiture qui les attend et démarre sur les chapeaux de roue.

Dix jours plus tard, le 6 mai 2009, c'est le soulagement général dans l'île, Verbard et ses complices ont été repris. Ils sont à nouveau incarcérés sous haute surveillance dans l'attente de leur procès. On peut penser maintenant qu'après ces incroyables péripéties ils ne pourront plus s'échapper. Alexandre et ses parents sont rentrés en Métropole. Le jeune garçon demeure traumatisé par son incroyable aventure. Il demande chaque semaine à sa mère de lui confirmer que Juliano Verbard se trouve toujours en prison. Il a décidé de ne pas retourner à l'île de la Réunion au moment du procès.

Le 9 avril 2010, Juliano Verbard est condamné par la cour d'assises à deux ans de prison ferme, avec Jean-Fabrice Michel, pour violence sur mineurs. Il est cité à nouveau devant les juges le 28 avril 2010 pour viol sur mineurs. Mais ce jour-là, Verbard et Michel refusent de se présenter à la barre des assises. Le président a décidé que le procès aurait quand même lieu en l'absence des deux accusés et qu'il se déroulerait à huis clos. Le verdict tombe le vendredi 30 avril : Juliano Verbard est condamné à dix-huit ans d'emprisonnement et Jean-Fabrice Michel écope de dix ans de réclusion. Les deux hommes se sont résous, au dernier moment, à monter dans le box des acccusés pour entendre leur sentence.

LES RECLUS DE MONFLANQUIN

En règle générale, un gourou fonde sa secte avec une petite poignée de fidèles et de proches qui partagent ses idées. Le groupe fait ensuite du prosélytisme pour attirer de nouveaux adeptes. Les locaux sont parfois des appartements ou des propriétés qui appartiennent à un ou plusieurs membres qui les mettent à la disposition de la secte.

Il arrive parfois, très rarement, que le gourou s'introduise par ruse dans un groupe humain et réussisse par des techniques de manipulation mentale à convaincre ses membres qu'ils ont été « choisis » pour remplir une « mission » qu'ils sont seuls à pouvoir accomplir. Dans ce cas, la secte ne tente pas de racoler de nouveaux adeptes. Au contraire, elle se coupe du monde…

C'est l'histoire d'un véritable séisme familial : onze personnes de la même famille, manipulées par un gourou qui a fait d'eux pendant presque dix ans des séquestrés volontaires. Progressivement, à partir de 2001, une partie des membres de cette vieille famille aristocratique bordelaise, les Védrines, vont brutalement couper les ponts avec le monde extérieur après avoir quitté leurs proches, vendu leurs biens, et livré leurs salaires à un maître de la manipulation mentale. Un jour, ils ont quitté la France pour aller s'installer en Grande-Bretagne, à Oxford. Le 21 octobre 2009, le gourou, un certain Thierry Tilly, a été arrêté lors d'un voyage en Suisse et mis en examen par un juge de Bordeaux pour « escroquerie, abus de faiblesse, extorsion de fonds, séquestration avec actes de tortures et de barbarie ». Il est actuellement en détention provisoire à la prison de Gradignan. Il bénéficie bien sûr de la présomption d'innocence. Il nie les accusations qui sont portées contre lui. En novembre 2009, un véritable « commando » organisé par un avocat bordelais aidé d'un psychologue et d'un criminologue, s'est rendu en Angleterre pour libérer les membres de la famille Védrines, toujours sous l'influence psychique du gourou emprisonné, qui refusaient de rentrer en France. Mais l'affaire n'est pas encore terminée. On ne sait pas, à l'heure où j'écris ces lignes, où se trouvent exactement les sept derniers séquestrés volontaires. Ni s'ils seront présents au procès de celui qui a bouleversé leur vie. Voici l'histoire telle que j'ai pu la reconstituer.

Tout a commencé en septembre 2001. C'est l'épouse de Jean Marchand, Ghislaine, née Védrines, qui a ouvert le bal des comportements étranges dans cette vieille famille de l'aristocratie bordelaise. À cette époque, Ghislaine est directrice d'une école privée de secrétariat. La famille Marchand vit à Fontenay-sous-Bois. Le week-end, ils se rendent régulièrement dans le Lot-et-Garonne où ils ont acheté une vieille ferme à rénover, située sur les terres natales de la famille Védrines, implantée dans cette région depuis de nombreuses générations. Non loin de là, à Monflanquin, les Védrines possèdent un château. Jean Marchand y est allé souvent pour Noël, pour des réunions familiales, pour des anniversaires… Mais, subitement, en cette année 2001, Jean n'est plus le bienvenu. Sa femme ne l'emmène plus avec elle lorsqu'elle s'y rend. Sans lui fournir d'explication. Mais c'est un fait : il est « interdit de séjour » au château. Tout le clan Védrines semble lui en vouloir. Ses beaux-frères, Philippe et Charles-Henri, autrefois amicaux, sont devenus froids et distants. Ghislaine, elle-même, a changé. Un week-end de septembre, elle vient se planter devant son mari, encadrée de ses deux frères. Elle jette à ses pieds un bouquet de fleurs séchées et un vieux gant en caoutchouc : « Voilà les signes maléfiques que tu cachais dans notre jardin, lui dit-elle. Tu as une demi-heure pour faire tes bagages et quitter cette maison ! » Totalement abasourdi, Jean proteste, mais ses deux beaux-frères le prennent par les épaules, le traînent de force jusqu'à sa chambre où sa valise l'attend. Puis ils l'accompagnent fermement à sa voiture. Le soir même, Jean Marchand est de retour dans sa maison de Fontenay, seul, en proie à un doute immense. Il ne comprend pas ce qui a pu se passer. Les mauvaises surprises ne font pourtant que commencer…

Jean Marchand s'aperçoit bientôt que, quelques jours auparavant, Ghislaine a vidé le compte commun du couple à la banque. 320 000 francs se sont évaporés ! Il décide d'attendre la semaine suivante pour demander des explications à son épouse, lorsqu'elle rentrera pour reprendre son travail de directrice de l'école de secrétariat. Mais, la semaine suivante, sa femme ne réapparaît pas. Stupeur, Jean découvre que l'école n'existe plus. Elle est fermée. Tous les enseignants ont été licenciés, les locaux dépouillés de leur matériel, les élèves priés de rentrer chez eux ! Pour essayer de comprendre ce qui se passe, il se tourne vers ses enfants. Guillemette, sa fille aînée, semble prête à intercéder en sa faveur auprès de la famille. Elle se dit également inquiète du comportement de sa mère depuis quelque temps. Mais elle vient de se marier. Elle doit partir en voyage de noces et propose de voir tout ça à son retour. Jean Marchand ne reverra plus sa fille…

À son retour, Guillemette rompt en effet tout contact avec son père et même avec son jeune mari qu'elle quitte, pour aller rejoindre sa mère à Monflanquin. Puis, c'est le tour de François, le fils cadet, qui disparaît également : « Je vais quelques jours voir mes cousins au château », dit-il à son père, avant de partir sans autre explication. Jean Marchand a compris que la clé de l'énigme se situait derrière les hauts murs de pierre du château de Monflanquin. Il mène une petite enquête personnelle et découvre que les membres de sa famille ne s'y trouvent pas seuls. Ils sont onze à avoir coupé les ponts avec le monde extérieur : les trois Marchand, mais aussi la grand-mère Védrines, 91 ans, les deux beaux-frères, leurs femmes et leur progéniture. Onze membres de la même famille se sont rassemblés dans la demeure ancestrale pour une réunion de famille à laquelle Jean n'est pas invité. Poursuivant ses recherches, Jean Marchand découvre qu'un autre personnage a rejoint le groupe. Le douzième est un certain Thierry Tilly, celui par qui tout est arrivé…

À l'origine, ce Tilly n'a rien à voir avec les Védrines. Il se présente comme entrepreneur et directeur de sociétés. En fait, il collectionne les faillites et les dépôts de bilan. Jean Marchand va apprendre plus tard que Thierry Tilly est entré dans la vie de sa femme quatre ans plus tôt, via l'école de secrétariat où il s'était fait recruter comme responsable informatique. C'est là qu'il aurait commencé à entraîner Ghislaine dans une histoire abracadabrante de société secrète et d'une mission, non moins secrète, dévolue aux Védrines pour sauver le monde et lutter contre les agressions d'une société maléfique, dirigée, dit-il, « par les Rose-Croix, les francs-maçons et les pédophiles ».

Aussi curieux qu'on puisse en juger, les Védrines décident de retourner s'enfermer dans leur château pour y retrouver le trésor de leur famille, un pactole inestimable, selon Tilly, qui réussit à les convaincre par son charisme hors du commun. En fait de trésor, le gourou met la main sur la fortune bien réelle des Védrines qui vendent leurs biens et lui en livrent le produit. Des sommes très importantes qui finissent sur le compte en banque de leur prétendu sauveur…

Les mois passent. Jean Marchand n'a aucune nouvelle des siens. À chacune de ses visites au château il trouve porte close. On lui refuse l'entrée. Il interroge les habitants du village qui ne voient les reclus que lorsqu'ils sortent, rarement, pour faire des courses à la supérette locale. Ils n'ont aucun contact avec les habitants du château. Jean Marchand ne peut que constater l'étendue du désastre qui touche sa famille. Peu à peu, il apprend qu'une propriété au Pylat a été vendue. Le cabinet de Charles-Henri, gynécologue, a également été fermé subitement. Les économies de sa femme, envolées.

Deux ans passent. Les Védrines ne payent plus leurs impôts. Le fisc saisit les meubles du château. Les reclus décident alors de le vendre pour payer leurs dettes à l'administration et vont s'installer à quelques kilomètres de là, à la Talade, où ils possèdent encore une maison. Ils vont la transformer en véritable bunker. Les volets sont clos en permanence. Des caméras de surveillance sont installées. Ils vont y rester six ans, totalement coupés du monde.

Pendant toutes ces années, Jean Marchand n'arrive ni à approcher le groupe, ni à trouver de solution pour stopper ce cycle infernal. Il s'adresse à la justice pour dénoncer la manipulation mentale dont il estime que ses proches sont victimes. Il parle de secte, d'escroqueries. Peine perdue. On lui répond que sa femme et ses enfants étant majeurs, on ne peut rien intenter contre eux. Quant aux transactions immobilières, les Védrines peuvent vendre les biens qui leur appartiennent. Du moment qu'ils paient leurs impôts ! Bref, c'est l'impasse.

Début 2008, Jean Marchand apprend que le petit groupe a déménagé à Oxford, en Grande-Bretagne, où Thierry Tilly, le gourou, posséderait une maison. Jean Marchand se rend sur place, réussit à voir enfin son fils François, quelques minutes. Celui-ci n'a qu'un mot à lui dire : « Dégage ! » De retour en France, Jean

Marchand est effondré. Impuissant à faire cesser le cauchemar, il sombre dans la dépression. Et puis, en mars 2009, l'espoir renaît de façon totalement imprévue, grâce à un restaurateur d'Oxford…

Ce restaurateur que nous appellerons « Robert » embauche au printemps 2009 une jeune assistante française. Elle s'appelle Christine de Védrines. Elle est la femme de Philippe, le beau-frère de Jean Marchand. Le gourou a exigé que Christine gagne de l'argent à l'extérieur pour alimenter la caisse des reclus. La jeune femme semble mal dans sa peau, elle a les traits tirés. Un soir, en fin de service, Robert, ému par cette jeune femme énigmatique, entreprend de la questionner : « Qu'est-ce qui ne va pas ? lui demande-t-il. Pourquoi avez-vous l'air toujours aussi soucieuse, aussi triste ? » Pudique, Christine semble ne pas savoir quoi répondre. Et puis, elle lâche dans un souffle : « Je fais partie des reclus de Monflanquin. Regardez sur Internet, vous saurez de quoi je parle… » Le restaurateur découvre toute l'histoire. « Mais est-ce que vous êtes heureuse au moins ? demande-t-il à Christine. Est-ce qu'on vous traite bien ? » « Tilly croit que je connais l'emplacement du trésor. Il me fait asseoir pendant des heures sur un tabouret, face à un mur… Mais je n'y arrive pas, je n'y arrive pas… », et elle s'effondre en sanglots.

Le restaurateur sent que la jeune femme est en danger. Il ne peut pas rester ainsi les bras croisés après les confidences de Christine. Alors, pendant des jours, il tente de la convaincre de quitter le groupe, de se rebeller, d'aller voir la police. À la fin du mois, Christine cède. Elle se rend à Bordeaux, dans le bureau du juge d'instruction Stéphane Lorenz qui a ouvert une information préliminaire depuis 2004. On ne sait pas ce que Christine a dit au juge. Mais on devine qu'elle a dû parler de bien d'autres sévices car, à la suite de cette audition, un mandat d'arrêt international contre Thierry Tilly est lancé par la justice. L'affaire traîne encore quelques mois pour des problèmes de concordance entre les systèmes judiciaires français et britannique. Et puis, le 21 octobre

2009, Thierry Tilly est arrêté à Zurich, en Suisse. Extradé vers la France, il est mis en examen pour « escroquerie et séquestration accompagnée d'actes de barbarie et de tortures, extorsion de fonds et abus de faiblesse ». Présumé innocent jusqu'à son procès dont la date n'est pas encore fixée, il a décidé de ne pas prendre d'avocat et de se défendre seul.

Jean Marchand a fait le calcul des sommes escroquées par le gourou aux membres de la famille Védrines. En voici l'essentiel. À l'école dont il était finalement devenu « directeur du développement », son salaire était de 25 000 F par mois (le plus élevé de tous), en 2001. Il se faisait aussi régler des « frais d'exécution » pour des montants importants. De Ghislaine, la femme de Jean, il a obtenu le contenu des comptes joints qu'elle a vidés et dont elle a viré le montant sur son compte à Londres. La belle-mère de Jean, 91 ans à l'époque, avait fait un prêt substantiel à ses trois enfants, en 2000, dont le montant (250 000 F au total) a suivi la même destination. De la fille de Jean, Guillemette, il a reçu la totalité de son épargne. Des deux beaux-frères de Jean, il a reçu la totalité de leurs économies en leur promettant un taux d'intérêt de 10 % par mois. Charles-Henri a en outre convaincu sa compagne, Brigitte, de liquider tous ses biens d'un précédent mariage. La vente du cabinet médical de Charles-Henri, gynécologue à Bordeaux, rapporte une somme estimée à 290 000 F. Du festival « Musique en Guyenne », créé par Jean avec son épouse, qui en était la trésorière, Tilly a reçu des « notes d'honoraires » occultes considérables sans aucune prestation.

Le total des sommes transférées sur les comptes de Thierry Tilly à l'étranger depuis plus de huit ans dépasse trois millions d'euros !

Au moment de l'extradition de Thierry Tilly suivie de son incarcération en France, huit des onze anciens reclus de Monflanquin se trouvaient encore à Oxford. Jean Marchand se rend sur place fin octobre 2009, pensant que le reste des membres de la famille Védrines, constatant que le gourou est en prison, allait accepter de quitter la maison d'Oxford et de rentrer en France. Incroyable mais vrai : les huit s'enferment dans la maison, refusent tout contact avec l'extérieur. Ils semblent toujours sous influence. Ils agissent comme si le gourou était toujours près d'eux !

C'est alors qu'une « équipe de secours » se rend à Oxford, du 10 au 14 novembre. Elle est conduite par Me Daniel Picotin, l'avocat bordelais de plusieurs membres de la famille Védrines qui se sont libérés de l'emprise du gourou. Il est accompagné, entre autres, d'un psychologue, d'un criminologue, de membres et de proches de la famille de Védrines. L'objectif était de tenter de convaincre les dernières victimes de regagner la France pour bénéficier de « soins adaptés » à l'état de suggestion mentale résultant de huit années de réclusion. À Bordeaux, un dispositif était prêt : une cellule d'urgence et un accueil au sein du centre hospitalier Charles-Perrens, spécialisé dans les troubles psychiatriques. Tout laissait à penser que l'état de santé psychologique des « reclus » était problématique.

C'est ainsi que Guillaume de Védrines, 32 ans, a pu être libéré lors de cette opération d'exfiltration. Il a ensuite porté plainte devant le juge d'instruction bordelais pour « escroquerie, extorsion de fonds et abus de faiblesse ».

Mais sept autres membres de sa famille ont refusé à l'époque de rentrer en France. Parmi eux, le père, le frère et la sœur de Guillaume.

Il a fallu une nouvelle opération d'exfiltration menée du 9 au 13 décembre 2009 à Oxford et Bristol pour que les sept derniers membres de la famille de Védrines finissent par accepter de se libérer. La presse laissait entendre peu avant la fin de l'année 2009 qu'ils étaient « sur le point de rentrer en France ». Mais, depuis, la famille, l'avocat et le juge d'instruction imposent un black-out total sur l'affaire. À ma connaissance, les derniers reclus se sont tous constitués partie civile dans le dossier. Le juge Stéphane Lorentz, chargé de l'instruction, aurait enregistré de nouvelles charges contre Thierry Tilly. Cette affaire devrait déboucher sur un procès retentissant – et passionnant – au cours de l'année 2011.

JIM JONES ET LE TEMPLE DU PEUPLE

« Quand vous rencontrez les gens les plus amicaux que vous ayez jamais connus, qui vous amènent dans le groupe le plus chaleureux que vous ayez jamais rencontré, et que vous trouvez que le leader est la personne la plus inspirée que vous ayez jamais rencontrée ; et qu'alors vous apprenez que l'objectif du groupe est quelque chose que vous n'aviez jamais espéré voir réaliser, et que tout cela semble trop beau pour être vrai, c'est probablement trop beau pour être vrai. »

Ce texte a été écrit par une adepte du Temple du Peuple, assassinée en Guyana avec 913 autres membres par un gourou dément le 18 novembre 1978.

Nous sommes à la fin des années 50 aux États-Unis, à une époque où le rêve américain se construit chaque jour, mais pas vraiment pour tout le monde… Jim Jones est un Afro-Américain d'une trentaine d'années, qui rêve, comme tant d'autres, à une société multiraciale et solidaire, une société bien différente de celle qu'il connaît, où règne la ségrégation. À cette époque, dans certaines régions, les bus n'acceptent toujours pas les Noirs, des restaurants leur sont encore interdits, ainsi que les toilettes en ville, ou dans les stations-service au bord des autoroutes. L'humiliation est quotidienne. Dans les États du Sud et sur la côte Est, des mouvements noirs radicaux sont nés pour obtenir par la force les droits et la dignité que leur refuse l'Amérique blanche. Ce sont les Black Panthers que rejoignent de plus en plus de jeunes.

Jim Jones, lui, va plutôt s'investir dans la religion, la non-violence, et dans un mouvement qui gagne peu à peu en ampleur en Californie avec la vague du Flower Power. Un mouvement qui prône la fraternité, l'entente entre les peuples et qui est peu regardant sur l'usage des drogues et sur la liberté des mœurs. Son apogée sera plus tard la lutte contre la guerre du Vietnam et il donnera lieu à la naissance du mouvement hippy.

C'est dans ce climat social que le révérend Jim Jones va faire prospérer ses églises, séduire des milliers d'adeptes et s'attirer les bonnes grâces des élites. Avant de sombrer dans la mégalomanie et la paranoïa, il œuvre dans la région de San Francisco et de Los Angeles à la protection des plus pauvres, des marginaux et des délinquants. Il multiplie les initiatives auprès des familles démunies, accueillant et instruisant leurs enfants ; une sorte de « prêtre-ouvrier », une oreille attentive et une épaule rassurante. Mais si Jim Jones dans ses premières années d'activité aime son prochain, il aime surtout l'argent, et le pouvoir que cela lui donne sur le cours des choses et sur ses semblables. Moins de vingt ans plus tard, devenu un des gourous mégalomanes parmi les plus violents, il ordonnera le suicide collectif de près d'un millier d'adeptes qui l'avaient suivi aux confins de la jungle sud-américaine. 914 personnes y perdront la vie. C'est le plus grand massacre de l'histoire récente des États-Unis…

En 1953, Jim Jones fonde sa première communauté, à Indianapolis, dans l'Indiana. Il a 22 ans. Il est toujours bien habillé. Il est ambitieux et visionnaire. Son charisme évident et son verbe facile lui confèrent localement une jolie réputation. Sa première communauté s'appelle l'« Église chrétienne de l'Assemblée de Dieu », qui changera de nom quelques années plus tard pour devenir « l'Église du Plein Évangile du Temple du Peuple », et sera rapidement connue comme le « Temple du Peuple ».

Le révérend est un homme de conviction. Il parle beaucoup mais il agit aussi au chevet des opprimés et des laissés-pour-compte. Il milite contre le racisme et pour le partage des richesses, pour venir en aide à tous ceux que la société américaine néglige en cette période de prospérité économique. Il soutient les enfants des orphelinats dans leur apprentissage scolaire, visite les dispensaires, mobilise les élus locaux pour venir en aide à tel ou tel projet social. Cette quête humaniste le conduit à plusieurs reprises, entre 1961 et 1963, à séjourner quelque temps au Brésil, à Belo Horizonte, en qualité de missionnaire. Il n'hésite pas à rendre visite aux peuplades indiennes les plus éloignées de la civilisation et découvre alors la Guyana, l'ancienne Guyane britannique, un tout petit pays recouvert quasi exclusivement de jungle, coincé entre le Venezuela, le Brésil, le Surinam et l'océan Atlantique.

En 1964, Jim Jones se fait ordonner pasteur de l'Église chrétienne des Disciples du Christ. Une Église indépendante comme il y en a tant aux États-Unis. Elle compte près de deux millions de fidèles principalement dans le Middle West. On se bouscule en fin de semaine pour écouter les prêches du brillant orateur, qui stigmatise tour à tour la société de l'argent et le manque de volonté politique à venir en aide aux populations pauvres. Jim Jones a du succès, mais l'Indiana est trop petit pour ses ambitions. Pour mener à bien son idéal d'une société meilleure, il lui faut de l'argent, beaucoup plus d'argent qu'il ne pourra jamais en trouver dans cet État modeste peuplé principalement de cultivateurs. Il lui faut aller à l'ouest, en Californie. Là-bas, il le sait, de très nombreux habitants partagent ses idées. Là-bas, il y a de l'argent. En 1966, il s'installe donc, avec une centaine de fidèles, à Ukiah, à un peu moins de 200 kilomètres au nord de San Francisco.

Il y achète une église et quelques bâtiments pour y installer des lieux d'accueil, des dispensaires ou des orphelinats. Pour financer son œuvre, Jim Jones affrète plusieurs bus chaque week-end et expédie ses adeptes à San Francisco ou Los Angeles avec mission de porter la bonne parole, de recruter de nouveaux membres pour la communauté et de recueillir un maximum de dons. Chacune de ces expéditions rapporte près de 30 000 dollars à la communauté. Parallèlement, le programme social de Jim Jones ne cesse de s'enrichir de nouvelles adresses, de nouveaux lieux pour faire le bien. D'autant que ses fidèles, ceux qui travaillent, n'hésitent pas à lui reverser jusqu'à 25 % de leur salaire mensuel. Certains se montrent particulièrement généreux en couchant même le bon pasteur Jones sur leur testament.

Pour être au plus près de ses donateurs, Jones achète en 1971 une synagogue désaffectée à San Francisco et une église en ruine à Los Angeles. Son œuvre est désormais reconnue et les personnalités politiques affluent. Se faire photographier auprès de Jones, surtout en période électorale, n'est jamais mauvais pour un candidat gouverneur ou un sénateur. Et Jones sait renvoyer l'ascenseur. Il invite ses fidèles à faire la claque dans les réunions publiques des candidats qui le soutiennent.

Ses réalisations sont saluées par tout le monde, bien au-delà des milieux politiques. Des restaurants sociaux, des maisons pour l'enfance, des ateliers de réinsertion voient le jour… La presse s'en fait volontiers l'écho et parle de « socialisme apostolique ». La femme de Walter Mondale, le gouverneur de Californie, futur vice-président des États-Unis, parle de lui en termes élogieux. L'actrice Jane Fonda publie une lettre ouverte au pasteur : « Je suis une participante active de votre congrégation, dit-elle, non seulement pour moi-même mais pour mes deux enfants avec lesquels j'aimerais partager cette expérience. » Jim Jones est au faîte de la gloire et des honneurs. La ville d'Indianapolis le nomme directeur de la commission des Droits de l'homme. L'État de Californie en fait le responsable de ses services sociaux.

Mais Jim Jones en veut toujours plus…

Le Temple du Peuple est reconnu pour son travail auprès des plus pauvres, respecté dans la haute société et compte chaque jour davantage de fidèles, près de 20 000 au milieu des années 70. Jim Jones se sent alors tout-puissant et intouchable, malgré quelques mauvaises et insistantes rumeurs qui commencent à circuler. Les mauvaises langues parlent de l'ambiance au sein de la communauté, qui ne serait pas aussi idyllique qu'en apparence. Le pasteur, dit-on, ne supporte pas la contradiction. Plusieurs personnes rapportent qu'il devient violent et brutal pour des motifs futiles. Il harcèle sans cesse ses disciples les plus fragiles, pour qu'ils lui donnent plus d'argent ou en récoltent davantage. Certains de ceux qui ont quitté le Temple racontent également que les hommes de main de celui qu'on appelle maintenant le Père les ont fortement dissuadés de partir, allant même jusqu'à les menacer de mort.

Jim Jones, ivre de ses succès, se prend dorénavant, disent-ils, pour le Messie. Il multiplie les simulacres de guérisons miraculeuses qui sont en fait des supercheries grossières de prestidigitateur. Il prétend extraire des tumeurs cancéreuses de la gorge ou de l'abdomen des malades, en faisant apparaître habilement des abats de poulet. Un jour, il fait venir à lui une jeune femme soi-disant paralytique, assise sur un fauteuil roulant. À la fin de son sermon, elle se lève… et elle marche !

Bon nombre de fidèles ne sont cependant pas dupes de ces pitreries, et lui disent de faire attention car il pourrait être démasqué. Mais Jones leur rétorque : « Ces miracles sont nécessaires pour alimenter la foi des gens simples qui nous rejoignent. Si on est plus nombreux, on aura plus de moyens pour venir en aide aux pauvres. » L'argument peine à convaincre et les rumeurs autour du Temple du Peuple se multiplient...

En 1977, le magazine *New West* publie une grande enquête sur la vie des adeptes dans la communauté du Temple. C'est la première fissure dans le bel édifice du pasteur Jones, qui continue à faire croire à une existence joyeuse et familiale, dans une belle harmonie raciale, au service des plus démunis. Pour la première fois, le Temple est présenté pour ce qu'il est réellement : une secte !

Les journalistes témoignent que la vie auprès du Père est rythmée par la brutalité, les violences verbales et les humiliations physiques et psychologiques. Les adeptes doivent se confesser publiquement chaque jour pour s'accuser de péchés imaginaires. Ils doivent aussi, à longueur de nuit sans sommeil, écouter les interminables prêches du pasteur, et gare à ceux qui s'endorment... La communauté du Temple est un monde arbitraire qui favorise certains et dévalorise les autres. Des témoins anonymes font part aux journalistes de *New West* de leur immense désillusion. Jones, disent-ils, est devenu un gourou hystérique et paranoïaque qui ne supporte pas la moindre contradiction. Il n'hésite pas à menacer ou à faire chanter ceux qui veulent quitter la secte. Il tente aussi de les séparer de leurs enfants... Pour la première fois, la presse n'est pas du côté du Temple et de ses formidables réalisations. Jones ne le supporte pas.

D'autant que l'enquête semble avoir délié les langues. Les rumeurs de racket, de captation d'héritages et de séquestration se multiplient. Les fantaisies sexuelles de Jim Jones sont également dévoilées. Il désignerait régulièrement, selon ses accusateurs, un certain nombre de femmes qu'il sépare de leurs époux et qui lui servent d'esclaves sexuelles... On évoque des viols. On parle de la forte consommation de drogue de Jones. Le fisc, de son côté, commence à s'intéresser aux très lucratives affaires du bon pasteur et à son trésor de guerre. Jones sait qu'il doit quitter le plus vite possible la Californie, que ses amis haut placés ne pourront pas le protéger éternellement, malgré les services qu'il leur a rendus dans le passé.

C'est ainsi que Jim Jones décide de rejoindre la colonie du Temple du Peuple installée en Guyana, au milieu de la jungle équatoriale d'Amérique latine, depuis le début des années 70. Son objectif, à l'époque, était d'y rééduquer des drogués et des jeunes délinquants par une vie en plein air et des programmes d'activités physiques. La secte possédait 11 000 ha de terrain.

Jim Jones ne part pas seul. Il convainc ses disciples de le suivre afin d'y bâtir la Cité idéale, à l'image, disait-il, de ce que fut la création du Liberia au XIXe siècle par des abolitionnistes pour accueillir les esclaves noirs libérés. Pour les convaincre, Jones prétend également que cette région du monde serait la seule sur la planète à être épargnée par la prochaine « apocalypse nucléaire ». 1 000 d'entre eux vont décider de suivre le Père en Guyana…

Les premières semaines dans la jungle sont éprouvantes. Hommes, femmes, enfants, vieillards, tout le monde est mis à contribution pour débroussailler, irriguer, et construire la ville idéale qui a bientôt un nom : Jonestown, la ville de Jones !

La mégalomanie du gourou est alors à son comble. Il se présente maintenant comme le descendant de Jésus et de Lénine ! Rapidement, les conditions de vie des adeptes deviennent très difficiles. En plus de la chaleur, de l'humidité permanente et des insectes féroces de la jungle, il leur faut subir des sermons délirants et sans fin, à longueur de nuit. Ils sont prisonniers de ce « paradis tropical » coupé du monde extérieur. Il leur est impossible de s'échapper. D'autant qu'ils n'ont plus leurs papiers d'identité, qui ont été confisqués dès leur arrivée sur place. Ils n'ont pas non plus d'argent, toutes les allocations ou pensions tombant directement dans la poche du Père dont la fortune ne cesse de grandir…

Pendant plusieurs mois, la communauté survit au fond de la jungle. Mais, aux États-Unis, plusieurs familles d'adeptes de Jim Jones s'inquiètent de ne plus avoir de nouvelles de leurs proches. Le Département d'État a bien demandé au consul américain en poste en Guyana de se rendre à Jonestown. Mais le rapport du diplomate n'a rien signalé d'anormal. Selon le consul, les fidèles semblent contents de leur sort et de leur vie en communauté en dépit de la rudesse du climat de la jungle. Malgré les conclusions rassurantes du consul, le sénateur Leo Ryan, membre du Congrès à Washington, bataille pour obtenir la création d'une commission d'enquête officielle. Il veut que cette commission se rende sur place, pour voir réellement ce qui se passe et pour donner des nouvelles aux familles. Le Congrès donne son feu vert et quelques semaines plus tard, Leo Ryan part pour la Guyana, accompagné de son assistante parlementaire, de quelques journalistes et de représentants des familles.

La délégation arrive à Jonestown le 17 novembre 1978. Elle est admise sans difficulté dans le camp où réside la communauté. Elle est même séduite au début. Les fidèles ont l'air en bonne santé et contents de leur sort. Ils travaillent et prient beaucoup, mais dans la joie et la sérénité. La ville idyllique, la cité idéale, existe bien ! Leo Ryan, comme les autres membres de la commission d'enquête, sont sous le charme. Certes, il ne leur a pas été possible de rencontrer individuellement des adeptes, la visite est très encadrée par les hommes de la garde rapprochée de Jones, mais après tout, se disent-ils, c'est le fonctionnement de leur communauté. La journée se termine d'ailleurs par un très bon et très copieux dîner suivi par une soirée musicale. Vraiment rien à redire ; le Temple du Peuple est une congrégation de gens peut-être un peu marginaux, mais cela n'a rien de condamnable. Et même « le Père », comme ils l'appellent, ce Jim Jones, semble certes un peu fantasque, un peu parano, mais il est loin du personnage dément dont certains parlent aux États-Unis.

Leo Ryan va donc se coucher, rassuré. Pourtant, dans la nuit, une délégation de quelques adeptes s'approche silencieusement de sa case. Ils ont l'air terrorisés. « On vous a menti, disent-ils au sénateur américain. Tout ce que vous avez vu aujourd'hui était une mise en scène. Aidez-nous à partir ! »

Le lendemain matin, la délégation s'apprête à regagner le petit aérodrome de brousse sur lequel se sont posés les deux avions de la commission. L'un transportait le sénateur et son entourage. L'autre était prévu pour ramener éventuellement aux États-Unis ceux qui en auraient manifesté le désir. Plusieurs adeptes de la secte abordent alors directement le sénateur : « On veut partir avec vous. » Une quinzaine d'entre eux se hissent sur une remorque de tracteur qui file vers l'aérodrome avec les bagages. Jones est furieux, hors de lui : « Ces lâches qui s'enfuient cherchent à me détruire en racontant partout des mensonges », hurle-t-il. Au même moment, un homme armé d'un couteau fonce sur Leo Ryan, mais il est stoppé juste à temps par des gardes du corps. Finalement, il est décidé que ceux qui souhaitent partir pourront le faire sous la protection de la délégation. Le convoi parvient à faible allure jusqu'aux avions. Personne n'a remarqué qu'un autre camion se dirige également vers l'aérodrome, avec, à son bord, des hommes de main de Jim Jones. À peine sont-ils arrivés près de la piste, qu'un coup de feu éclate à bord de l'un des avions. Un fanatique isolé s'était glissé dans l'appareil. Il vient de tirer à bout portant sur le sénateur Ryan qui s'écroule sur son siège. À l'extérieur, les gardes du gourou font feu nourri sur tout ce qui bouge… L'avion parvient à décoller en catastrophe sous les balles. L'assistante juridique de Leo Ryan, Jackie Speier, est blessée ainsi que Steve Stung, preneur de vues pour la chaîne NBC. Plusieurs autres membres de l'entourage du sénateur sont légèrement blessés, dont Charles Krause, du *Washington Post*.

Jim Jones vient de faire exécuter un membre du Congrès des États-Unis. Il sait qu'il n'échappera pas à la justice de son pays, et que les forces américaines débarqueront dans quelques heures pour venir l'arrêter.

Alors, le gourou réunit ses fidèles, comme à l'ordinaire, et sous prétexte d'éprouver leur foi, il les invite à boire la boisson empoisonnée qui leur est proposée. Jones a déjà procédé de la sorte à plusieurs reprises par le passé : « Si vous avez confiance en moi, disait-il, vous ne devez pas avoir peur de mourir. La mort est notre amie. » Il leur avait dit aussi que leur verre contenait du poison et tout le monde avait bu. Il n'y avait pas de poison à ce moment-là…

Le 18 novembre 1978, plusieurs centaines d'adeptes boivent, volontairement ou sous la menace, un mélange de cyanure, de somnifères et de jus d'orange. D'autres tentent de s'enfuir. Ils sont abattus par balles ou par flèches. Une petite centaine de membres de la communauté a réussi à s'échapper et à donner l'alerte… Le lendemain, les forces de police de la Guyana dénombraient 914 victimes, dont 276 enfants.

Le 21 novembre, l'Amérique découvre l'ampleur du drame à travers les images de télévision et les récits des journalistes qui se sont précipités sur place. L'opinion est indignée, bouleversée, frappée de stupeur. Le *Washington Post* titre « *Sadness and Revulsion* » (« Tristesse et dégoût »). Mais on sent bientôt une certaine gêne à évoquer cette tragédie dont l'auteur a longtemps été courtisé par un grand nombre de représentants de la classe politique. L'administration lui a confié des enfants, dont la plupart ont péri dans le massacre. Tout est fait pour ramener l'affaire aux proportions d'un fait divers, dramatique certes, mais isolé. Et qui n'a guère de chance de se reproduire… Ces efforts sont renforcés, voire orchestrés par les autres sectes américaines, qu'on appelle les « *cults* » et qui possèdent des lobbies puissants qui veulent éviter à tout prix l'amalgame. Et, de fait, le sujet quitte la une de la presse assez rapidement.

Dix ans plus tard, plusieurs membres du Congrès à Washington proposent de déclarer une « semaine de prise de conscience sur les sectes », à l'occasion du dixième anniversaire du massacre de Jonestown. Le « lobby » des sectes contre-attaque immédiatement et fait valoir que cette résolution pourrait déclencher des campagnes antireligieuses.

La « Résolution 390 » n'a pas réuni le nombre de signatures nécessaires…

ÉPILOGUE
DEUX AFFAIRES « PAS COMME LES AUTRES »

Je tenais à terminer cet ouvrage par deux histoires « inclassables ». L'une nous emmène au début du XXe siècle au cœur d'un procès qui aura comme conséquence de retarder de plus de soixante-dix ans l'abolition de la peine de mort. Le crime d'Albert Soleilland, dont la victime était une innocente petite fille, a tellement ému et révolté l'opinion publique que la Chambre des députés et le Sénat ont voté à la presque unanimité le maintien de la guillotine, alors qu'ils étaient majoritairement décidés à abolir la peine de mort quelques mois plus tôt…

L'autre, c'est l'histoire d'un petit garçon enlevé sur le chemin de l'école qui finira par rentrer chez lui tout seul après avoir été libéré par ses ravisseurs. Enfin un fait divers qui se termine bien !

SOLEILLAND : L'HOMME QUI EMPÊCHA L'ABOLITION DE LA PEINE DE MORT

Lorsque les historiens évoquent les dernières années de paix et d'insouciance avant la guerre de 14-18, ils emploient en général le terme de « Belle Époque ». Mais on oublie que ces années-là ont été les pires de la IIIe République en matière de criminalité et d'insécurité. On oublie aussi qu'à l'époque le gouvernement et les deux assemblées étaient favorables à l'abolition de la peine de mort. Et on peut dire que l'affaire criminelle que je vais vous raconter maintenant a fait basculer l'opinion et a rendu impossible l'abandon de la guillotine. Il faudra attendre soixante-quatorze ans, 1981, pour que la peine de mort soit enfin supprimée en France.

Paris, jeudi 31 janvier 1907, 22 heures. Ce soir-là, M. et Mme Erbelding pénètrent dans le commissariat du quartier de Saint-Ambroise, en compagnie d'un ami. Ils viennent signaler la disparition mystérieuse de leur fille Marthe, âgée de 11 ans. L'ami qui accompagne le couple d'Alsaciens s'appelle Albert Soleilland. Il est ouvrier. Il travaille dans un petit atelier de fabrication de sièges de voitures. Il habite au 133, rue de Charonne, avec sa femme et son fils de 4 ans. Sa femme travaille, elle, dans un atelier de couture. Le couple connaît les Erbelding depuis de nombreuses années. À l'époque, M. Erbelding avait fait embaucher Soleilland dans son entreprise. De voisins, ils étaient devenus amis. Soleilland avait vu naître la petite Marthe, onze ans plus tôt…

Albert Soleilland raconte aux policiers qui prennent sa déposition, que ce jeudi il était allé chercher la petite Marthe en fin de matinée au domicile de ses parents, 76, rue Saint-Maur, pour l'emmener ensuite chez lui, rue de Charonne, retrouver son épouse, Julienne, qui devait passer l'après-midi avec la petite et l'accompagner à un spectacle de café-concert au « Ba-ta-clan », pour lequel elle disposait d'un billet de faveur pour deux personnes. Mais, explique Soleilland, sa femme n'avait pas pu prendre son après-midi. Son patron avait exigé qu'elle retourne à l'atelier de couture pour finir un travail urgent pour le compte d'une cliente. Soleilland avait donc décidé d'emmener lui-même l'enfant au spectacle comme prévu. Ils étaient, dit-il, arrivés sur place vers 14 h 30. Le spectacle avait déjà commencé et ils avaient été placés au balcon. Mais, après une quarantaine de minutes de représentation, la petite avait été prise d'une envie pressante et avait demandé l'autorisation d'aller aux toilettes. Elle s'y était rendue seule. Et elle n'était pas revenue. Albert Soleilland dit être descendu au sous-sol pour y chercher l'enfant. Sans succès. Il avait attendu l'entracte pour faire le tour des lieux et interroger d'éventuels témoins qui auraient vu la petite fille. Peine perdue, celle-ci semblait s'être littéralement évaporée. Soleilland était alors rentré chez lui, au cas où Marthe y serait retournée seule. Constatant son absence, il s'était résolu à retourner chez les parents Erbelding pour leur faire part de la situation. Pendant la fin d'après-midi et le début de la soirée, ils avaient entrepris des recherches dans tout le quartier avec M. et Mme Erbeling, et quelques voisins et amis. Ils s'étaient même rendus au domicile de plusieurs camarades d'école de la petite fille. Les recherches étaient restées vaines. D'où leur décision de se rendre enfin au commissariat vers 22 heures pour déclarer officiellement la disparition de la fillette…

Dès le vendredi matin, l'enquête de police commence. La Sûreté parisienne a été alertée. Les policiers diffusent à tous les services de police mais aussi aux conducteurs d'autobus et de tramway ainsi qu'aux agents des principales gares parisiennes, la description de l'enfant : la jeune Marthe Erbelding, de taille ordinaire, a les cheveux châtains, les yeux marron, dit la fiche de recherche. Elle était vêtue d'une robe en drap à carreaux verts et noirs, d'un corsage garni d'un plastron en soie noire avec deux boutons dorés, d'un collet en drap bleu marine. Elle était coiffée d'un chapeau en feutre bleu garni d'un chou en ruban rouge, et chaussée de bottines à lacets, dont une décousue à l'arrière de la tige.

Dès leurs premières investigations, les policiers dirigés par le sous-brigadier Fouillard sont intrigués par des invraisemblances et des à-peu-près dans le récit d'Albert Soleilland. Ils l'emmènent au « Ba-ta-clan » pour rencontrer le directeur, le personnel de surveillance et les garçons de café qui servent les clients à leurs places. Personne ne le reconnaît, personne n'a le souvenir d'avoir vu la veille cet homme accompagné d'une enfant qui seraient arrivés en cours de représentation. La préposée aux toilettes ne se souvient pas non plus d'avoir vu la petite Marthe, dont on lui présente une photo. Soleilland se trompe aussi en reconnaissant un employé qui n'était pas de service le 31 janvier. Il dit avoir reçu deux tickets rouges en échange de son billet de faveur. Les tickets distribués pour les fauteuils de balcon sont verts, selon le directeur de la salle… Les policiers sont intrigués mais sans plus, car Soleilland a l'air sincèrement bouleversé par la disparition de la petite fille. On peut mettre ses incohérences ou ses trous de mémoire sur le compte de l'émotion. De plus, les parents Erbelding répondent de lui comme d'eux-mêmes, les voisins et les amis décrivent Soleilland comme un ouvrier et un père de famille respectable. L'homme semble insoupçonnable…

Entre-temps, comme chaque fois qu'un fait divers frappe l'opinion – et celui-ci a fait la une des principaux journaux parisiens qui signalent la mystérieuse disparition de la petite fille au « Ba-ta-clan » –, une avalanche de lettres anonymes ou signées de citoyens qui mènent l'enquête comme les journalistes, parvient au chef de la Sûreté et au commissariat du quartier. Les policiers sont chargés de vérifier toutes les pistes, même les plus fantaisistes. Ils s'intéressent d'abord à la piste de l'homme au capuchon, signalé par les parents Erbelding eux-mêmes et par la concierge de l'immeuble du 76, rue Saint-Maur. Selon eux, un homme d'un certain âge (45 à 50 ans), vêtu d'un complet sombre, couvert d'un capuchon, coiffé d'une casquette et chaussé de souliers jaunes, aurait été vu à plusieurs reprises ces derniers jours accoster des petites filles aux environs d'un passage situé au 90, rue Saint-Maur. Il paraissait, disent-ils, chercher à les entraîner, tout en se livrant devant elles à des actes obscènes. La jeune Marthe et quelques autres enfants auraient été à plusieurs reprises en butte aux assiduités de cet individu… Les policiers organisent aussitôt une surveillance discrète des lieux entre 17 heures et 19 heures. Sans succès. Ils interrogent les riverains, qui n'ont pas remarqué de manège suspect. Les enquêteurs rencontrent tous les petits camarades de Marthe, ainsi que la directrice de l'école communale. Il ressort des témoignages que Marthe n'aurait pas suivi de bonne volonté une personne inconnue. De plus, en fonction de l'heure de la disparition, les policiers excluent l'hypothèse d'un enlèvement par une personne qui n'aurait pas été connue de l'enfant.

D'autres rumeurs fantaisistes sont largement reprises par la presse ; la police les écarte facilement car il ne s'agit que de fantasmes, comme par exemple cette rumeur selon laquelle des « Apaches » enlèveraient des enfants pour les revendre à des réseaux de prostitution. Les policiers inspectent les caves, les égouts, et même les lacs du bois de Vincennes car certains témoignages dénonçaient des inconnus qui auraient été vus se débarrasser d'un corps dans l'un d'eux. Mais c'était impossible, car, en ce mois de janvier particulièrement froid, ils étaient gelés depuis une bonne semaine. Les auditions de concierges, de commerçants et de conducteurs de tramway ne donnent rien non plus. Tout ramène en fait les soupçons de la police sur Albert Soleilland qui devient le suspect n° 1. Le sous-chef de la police convoque Soleilland à son cabinet, le dimanche 3 février, pour un nouvel interrogatoire.

Les policiers commencent à avoir un tout autre portrait du brave ouvrier insoupçonnable du début de l'affaire. Ils ont interrogé tous les anciens patrons de Soleilland, rencontré les propriétaires des appartements qu'il a habités avec son épouse et entendu les membres de sa belle-famille. Ils ont découvert que quelques mois avant les faits, Soleilland a tenté de violer sa belle-sœur en l'absence de son épouse qui avait par la suite quitté le domicile familial avec son enfant. Une vieille affaire d'abus de confiance est prise comme prétexte par les policiers qui décident de l'écrouer au Dépôt en vertu d'un mandat d'arrêt de 1902 qui n'avait pas été exécuté. Soleilland avait été condamné par défaut à huit mois de prison. Peine qui n'avait pas été effectuée. Pendant cette incarcération, les policiers poursuivent leur enquête auprès des proches et des voisins de Soleilland pour tenter de reconstituer ce qui a pu se passer le 31 janvier à l'heure où il dit être arrivé chez lui avec l'enfant et avoir constaté l'absence de sa femme. Selon lui, il serait arrivé sur place vers 13 h 30-13 h 35, et serait reparti quasiment aussitôt pour le « Ba-ta-clan » où il serait arrivé avec Marthe vers 14 h 10-14 h 20. Cette affirmation va être balayée par le témoignage d'une habitante du 122, rue de Charonne dont les fenêtres donnent sur celles de l'appartement de Soleilland, situé au 133 de la même rue. Voici le témoignage capital qui a été le tournant de l'affaire, dans les termes rapportés par le sous-brigadier Fouillard :

« Le 8 février, écrit le sous-brigadier, j'ai été chargé de faire préciser à madame Levasseur, Marie, femme Lepsch, née à Dammartin le 15 octobre 1878, mécanicienne, demeurant au 122, rue de Charonne, si c'était bien le 31 janvier qu'elle avait vu le nommé Soleilland à la fenêtre de son logement en compagnie de la jeune Marthe Erbelding. Madame Lepsch occupe à l'adresse précitée, un logement situé au deuxième étage, couloir de droite, première porte à gauche, composé d'une salle à manger et d'une chambre à coucher. La fenêtre de la salle à manger donne en face du n° 131 de la rue de Charonne ; on voit parfaitement, en biais, la fenêtre du logement de Soleilland. Madame Lepsch a déclaré : “C'est bien le 31 janvier dernier que je suis allé livrer mon travail à l'atelier de la Société des agrafes françaises, passage du Bureau… Je suis partie de chez moi vers une heure et demie de l'après-midi avec mes deux enfants et j'y suis revenue à deux heures et demie. En rentrant, j'ai ouvert la fenêtre de ma salle à manger pour regarder l'heure à la pendule de monsieur Leduc, horloger-bijoutier établi au 119, rue de Charonne, presque à l'angle du boulevard Voltaire. C'est en ouvrant la fenêtre que mes yeux étant portés à droite, j'ai remarqué, à la fenêtre de l'homme que j'ai su depuis se nommer Soleilland, la présence d'une fillette que j'avais déjà vue chez lui. J'ai regardé l'heure ; il était exactement 2 heures et demie à la pendule. En refermant la fenêtre, j'ai encore regardé du même côté et c'est alors que j'ai vu Soleilland à sa fenêtre à côté de la fillette. Soleilland a fait rentrer la petite fille, puis il a refermé la fenêtre…” »

Mme Lepsch confirme ensuite au policier qu'elle connaît le petit garçon de Soleilland, âgé de 4 ans et qu'elle n'a pas pu confondre l'enfant avec la fillette bien plus grande et plus âgée que lui…

Ce même vendredi 8 février, l'après-midi, Albert Soleilland est extrait de la prison de la Santé et conduit à la souricière du palais de justice, puis au cabinet du sous-chef de la Sûreté où il est confronté à Mme Lepsch qui maintient l'heure à laquelle elle l'a vu à la fenêtre. Le suspect est ensuite mis en présence de Jean Thomas, 28 ans, contrôleur au « Ba-ta-clan », chargé, en matinée, des fauteuils du balcon partie droite, où Soleilland affirmait avoir occupé deux places avec la petite Marthe. Il affirme n'avoir vu ni l'homme ni la fillette. Celui-ci maintient pourtant sa version. Deux autres employés du café-concert viennent également affirmer qu'ils ne l'ont pas vu l'après-midi du 31 janvier. On demande ensuite à Soleilland s'il peut dire quels artistes il a vus et entendus. Il répond : « Je me souviens de Mme Gaudet qui m'a frappé par ses chansons grivoises et par ses petites manières… » L'un des employés présents répond : « Mme Gaudet est bien annoncée sur les affiches, mais elle n'a pas chanté le jeudi 31 janvier en matinée. Je suis formel. » La preuve était faite que Soleilland n'avait pas assisté au spectacle… Alors que tous les regards sont braqués sur lui, il s'écroule soudain sur son siège : « Eh bien oui, c'est moi ! dit-il en pleurs. Je vais maintenant vous dire la vérité. J'ai commis un acte de folie. Lorsque j'ai constaté que ma femme n'était pas là, j'ai voulu quand même aller au concert. “Je ne veux pas y aller sans Julienne !” a dit la petite Marthe. Nous sommes restés. Je l'ai taquinée, j'ai joué avec elle puis j'ai voulu la caresser pour la faire rester car elle voulait retourner toute seule chez ses parents. En voulant la retenir, j'ai senti le corps de cette fillette dans mes bras, je l'ai pressée. Elle a crié. Pour empêcher ses cris, je l'ai serrée à la gorge. Elle est tombée inanimée, morte. J'ai alors pris une toile d'emballage que j'avais chez moi. J'ai replié le corps légèrement. Je lui ai couvert la tête de son manteau. J'ai mis deux enveloppes de toile d'emballage. J'ai porté le tout à la gare de l'Est et l'ai mis en consigne. Puis je suis retourné chez moi, puis chez les parents de la petite. » Et il ajoute avec véhémence : « Je n'ai pas violé l'enfant. Je vous le jure. J'étais fou ! Je demande pardon de ce que j'ai fait ! »

Quelques minutes après ces aveux, des enquêteurs foncent aux consignes banlieue de la gare de l'Est. Ils y trouvent le corps de la petite Marthe. Le lendemain, la presse du samedi titre sur cinq colonnes à la une : « Le monstre Soleilland a avoué ». Le lendemain dimanche, l'autopsie de la petite fille révélera que contrairement aux affirmations de Soleilland, l'enfant a été violée. Elle porte des marques de strangulation mais elle est morte d'un coup de poignard en plein cœur. Tentative de strangulation, couteau… La belle-sœur de Soleilland, violée par lui quelques mois plus tôt, témoignera qu'il avait tenté de l'étrangler quand elle s'était refusée à lui et qu'il l'avait violée sous la menace d'un poignard…

Jeudi 14 février 1907. Deux semaines après la tragédie, les obsèques de la petite Marthe ont lieu à l'église Saint-Ambroise à Paris. Selon les journaux, une foule de 50 000 à 100 000 personnes est présente. Plusieurs dizaines de milliers de Parisiens vont accompagner le petit cercueil jusqu'au cimetière de Pantin. Plusieurs chars couverts de fleurs, de bouquets et de couronnes témoignent de la profondeur de l'émotion populaire.

Le procès de Soleilland aura lieu du 22 au 24 juillet au palais de justice de Paris devant l'assistance des grands jours. Le « monstre » décrit dans les journaux se révèle un être quelconque, banal, un peu fade avec sa petite moustache frisée au fer selon la mode de l'époque. Soleilland sera condamné à mort. Sa femme applaudit à la sentence et demande un couteau pour le tuer de ses mains. La presse titre : « Le monstre sera-t-il gracié ? » L'affaire Soleilland va devenir, pour de longues années, le symbole de ceux qui ne veulent pas de l'abolition de la peine de mort que le Parlement était sur le point de décider lorsque l'affaire a éclaté…

Albert Soleilland a été gracié par le président Fallières. Sa peine a été commuée en travaux forcés à perpétuité.

L'AFFAIRE QUI SE TERMINE BIEN : L'ENLÈVEMENT DU PETIT CHRISTOPHE

Le drame et le sang ne sont pas toujours au rendez-vous du fait divers. Il arrive que des affaires criminelles se terminent bien ! C'est ce qui s'est passé à Lyon en décembre 1975, lors d'un des enlèvements les plus médiatiques et les plus coûteux de l'époque : 20 millions de francs ! C'était la rançon demandée par les ravisseurs d'un enfant de moins de 10 ans.

Nous sommes à Lyon, le mardi 9 décembre 1975. Il est 8 h 15. Ce matin-là, le petit Christophe Mérieux, 9 ans, est déposé à cinq cents mètres de l'école privée de la Rédemption, dans le 6e arrondissement de Lyon, par le chauffeur de son père, Alain, président du célèbre institut pharmaceutique BioMérieux. Le petit garçon a obtenu, depuis moins d'une semaine seulement, l'autorisation d'effectuer seul, à pied, la seconde moitié du trajet qui sépare le domicile de ses parents de son école. Il en avait assez des railleries de ses petits camarades qui le voyaient chaque jour chaperonné par le chauffeur majordome de sa puissante et riche famille… Christophe marche le long du trottoir, son cartable sur le dos. Il aperçoit déjà l'entrée de son école, lorsqu'une camionnette bâchée qui rase le trottoir derrière lui, s'immobilise un instant à sa hauteur. Trois hommes masqués surgissent et le propulsent dans la cabine. La scène se déroule en quelques secondes. La voiture disparaît en un instant dans la circulation...

À 9 heures, soit trois quarts d'heure plus tard, le téléphone sonne une première fois au dernier étage d'un immeuble cossu et résidentiel du 6e arrondissement. C'est Chantal, la mère de Christophe, qui décroche. Au bout du fil, une voix anonyme lui annonce que son fils vient d'être enlevé. Il lui sera rendu vivant si la famille réunit très vite une rançon de dix millions de francs. Une fortune ! Après avoir raccroché, Chantal appelle immédiatement l'école et constate que son petit garçon ne s'y trouve pas. Elle prévient tout de suite son mari Alain Mérieux, en voyage à Paris. Dès qu'il apprend la nouvelle, celui-ci file à Orly et rentre à Lyon rejoindre sa femme.

À 13 h 30, le couple richissime reçoit un second coup de téléphone. C'est toujours la voix anonyme du ravisseur qui cette fois-ci réclame 20 millions de francs, soit près de trois millions d'euros. Vers 19 heures, le kidnappeur appelle la famille du petit garçon une nouvelle fois pour lui détailler la procédure à suivre. Le mystérieux correspondant précise que la somme devrait être versée en coupures de 100 francs français, mais aussi en florins hollandais, en marks allemands et en francs suisses. Avant de raccrocher, il menace de tuer l'enfant si la famille prévient la police.

Les ravisseurs savent que les parents de l'enfant peuvent payer cette rançon. Les vaccins de l'institut Mérieux sont utilisés dans le monde entier. L'année précédente, 100 millions de personnes ont été vaccinées contre la méningite au Brésil. Pas étonnant donc que la famille attire les convoitises, d'autant qu'Alain Mérieux, qui codirige l'institut avec son père Charles, a épousé Chantal Berliet, la petite-fille du fondateur des camions Berliet. Ils sont une cible idéale pour le milieu lyonnais qui renouvelle ses méthodes et s'oriente désormais vers le kidnapping !

Alain Mérieux est bien conscient des risques en alertant la police. L'homme d'affaires a des relations un peu partout dans tous les milieux. Il prévient donc d'abord un de ses amis, le commissaire Claude Bardon, du SRPJ de Versailles. Le policier avertit immédiatement le ministre de l'Intérieur de l'époque Michel Poniatowski. Le Premier ministre Jacques Chirac, qui est aussi un ami très proche d'Alain Mérieux, est également alerté. Le ministre impose une très grande discrétion. Il ne faut pas opérer au grand jour, dit-il. Il faut laisser croire aux ravisseurs que la famille traite directement avec eux. Claude Bardon décide de mettre sur écoutes les téléphones de toute la famille Mérieux. Dans l'ombre, de nombreux policiers surveilleront le paiement de la rançon, et, dès qu'ils en auront la possibilité, ils sortiront de l'ombre pour agir…

Nous sommes maintenant au lendemain du rapt. Dans la soirée du mercredi 10 décembre, vers 17 heures, le téléphone sonne à nouveau chez les Mérieux. Les ravisseurs veulent s'assurer que la rançon a bien été réunie. Vers 20 h 30, un autre appel téléphonique retentit dans la maison des Mérieux. Cette fois-ci les ravisseurs discutent de l'échange avec le père de l'enfant. Selon leurs instructions, Alain Mérieux doit livrer la rançon, seul à bord de sa BMW en suivant un itinéraire très compliqué… Il doit d'abord se rendre à l'adresse d'un bar, le « Martini », situé avenue Foch, dans le quartier des Brotteaux. La BMW est suivie d'une Mercedes occupée par les deux grands-pères du petit garçon, Paul Berliet et Charles Mérieux. Mais dès qu'Alain arrive sur les lieux du premier rendez-vous, une voiture se met en travers de la route et bloque ainsi la Mercedes. Alain Mérieux se retrouve seul avec de nouvelles instructions qui se compliquent encore. Il doit se rendre maintenant avenue de la Grande-Bretagne puis à l'hôtel Président. Au fil des heures, Alain Mérieux devient de plus en plus incapable de se repérer. Il est maintenant environ 1 heure du matin, le parcours et les instructions sont si compliqués qu'il se perd ! Le contact avec les kidnappeurs n'aura pas lieu ce soir-là. Les policiers pensent que les ravisseurs ont surtout voulu vérifier que le père de l'enfant suivait bien leurs instructions et qu'aucun dispositif policier n'était en place…

Le lendemain, jeudi 11 décembre, en début d'après-midi, les kidnappeurs rappellent les parents du petit garçon. Cette fois, le ton monte dès les premiers mots échangés. Le mystérieux correspondant reproche à Alain de ne pas avoir suivi sérieusement les consignes données la veille. Les kidnappeurs sont de plus en plus nerveux. Ils deviennent menaçants. Au cours d'un autre appel, vers 17 h 30, le kidnappeur menace la vie du petit garçon si Alain ne respecte pas à la lettre les nouvelles consignes. Comme la veille, le père de Christophe se rend alors dans les différents points de rendez-vous en suivant scrupuleusement les indications qui lui ont été fournies par téléphone, avec la rançon répartie dans sept sacs postaux sur le siège arrière de sa BMW. Après un arrêt devant un bar de l'avenue Jean-Jaurès, « L'Estaminet », il doit se rendre rue Gerland, à proximité du « Café du commerce ». C'est là qu'il a reçu l'ordre de faire le plein d'essence pour la suite du trajet. Le jeu de piste tragique reprend de plus belle. Les ravisseurs l'ont envoyé à Saint-André-de-Corcy, une localité située à une trentaine de kilomètres de Lyon. Après un long périple, Alain Mérieux trouve enfin une enveloppe déposée à la sortie du village, sur une borne d'incendie, à proximité d'un château d'eau. Là, dernière indication écrite : il doit emprunter une petite route de campagne qui mène à une ferme abandonnée. À peine a-t-il pris la bonne direction que surgit derrière lui une Peugeot 504 blanche qui le dépasse en trombe. Alain Mérieux voit un homme à la tête cagoulée se pencher par la vitre avant droite de la 504. Il brandit un revolver et lui fait signe de s'arrêter sur le bas-côté. Sitôt immobilisé, l'homme monte à bord de sa voiture et l'oblige, sous la menace de son arme, à se garer dans la cour de la ferme. Les autres complices se ruent sur les places arrière de sa voiture pour s'emparer des sacs contenant la rançon. Alain Mérieux est alors menotté au volant du véhicule dont les clés de contact sont enlevées. Dans leur précipitation, les ravisseurs oublient d'emporter un des sept sacs postaux, soit 20 % de la rançon ! C'est une fermière voisine, et méfiante, intriguée par le va-et-vient des voitures à cette heure tardive dans un lieu habituellement désert, qui découvre Alain Mérieux un peu plus tard, et prévient les gendarmes qui viendront délivrer le père du petit garçon.

Le lendemain, vendredi 12 décembre, vers midi, le téléphone sonne à nouveau au domicile des Mérieux. Les ravisseurs sont furieux, ils se plaignent car il manque un sac. Très vite ils se rendent comptent qu'ils sont les seuls responsables de cet oubli. Ils promettent alors de rendre l'enfant à la famille et raccrochent.

Il est 20 h 30, lorsque le téléphone sonne à nouveau. Après cette nouvelle attente éprouvante, c'est bien un des ravisseurs qui appelle la famille : l'enfant, dit-il, vient d'être libéré. Il est abandonné et enfermé dans une poubelle, à proximité d'un garage Volvo, avenue Jean-Jaurès, dans le 7e arrondissement de Lyon. La famille et les policiers se précipitent pour rejoindre l'endroit indiqué. Ils trouvent la poubelle renversée, son contenu répandu au sol… mais pas d'enfant ! Au même moment, la sonnerie de l'interphone retentit au domicile des Mérieux. « Qui est là ? » dit une voix de femme. Dans l'appartement, il y a une cuisinière, une des tantes de Christophe et son grand-père. Après un bref silence, une voix d'enfant se fait entendre dans l'interphone : « C'est moi ! » dit Christophe.

Le petit garçon raconte à sa famille et aux enquêteurs que les ravisseurs l'ont ligoté et bâillonné avant de l'enfermer effectivement dans une poubelle. Avant de refermer le couvercle ils lui ont demandé de compter jusqu'à 200. Christophe raconte qu'il a compté jusqu'à 200. Puis qu'il a réussi à renverser la poubelle et à en sortir. Ensuite, comme il l'avait vu faire dans des films, il avait frotté ses liens contre le bord du trottoir pour se libérer, puis il avait fait signe à une voiture qui passait et s'était fait déposer devant sa maison. Tout est bien qui finit bien. La presse peut enfin révéler l'affaire à toute la France. Les journalistes avaient en effet respecté un embargo total sur le rapt, à la demande de la famille et de la police, pour ne pas mettre la vie de l'enfant en danger.

Le jour de sa libération, le petit Christophe raconte lui-même son aventure aux journalistes venus l'interviewer : « Au début quand ils m'ont pris, j'ai eu peur, dit-il. Mais ils ne m'ont pas fait de mal, et quand ils m'ont laissé dans une rue déserte, là, c'était à côté d'une gare, j'entendais les trains... alors j'ai bougé pour faire tomber la poubelle et j'ai pu sortir tout seul... »

Le petit garçon est sain et sauf, la famille est soulagée de cette issue heureuse. Mais l'enquête continue maintenant avec un seul objectif pour les policiers : retrouver les ravisseurs qui viennent de s'emparer d'une des plus importantes rançons de l'histoire du crime...

Le 14 décembre 1975, soit deux jours après la libération du jeune Christophe, la police retrouve une Alfa Roméo dont se sont servis les gangsters, sur le parking du cimetière de Fontaines-sur-Saône. À l'intérieur, trois cagoules mais aucune empreinte. Les enquêteurs remarquent juste que deux des cagoules ont été découpées dans un collant de femme et que la troisième est un bonnet de laine qui a été percé de deux trous.

Dans le même temps, les policiers de la PJ exploitent les cassettes sur lesquelles ont été enregistrées les voix des ravisseurs lors des échanges téléphoniques avec la famille Mérieux. Toute la brigade écoute, réécoute, cherche dans ses souvenirs, échafaude des hypothèses... L'enquête va faire un bond spectaculaire grâce à un inspecteur, Marcel Aillot, qui reconnaît l'une de ces voix. Quelques mois avant le rapt, en effet, l'inspecteur s'était rendu dans le Pas-de-Calais, à Aire-sur-la-Lys, pour interroger un certain

Louis Guillaud, connu dans le milieu de la pègre lyonnaise sous le pseudonyme de « Louis la Carpe ». Pour lui, aucun doute possible, l'un des kidnappeurs est bien « la Carpe » !

Louis Guillaud, âgé de 46 ans, a appartenu au milieu de la pègre lyonnaise. Il a déjà purgé treize ans de prison. Après sa libération, il était devenu tenancier d'un établissement de nuit, « Le Valberg ». Selon les rumeurs, on disait, dans le milieu lyonnais, que « la Carpe » s'était retiré des affaires, qu'il s'était racheté une conduite... L'inspecteur Marcel Aillot enquêtait sur le meurtre d'un très proche ami de « la Carpe », René Vial, retrouvé mort le 7 juillet 1974. L'inspecteur avait donc eu l'occasion de l'interroger. Il connaissait son accent et sa voix enrouée, bien particulière. Et c'est grâce à ce souvenir que l'inspecteur fait le rapprochement. Les policiers ne tardent pas à s'apercevoir que « la Carpe » entretient des liens avec un certain Mario, dit « le Portugais ». Or, un détective privé, employé par la famille Mérieux, avait rencontré un informateur qui avait dénoncé ce Mario comme l'un des participants au rapt de Christophe Mérieux. Dès lors, le piège se resserre autour de Guillaud. Les policiers le localisent, le mettent en filature et constatent que, loin d'être rangé des voitures, il se rend régulièrement à Puteaux, dans les Hauts-de-Seine, où il a loué un studio sous un nom d'emprunt. Par ailleurs, l'ancien truand lyonnais se rend également souvent dans le Vaucluse, pour rendre visite à son beau-frère Albert Novel. Les filatures et les écoutes mettent également au jour des visites fréquentes de « la Carpe » chez sa femme Gilberte qui vient d'ouvrir un bar à Paris.

Le 25 février 1976, soit un peu plus de deux mois après la libération de Christophe Mérieux, « la Carpe » est arrêté dans le quartier de l'Opéra à Paris. Les policiers l'interpellent alors qu'il transporte sur lui, dans une lourde valise, des lingots d'or qu'il vient d'acheter à un agent de change place de la Bourse. Valeur : 1 200 000 francs. L'enquête prouve que ces lingots ont été payés avec des billets provenant de la rançon versée par la famille Mérieux.

Dans un premier temps, « la Carpe » est fidèle à son surnom. Il nie toute participation à l'enlèvement et à la séquestration du jeune Christophe Mérieux. Il prétend avoir agi en simple commissionnaire de malfrats dont il refuse de donner les noms. Les policiers organisent une confrontation avec Alain Mérieux, le père du jeune garçon enlevé. Celui-ci est formel :! C'est bien la voix du mystérieux ravisseur et c'est bien lui qui est monté dans la voiture au moment de l'échange de la rançon. Après cette déclaration accablante, « la Carpe » se met à table mais toujours sans dénoncer ses complices... Il reconnaît ce qui est incontestable : le coup de fil qu'il a passé chez les Mérieux ainsi que l'enlèvement et la séquestration du petit Christophe.

À partir de là, l'enquête avance à pas de géant. Le 26 février, la police arrête Gilberte, l'épouse de Louis Guillaud, qui vient d'entamer une procédure de divorce. Lors de la perquisition à leur domicile, la police découvre encore 100 000 francs provenant de la rançon. Gilberte est inculpée de recel. Au fur et à mesure de l'enquête, les policiers découvrent que le rapt était une véritable affaire de famille... Le 27 février ils arrêtent le beau-frère de « la Carpe », Albert Novel. Avec son épouse Denise, Albert tient un débit de boissons. Mais l'affaire ne se porte pas bien, les Novel sont criblés de dettes. Malgré cette situation critique, une grosse somme d'argent a été récemment versée chez un notaire de la région pour éponger leurs dettes. Les deux prévenus diront ne pas connaître l'origine de l'argent. Ils seront inculpés de recel.

Malgré l'avancée de l'enquête, « la Carpe », fidèle à sa légende, n'en dira pas plus. Il se contente de reconnaître que le commando de l'enlèvement et de la séquestration du petit Christophe se compose de cinq personnes au total. Il jure que les membres de sa famille ignorent tout de la provenance des sommes qu'il leur a généreusement allouées par la suite. En fait, il ne parle que pour innocenter ses proches. Il ne donnera aucune indication sur le véritable commanditaire de l'enlèvement.

Malgré le silence observé par le principal suspect, les enquêteurs pensent que le commando de l'enlèvement était composé de quatre personnes, dont le fameux Mario « le Portugais » et « la Carpe ». Un troisième homme apparaît dans l'enquête, un certain Jean-Pierre Marin, un truand du milieu lyonnais. Le 27 février, les journaux publient, à la demande de la police, un appel à témoin accompagné de la photo de Louis Guillaud. Le 2 mars, un correspondant anonyme, une femme vraisemblablement, raconte qu'elle a aperçu cet homme très souvent avec une femme et trois autres hommes dans un appartement situé au rez-de-chaussée d'un immeuble au 9, rue de la Commune-de-Paris à Oullins, en banlieue sud de Lyon. Les policiers découvrent que le locataire du lieu n'est autre que Jean-Pierre Marin qu'ils soupçonnaient fortement. D'autant plus que celui-ci connaissait bien René Vial, un très bon ami de « la Carpe » retrouvé mort en 1974.

Cette lettre anonyme qui confirme les soupçons des policiers, apporte également un élément de réponse à l'autre question non résolue par les enquêteurs : où a été séquestré le jeune Christophe pendant le rapt ? Lors de la perquisition de l'appartement loué sous un pseudonyme par Jean-Pierre Marin, les enquêteurs découvrent les empreintes de Christophe Mérieux et celles du truand lyonnais. Du coup, les policiers filent Jean-Claude Marin jusqu'à Champagne-au-Mont-d'Or, où il est abattu au cours de son interpellation alors qu'il tentait de prendre la fuite. Guillaud étant muet et Marin décédé, la police ne retrouvera jamais leurs complices. Moins de la moitié de la rançon sera retrouvée.

Le procès de l'enlèvement et de la séquestration de Christophe Mérieux s'ouvre le 14 décembre 1981 devant la cour d'assises de Lyon. L'aventure du petit garçon a duré quatre jours et trois nuits. Il n'a pas été maltraité. Sa mère raconte à la barre que depuis le rapt Christophe souffre de troubles du sommeil. Elle témoigne avec beaucoup d'émotion et de pudeur que son fils a encore de grandes difficultés à s'endormir dans une pièce quand la porte est fermée. Comme à son habitude, « la Carpe » parle seulement pour défendre les membres de sa famille. Quand il s'agit de dénoncer ses complices du milieu, il se tait. À la plus grande surprise de la partie civile, « la Carpe » est dépeint par trois commissaires de police comme étant plutôt bon enfant. C'était selon eux un « vieux de la vieille », un voyou à l'ancienne qui respectait la veuve et l'orphelin. Il n'a pas le profil type, disent-ils, d'un kidnappeur d'enfant.

Pourtant, « la Carpe » est condamné à vingt ans de prison le mardi 15 décembre 1981. Sa femme écope de deux ans dont 16 mois avec sursis. Son beau-frère et son épouse sont acquittés au bénéfice du doute. « La Carpe » sera remis en liberté au bout de quatorze ans de prison. Une question demeure encore aujourd'hui : qui a été le cerveau de l'opération ? On ne le saura probablement jamais. Mais Christophe Mérieux, lui, a échappé au pire. Il décédera d'une crise cardiaque, en janvier 2006, à l'âge de 39 ans. Il ne s'était pas marié et n'avait jamais voulu d'enfant...

REMERCIEMENTS

Parmi toutes celles et tous ceux qui m'ont aidé dans la préparation de ce livre, je tiens à remercier particulièrement la petite équipe talentueuse de « Café Crimes », Perrine Suquet, Guillaume Vasseau et Virginie Maillard, qui m'ont épaulé dans la recherche des affaires qui font chaque jour la une de notre émission d'Europe 1.

Sylvaine Denis, Laëtitia Casanova, Marion Losset-Choulet et Sabrina Mokhtari-Jeanson, les documentalistes, ont su trouver les articles de presse et les archives sonores qui m'ont permis de reconstituer près de deux cents dossiers criminels en moins de deux ans. Je dois également beaucoup au service Police-Justice d'Europe 1, dirigé par Alain Acco. Les journalistes Fabienne Le Moal, Marie Peyraube, Pierre Rancé, Guillaume Biet et Pierre de Cosette m'ont permis, grâce à leur connaissance des dossiers et leurs importants contacts dans le monde policier et judiciaire, d'enrichir la palette de mes invités avec des interlocuteurs de premier plan.

Les magistrats, les avocats, les policiers et les gendarmes, les journalistes, qui ont accepté de raconter leurs expériences et d'ouvrir pour les auditeurs les coulisses de leur métier, me pardonneront de ne pas pouvoir les citer individuellement. Qu'ils sachent cependant que leur présence dans « Café Crimes » a beaucoup contribué à la notoriété et au sérieux de l'émission.

Par ailleurs, je salue le professionnalisme de Philippe Balland, directeur de la programmation et des événements d'Europe 1, qui a su me convaincre amicalement de l'importance du récit qui ouvre quotidiennement notre émission, et d'Éric Angioletti, directeur des programmes, dont les analyses, toujours justes, nous ont permis de conquérir un niveau d'audience en constante progression.

Quant à Alexandre Bompard, le président d'Europe 1, il m'a accordé un cadeau précieux entre tous, en particulier dans nos métiers, sa confiance. Qu'il en soit aussi chaleureusement remercié.

Un grand merci à Stéphane Munka pour sa relecture attentive du manuscrit de ce livre, et pour ses éclairages sur l'affaire Giraud.

Quant à l'éditeur de ce livre, Stéphane Watelet, je lui dois une mention spéciale pour sa patience exemplaire et pour son amitié indéfectible, qui m'ont permis de traverser des périodes de doute que j'ai pu surmonter grâce à lui.

DU MÊME AUTEUR

Coté crimes, Éditions Télémaque, 2009.

Saint Exupéry, l'ultime secret, avec Luc Vanrell, Préface d'Alain Decaux de l'Académie Française, Éditions du Rocher, 2008.

Mes chemins secrets – Y a-t-il des arbres à pain aux îles Sandwich ?, Éditions du Rocher, 2006.

Disparues de l'Yonne – La 8e victime, avec Stéphane Munka, Éditions Michel Lafon, 2005.

L'intégrale du Mythe de Sisyphe d'Albert Camus, lu par Jacques Pradel, (triple CD audio), Éditions Frémeaux et associés, 2000/2001.

Y a pas de justice, enquête sur le fonctionnement de la Justice avec Patrick Meney, Éditions Ramsay, 1997.

Perdu de vue II – Les grandes énigmes, avec Jean-Marie Perthuis, Éditions Jean-Claude Lattès, 1995.

Perdu de vue I – « Les coulisses », avec Jean-Marie Perthuis, Éditions Jean-Claude Lattès, 1992.

Les reportages de l'Aventure (5 livres-cassettes audio), Éditions Nathan, 1989.

Les reportages de l'Histoire (16 livres-cassettes audio), Éditions Nathan, 1988.

Le guide Contact de la France qui bouge, avec Caroline Glorion et Martine Mauléon, Éditions de L'Instant, 1986.

Cent questions à ma pédiatre, Entretiens avec le Dr Edwige Antier, Éditions de L'Instant, 1985.

Haïti, la République des morts vivants, avec Jean-Yves Casgha, (document), Éditions du Rocher, 1983.

Paroles d'espion, (document), Éditions du Mercure de France, 1981.

Cet ouvrage a été composé par
IGS-CP à L'Isle-d'Espagnac
et achevé d'imprimer sur Roto-Page
par l'Imprimerie Floch à Mayenne
Dépôt légal : juin 2010
N° d'édition : 1016/01
N° d'impression : 76921
Imprimé en France